ステファン・コイファー
アントニー・チェメロ

田中彰吾・宮原克典──訳

現象学入門

科学と哲学のために

新しい心の

Stephan Käufer
and
Anthony Chemero

PHENOMENOLOGY
An Introduction

keiso shobo

アンドレアとエマニュエラへ

PHENOMENOLOGY: An Introduction (ISBN: 9780745651477)
by Stephan Käufer and Anthony Chemero

Copyright © 2015 by Stephan Käufer and Anthony Chemero
This edition is published by arrangement with Polity Press Ltd., Cambridge,
through The English Agency (Japan) Ltd.

謝　辞

　私たちは、現象学に対する私たちの理解を形成してくれた多くの先生方や同僚たちとともに、本書の題材について学び、議論を交わす幸運をえてきた。Bert Dreyfus, Dagfinn Føllesdal, Bill Mace, Mike Turvey, Fred Owens の各氏には、とくに感謝を申し上げたい。米国実存現象学会、イリノイ州立大学、国際生態心理学会、国際現象学研究学会、ニコラス・コペルニクス大学、ノルウェー科学技術大学、サンフランシスコ州立大学、哲学・心理学会、アントワープ大学、カリフォルニア大学マーセド校における聴衆たちにも感謝している。とりわけ、以下の各氏には名前を挙げて謝意を伝えたい。Mike Anderson, Chris Baber, Louise Barrett, Bill Blattner, Taylor Carman, Dave Cerbone, Steve Croker, Steve Crowell, Rick Dale, Ola Derra, Dobri Dotov, Catarina Dutilh-Novaes, Beatrice Han-Pile, Harry Heft, Dan Hutto, Jenann Ismael, Scott Jordan, Chris Kello, Sean Kelly, David Kirsh, Julian Kiverstein, Jonathan Knowles, Tomasz Komendzinski, Mariusz Kozak, Wayne Martin, Samantha Matherne, Teenie Matlock, Jakub Matyja, Richard Menary, Marcin Miłkowski, Ronny Myhre, Erik Myin, Lin Nie, Jacek Olender, Kevin O'Regan, Mark Okrent, Isabelle Peschard, Marek Pokropski, Mike Richardson, Erik Rietveld, Etienne Roesch, Komarine Romdenh-Romluc, Joe Rouse, Charles Siewert, Michael Silberstein, Michael Spivey, Pierre Steiner, John Sutton, Iain Thompson, Bas van Fraassen, Witold Wachowski, Jeff Wagman, Mike Wheeler, Rob Withagen, Mark Wrathall, Jeff Yoshimi, Julian Young, and Corinne Zimmerman.

　フランクリン＆マーシャルカレッジおよびシンシナティ大学では、本書の題材を扱ったセミナーを開講した。セミナーに参加した学生たち、および、Jenefer Robinson には、内容をより明確に説明する手助けをしてくれたことに感謝している。Guilherme Sanches de Oliveira にも、校正と索引を手伝ってくれたことに感謝する。

　本書の大部分は、フランクリン＆マーシャルカレッジおよびシンシナティ大学での研究休暇期間中に執筆された。両機関にはその支援に感謝している。

　何にもまして、私たちは家族の愛と支援に感謝する。

序

　現象学とは、1890年代にエトムント・フッサールによって始められ、今日でも実践されている緩やかなまとまりをもった哲学的伝統である。ただし、現在の現象学的研究の実例のなかには、もはや現象学という名称を用いていないものもある。現象学の伝統は歴史があるくらいには古いため、そこには奇妙、古風ないし時代遅れに思われる主張もある。だがその一方で、その創始者たちの仕事でさえ、今でも私たちに挑戦をつきつけ、大いに期待を抱かせるような考えで溢れかえっているくらいには新しくもあるのである。現象学の枠組みのなかで知覚と認知にかんする厳密な分析が構築できるようになるとともに、哲学者たちは今頃になってようやく現象学の核心的な洞察を十分に理解し始めている、といってもよいだろう。

　本書が扱うのは、現象学、現象学の歴史、現象学における最も重要な著者たちと彼らの成果、そして、現象学が現在の哲学・心理学・認知科学のいくつかの部門に及ぼした影響について、現象学に関心のある読者なら知っておくべきだと私たちが信じているものである。私たちは、フッサール、ハイデガー、メルロ゠ポンティ、サルトルの仕事、彼らが科学的心理学に反対しておこなった議論、ゲシュタルト心理学に対する彼らの批判的検討を通じて、現象学の歴史を論じる。また、生態心理学、人工知能への認知主義的アプローチに対する批判、身体性認知科学における現代の展開を論じる。このように多彩なトピックを一定の詳しさで論じることで、本書は哲学や心理学や認知科学を学ぶ学部学生にとってはよい教科書に、現象学に初めて触れる大学院生や研究者にとってはよい出発点になっている。

本書に書いていないこと

現象学において最も重要だとされていることのひとつは、共有された客観的世界というものを理解可能にする構造に説明を与えることである。その説明においては、身体や技能が共有された客観的世界の理解可能性にとって基礎的であるという認識がある。私たちはこれが現象学における最も重要で最も生産的な系譜だと考えており、本書の狙いは、この成果、および、それが知覚・行為・認知にかんする現代の研究に対してもつ含意を明快に説明することにある。

本書では簡単に検討することしかできないが、現象学の別の系譜では、主観的経験の記述、とりわけ、非日常的で説明するのが難しい経験の記述が与えられる。たとえば、現象学においては、宗教的信仰、愛や不安など私たちを圧倒するような感情、美的な高揚感、逃れられない不確かさや逆説などといったものを経験するとはどのようなことであるかについて分析が提供されることがある。これは重要な課題であり、〔客観的世界というものを理解可能にする構造に説明を与えるという〕最初の課題と交じり合うこともしばしばある。たとえば、ハイデガーの仕事においては、不安と偶然性にかんする理解が世界の理解可能性にかんする説明の一部をなしている。大まかにいって、フッサール、ハイデガー、メルロ゠ポンティ、サルトルは幅広い分野を網羅した革新的な思想家であり、彼らの著作は芸術も、宗教も、政治も、美学も、道徳も取り扱っている。実存主義はほぼ現象学の分派のようなものであり、文学研究における批判理論の多くもそうである。それゆえ、現象学は多くのさまざまな分野に影響を与えている。一冊の本で網羅するには多すぎるくらいである。大学のウェブサイトの教員紹介のページを見てみれば、文学部、映画学・演劇学、神学、芸術、政治学の分野で、多くの人が自分の仕事を「現象学」と認識していることが分かるだろう。私たちはこうしたさまざまな分野におけるこの種の現象学の重要性を否定するものではない。しかし、一冊の本でこうした題材のすべてを網羅するなどというおこがましいことはできない。本書で扱う主題と著者にかんする私たちの選択は、身体性認知科学にかんする現代の研究がフッサール、ハイデガー、メルロ゠ポンティによって追求されていた最も中心的な関心をとりわけ明快かつ密接に関連したかたちで引き継いでいる、との信念におもに動機づけられている。

もうひとつ予備的な区別を立てておくと便利かもしれない。よく知られているように、英語圏の哲学では半世紀以上ものあいだ、いわゆる「分析的」アプローチと「大陸的」アプローチの分断が認められている。分断のどちらの側にも現象学を大陸的アプローチと結びつけて考える哲学者がおり、それは現象学の伝統をまるごと賞賛するためである場合もあれば、貶めるためである場合もある。「大陸的」アプローチを好む人々であれば、レヴィナス、ドゥルーズ、デリダ、そしておそらくより最近の著者としてバデューなどに連なる著者の系譜を選んでくるだろう。これは研究するに値する著者の系譜であり、そうした系譜の概説は他の多くの本で手に入るだろう。しかし、これは私たちがとるアプローチではない。私たちは、「大陸的」が地理の用語なのに対して「分析的」はスタイルないし方法にかんする用語だという明白な不一致を別にしても、こうした区別はまったく便利でも正確でもないと考える。分析哲学はヨーロッパ大陸でもたくさんおこなわれているし、英語圏の哲学におけるすぐれた仕事の多くは、分析的方法を用いてヨーロッパの哲学者の仕事を説明することによって成り立っている。私たちが本書でやりたいのも、これである。私たちの考えでは、あらゆる哲学の目標は、そもそも哲学を動機づけている大きな問いに対してえられている最もすぐれた見方について、できるだけ明快な説明を与えることにある。私たちは、フッサール、ハイデガー、メルロ゠ポンティ、サルトルが、世界を理解する人間の能力の本性にかんして苦労の末にえられた洞察を明確に述べていると考える。彼らはきわめて根本的な問いに取り組み、何世紀にもおよぶ哲学の伝統に真っ向から対立する予想外の提案をおこない、しばしば自分の考えを表現するために新たな言語を発明するので、その文章はときに分かりにくいこともある。私たちの仕事は、学者たちがこの数十年のあいだに学んできたことを用いて、今日の学徒たちが現象学の洞察を容易に理解できるようにすることなのである。

現代における現象学

哲学科や心理学科に所属するさまざまな研究者がアフォーダンス、あるいは知覚と認知における私たちの身体の役割、あるいは自己感覚を維持するための条件としての行為を経験的および概念的に探求している。現象学からの影響が

あることは、ハイデガーを読んでいようといまいと、こうした研究者たちのほ
とんどが認めるだろうが、私たちは、そうした仕事はたんに現象学に影響され
ているにすぎないわけではない、と主張する。私たちの考えでは、現象学の伝
統の基礎となった基本的な考えと洞察にしたがっている限りにおいて、彼らは
現象学を実践している。しかし、生態心理学と身体性認知科学がハイデガーと
メルロ゠ポンティの正式な後継者だと聞いて仰天する読者もいるかもしれない。
ハイデガーからたとえばギブソンやダイナミカルシステム理論やエナクティヴ
ィズムにいたる影響関係は明快でもなければ、よく知られているわけでもない
ので、こうした反応も理解可能である。

　詳しくは本書の論述を通して正当化したいと思うが、ここで私たちの主張が
そもそも妥当であることを示してくれる二つの点を簡単に述べておこう。サル
トルとメルロ゠ポンティは、二人とも明らかにフッサールに負うところがあり、
ハイデガーに対してはさらに多くを負っている。二人の思想の三つ目の大きな
源泉はゲシュタルト心理学に対する持続的な批判的検討である。ゲシュタルト
心理学は、1930 年代の数年間にスミス・カレッジでクルト・コフカの同僚で
あったギブソンにも大きな影響を与えた。ちょうど彼が生態心理学という考え
を最初に展開し始めた頃のことである。ゲシュタルト心理学の影響を並行して
受けていただけでなく、メルロ゠ポンティからギブソンに対する直接の影響関
係もあった。ギブソンは、メルロ゠ポンティの『知覚の現象学』にかんする詳
細なメモをとっており、1970 年代に『生態学的視覚論』の執筆に取り組んで
いた頃には、メルロ゠ポンティにかんするセミナーを教えていたのである。

　ゲシュタルト心理学を共通の祖先としていること以上に重要なのは、ハイデ
ガーとメルロ゠ポンティの見方を現在の哲学と認知科学に持ち込んだヒューバ
ート・ドレイファスの仕事である。1960 年代と 1970 年代に、ドレイファスは
ハイデガーの仕事に対する見識を利用して、当時、人工知能の分野で急速に発
展していた研究プロジェクトに対する辛辣な批判を練り上げた。人工知能研究
におけるその後の 30 年の展開は、ドレイファスの最初の批判がこの分野にお
ける人間知性にかんする理解をさまざまな仕方で変容させてきた歴史を示して
いる。ドレイファスの批判は、知的行動を主体・身体・環境のカップリングと
いう観点から説明しようというたくさんの試みへと結びついたのである。

どうして現象学を学ぶのか

　あなたが現象学を学ぶべき最も簡単な理由は、すべての人が現象学を学ぶべきだからである。フッサールやハイデガーやサルトルやメルロ＝ポンティ、そして、彼らから影響を受けた人々をほとんど表面的といってもいいくらいに学ぶだけでも、知覚や認知や人生の一般的な意味に関係する多くの問題に対する私たちの理解に根本的な好影響がもたらされる可能性がある。現象学的アプローチは、幅広い方面の問題に対して、興味深く、正確で、有望である。哲学または心理学にかんする真剣な研究は、どのようなものであっても、多少なりとも現象学に触れておくべきなのである。

　〔現象学的アプローチがとられる〕多方面の問題のなかでもいかめしい側のものでいうと、現象学とは人間存在の存在論である。ハイデガーとサルトルはこのことをはっきりと述べていたが、メルロ＝ポンティとギブソンもこうした観点から自分たちの仕事を理解していた。それゆえ、彼らの仕事は、あなたが人間を今まで思っていたのと違う種類の存在だと考えるにいたるきっかけになるかもしれない。具体的にいうと、あなたは反省的で意識的な認識者ではなく、たいていは熟練した非反省的な行為者なのだ、と。生き生きとした側の話でいうと、私たちがここで論じる著者や理論においては、私たちが何を知覚し、何を経験しているのかということにかんする基本的な前提を問い直すきっかけとなるような示唆に富んだ多くの観察や具体例が与えられる。そうした具体例は、現象学について読むことを有意義で楽しいものにしてくれる。

　現象学が重要性と影響力をもった学派であるとすると、それは主要な現象学者たちが特筆すべき洞察と創造性でもって思考と文章を連ねているからである。それゆえ、現象学を学ぶべきもうひとつの理由としては、著者としてのフッサール、ハイデガー、メルロ＝ポンティ、サルトルに親しむためだというのがある。彼らの論述は、ときに不明瞭で歯痒いこともあるが、最終的には刺激に満ち満ちているのである。

概　観

　本書はおおむね時系列にそって進行し、各章で一人の主要な人物ないしひとつの主要な動きをとりあげる。ただし、第1章は例外で〔その後の現象学の展

開と〕密接に関連した 18 世紀と 19 世紀の背景を簡単に紹介する。どの章も自立しているので、時間がなかったり、とくに興味のあるトピックがあったりするのであれば、好きな章を選んでもよい。しかし、全体の論述にはそれぞれの叙述を寄せ集めた以上に豊かな内容がある。

　私たちは、内容の正確さや詳しさを犠牲にすることなく、本書を読みやすいものにすることを目指した。ジャーゴンは避けている。さまざまな著者たちが用いる鍵となる専門用語は使用し、定義するが、私たちの考えでは、彼らの洞察はそれを表現する特定の仕方に依存するものではない。もっというと、本書で出会われるさまざまなスタイルの著者たちが同じアプローチと同じ基本的な考え方によって駆り立てられていることが分からなければ、現象学が死んでおらず、現在も進行中であることは理解できないだろう。参考のために、各章の最後には鍵となる専門用語の解説と簡単な文献案内を載せている。引用文献の出典は、詳しい脚注を載せるのではなく、本文中に簡潔に組み込んだ。

現象学入門
新しい心の科学と哲学のために

目　次

謝　辞

序

第1章　カントとヴント——18世紀と19世紀の背景 ……………………… 1

1.1　カントの批判哲学　3

1.2　ヴィルヘルム・ヴントと科学的心理学の興隆　15

第2章　エトムント・フッサールと超越論的現象学 ………… 23

2.1　超越論的現象学　23

2.2　ブレンターノ　25

2.3　論理学と心理学のあいだ　28

2.4　イデーン　30

2.5　時間意識の現象学　40

第3章　マルティン・ハイデガーと実存的現象学 ………… 53

3.1　日常的世界の理解可能性　54

3.2　デカルトと事物存在性　61

3.3　世界内存在　62

3.4　他者との共存在と世人　70

3.5　実存的な自己の概念　74

3.6　死、責め、本来性　83

第4章　ゲシュタルト心理学 ……………………………… 91

4.1　ゲシュタルト学派による原子論的心理学への批判　92

4.2　知覚と環境　95

4.3　ゲシュタルト心理学の影響　102

第5章　モーリス・メルロ゠ポンティ──身体と知覚……………107

5.1　『知覚の現象学』　109

5.2　現象学、心理学、現象野　111

5.3　生きられた身体　115

5.4　知覚の恒常性と自然的対象　138

第6章　ジャン゠ポール・サルトル──現象学的実存主義　………145

6.1　サルトルによる自己の存在論　146

6.2　不安、前反省的自己、自己欺瞞　152

6.3　身体と知覚にかんするサルトルの見解　161

6.4　その他の現象学──ボーヴォワール、ヤング、アルコフ　164

第7章　ジェームズ・J・ギブソンと生態心理学……………171

7.1　ウィリアム・ジェームズ、機能主義、根本的経験論　172

7.2　ギブソンの初期の仕事──二つの例　175

7.3　生態学的アプローチ　180

7.4　生態学的存在論　183

7.5　アフォーダンスとインビテーション　192

第8章　ヒューバート・ドレイファスと
　　　　認知主義への現象学的批判……………………199

8.1　認知革命と認知科学　201

8.2　「錬金術と人工知能」　208

8.3　『コンピュータには何ができないか』　211

8.4　ハイデガー的人工知能　222

第9章　現象学的認知科学 ………………………………… 229

9.1　フレーム問題　229

9.2　急進的身体性認知科学　231

9.3　ダイナミカルシステム理論　233

9.4　ハイデガー的認知科学　241

9.5　エナクティヴィズム　248

9.6　感覚運動アプローチ　253

9.7　科学的現象学の将来　255

参考文献 ……………………………………………………… 261

訳者解説（田中彰吾・宮原克典）………………………… 273

索　引 ………………………………………………………… 289

凡　例

・本書は Stephan Käufer and Anthony Chemero, *Phenomenology: An Introduction*, Polity Press, 2015 の全訳である。

・原書における強調のためのイタリック体は、傍点で示した。

・訳者による補足や訳注は、〔　〕の形で本文中に挿入した。長い訳注にかんしてのみ、〔1〕といった注番号を付して章末にまとめた。

・本文に登場するおもな文献の邦訳については、各章の章末にまとめて示した。本文中で文献情報の後に〔　〕でページ数が補足されている場合は、邦訳のページ数を示している。たとえば〔1-98頁〕という表示の場合は、邦訳第1巻の98頁を指す。

・引用文にかんしては、ドイツ語やフランス語からの引用の場合は、原書を参照しつつ英訳をもとに訳者が翻訳した。そのため、原書や邦訳書の表現とは異なっている場合がある。

・引用文中での〔　〕による補足は、原著者によるものである。

第 1 章

カントとヴント——18 世紀と 19 世紀の背景

　フッサールは、現象学が哲学における新たな始まりであり、開花しつつある新しい科学だと考えていた。それと同時に、哲学の伝統から受けた深い影響も彼の認めるところだった。その経歴の長きにわたり、彼は自分の仕事を「超越論的現象学」と考えており、カントの広大な哲学的プロジェクトのうちにそれを位置づけていた。ハイデガーもよく似ていて、彼は、その意味が古代以降失われてしまった——と彼はいうのだが——問いを再び呼び起こす点で、自分が新たな始まりを記すと考えていた。ところが彼もまた、自分の仕事が伝統に多くを負っていることを分かっていた。彼の最も重要な著作『存在と時間』の第一部は、アリストテレスについての初期の講義が元になっている。1927 年——『存在と時間』が出版された年——の講義で、彼はカントの仕事に自分が深く関与していると述べている。「2、3 年前に『純粋理性批判』を学び直し、それをフッサール現象学の背景に対置させて読んでみたところ、ほとんど目から鱗が落ちるようだった。カントは私にとって自分がもとめる方法の正しさを本質的に確証するところとなった」(Heidegger 1927/28, p. 431)。メルロ゠ポンティは自分の著作の革新性を述べるさいもっと控えめだが、彼の『知覚の現象学』は、先行する二人の著作と同様に野心的だった。彼は 19 世紀と 20 世紀の哲学と心理学の膨大な文献に言及し、それを引用しながら、同時代人との活発な対話のなかでみずからの考えを発展させた。彼もまたいくつかの点で、カントの超越論的な枠組みが他より重要であることを示している。

　現象学を形成した歴史的影響力をすべて解説し始めるときりがなさそうである。ただし、少しページをさいてカントの批判哲学からその中心的概念をざっ

と見ておくことは重要だと考える。というのも、カントの考えの多くがフッサール、ハイデガー、サルトル、メルロ゠ポンティに対してきわめて直接的な影響を与えているからだ。彼らは一方で、もっぱらカントの全般的な枠組みの内部を開拓しているが、厳密な意味でのカント主義者ではない。カントは〔彼らから〕かなり辛辣な批判を浴びている。ハイデガーは、カントが表象を通じた認知を焦点にしていることをきっぱり拒絶するし、メルロ゠ポンティも同様に、カントが経験における身体の重要性と事物のあいまいさを無視していることを非難する。ギブソンはカントの概念と直観の区別を手厳しく非難しながらその路線を敷いている。それでも、カントにおいて鍵になる議論のいくつかは明らかに現象学者の仕事に受け継がれているし、これらの議論を簡単に見ておくと役に立つことが分かるだろう。18世紀と19世紀の哲学の予備知識を持つ読者にとっては、その多くはおなじみのものかもしれないが。

　現象学にとって二番目に大事な19世紀的背景は、科学的な学問としての心理学の興隆である。ヴィルヘルム・ヴントは、グスタフ・フェヒナーによる精神物理学の仕事を引き合いに出して、心理学の主題となる事象は観察できず正確な測定もできないので科学的心理学は不可能だとする伝統的な議論に反論している。カントはこの〔科学的心理学は不可能だとの〕見解を保持したため、19世紀哲学における正統派の一部をなしていた。ヴントによる精力的な科学的心理学の探求は分裂をもたらし、哲学の下位学問ではなく独立した分野としての心理学を確立することになった。現象学との関連は二つの面を有する。第一に、その始まりの時点において、現象学はみずからを心理学の一種だと考えたこと。フッサールはこれを「記述的心理学」と呼んだ。記述的心理学の自己像はこの分野を再編することと密接に結びついていたが、これは、心の本性についての基本的な問いにその起源をもっていた。第二に、ヴントの科学的心理学がゲシュタルト心理学と生態心理学にとって重要な引き立て役となったこと。どちらのアプローチも現象学の心の概念と密接に関わり合い、ヴント派による支配的な知覚と認知の見方に反対したのである。

1.1 カントの批判哲学

　カントは天文学を好んだ。カントの考えでは、天文学は理論と確実性のある予測を生み出すため長年苦闘した学問の一例である。その苦闘は、コペルニクスが天文学の基礎を刷新し、「科学の確実な道」とカントが呼ぶものを冠するに至るまで続いたのである。カントは好んで自身の『純粋理性批判』のおもな洞察をコペルニクス的転回になぞらえた。B版（1787年刊行）の序文で、彼はこう書いている〔1781年刊行の第一版はA版、1787年刊行の第二版はB版と呼ばれている〕。

　　これまで、私たちの全認識は対象にしたがわねばならないと想定されてきた。しかし、私たちの認識を広げる概念を通じて、対象について何かをアプリオリに見いだそうとするすべての試みは、この想定のもとではうまくいかなかったのである。だから今度は、対象が私たちの認識にしたがわねばならないと想定して、形而上学の問題をもっと先へと展開できないか試してみようではないか。（B版, p. xvi）

　コペルニクスは、直観的な根拠とは反対であるにもかかわらず、地球が太陽のまわりを公転すると想定することで、天文学における進歩をもたらした。カントは、自分は形而上学において進歩をもたらしていると考えたのである。カントの意味する形而上学とは、経験的でない真理についての説明、すなわち、必然的に真であるような命題と、世界についての特定の経験によらず確立できる真理のことである。彼の主張によれば、そのような説明を与えることができるのは、直観に反して、対象が私たちのアプリオリな認識（cognition）に従属すると想定することによってのみであり、その逆ではない〔アプリオリ（a priori）は「先験的」とも訳されるように、「具体的な経験に先立って」「経験に先行して」という意味。章末の用語解説も参照〕。この主張は、認識の構造が対象の一般的特徴を構成する、またはカント自身がいうように「私たちが事物についてアプリオリに認識できるのは、私たちが事物に入れておいたものだけだ」

第1章　カントとヴント　　3

（B版，p. xviii）ということで、より簡潔に言い表される。それに加えてその同じ構造は、私たちの経験の対象を構成するだけでなく、私たち自身をも構成する。そのため、カントはこの点についてつねに明晰ではなかったものの、主観と客観は意味ある経験の起源を構成する単一構造のなかの二つの相互依存的な極である、との見方に結局は立っている。哲学の課題は、この根底にある起源を分析して書き記すことにある。

1.1.1 直観と概念

カントがいうには、認識には二つの軸がある。一方で、私たちはセンスデータ〔英語 sense data は「感覚与件」とも訳される〕を受容する。対象が私たちの感覚的な表面に作用し、たいていは構造化されていない感覚印象の「多様性（manifold）」を生じさせる。感覚印象はそれ自体では何も意味しないが、対象について何らかの経験が生じるうえで必要とされる要素である。カントは、対象によって作用を受ける私たちの能力を「感性（sensibility）」、その心的内容を「直観（intuitions）」と呼ぶ。たとえば、机の上の本や見知っている顔は、私たちの感覚的表面に作用し、色、線、照明、滑らかさなど、視覚的または触覚的なセンスデータの多様性を私たちに与える。この多様性は、ウィリアム・ジェームズが『心理学原理』のなかで「ひどくやかましい混乱（blooming, buzzing confusion）」と呼んだものに似ている。センスデータは、ほとんど構造化されていない。しかし、まったく構造化されていないわけではない。というのも、時間的継起および空間的配置において現れてくるからである。空間的および時間的な秩序は最初はあいまいだが、少なくとも、オレンジ色の斑点が茶色の斑点と違うとか、どちらの斑点も私自身とは違うといった感じを私たちは持ち合わせている。というのも、私たちはそれらを異なる瞬間に、また異なった場所に位置するものとして直観するからである。カントの議論によると、すべての直観は何らかの時間的な継起のもとで生じ、また、自己自身とは異なるすべての対象——すなわち、私たちの思考に対置される世界内の対象——の直観は、必ず何らかの空間的な配置のもとで現れる。それゆえ、空間と時間についての大づかみな直観が、私たちのあらゆるセンスデータの根底にはあるのである。

他方で、私たちの心は能動的に経験を構造化する。概念にそって心的内容を組織化することでそうするのである。概念は、与えられた直観や、すでに認識された対象の集合を、一般的類型の一事例として再認するための規則である。カントは、ある多様性を自発的に秩序づけ、それを一般的類型のもとで認識する私たちの能力を「悟性（understanding）」と呼ぶ。悟性は、オレンジ色の斑点と茶色の斑点や、小さくて色つきの対象の縁として直観された線をとりまとめ、机の上にある一冊の本として認識する。空間と時間がすべての直観の根底にあるのと同様に、悟性は、心的内容を能動的に構造化するうえで例外なく必要となる、いくつかの基本的概念を備えている。カントは、たとえば、量（「ひとつ」とか「たくさん」といった）、否定、存在、実体（ある程度の属性が変わっても同じでありうる事物）という基本的概念なしでは、私たちの悟性は決して働き出すことができないだろうと考える。カントは、こうした基本的概念の一覧表を作成し、これらを「カテゴリー」と呼んでいる。この表の細部や、それを作成するカントの方法には異議があるかもしれない。ただし全般的なポイントはよくできている。認識者は、概念の一部が欠けていても何らかの経験をすることができる。そのため、本とか食べ物とかお金といった概念を持ち合わせていない認識者を思い浮かべることができる。しかし、カテゴリーは私たちの認識にとってきわめて根源的であって、カテゴリーなしでは対象の再認も、認識も、経験も生じえないのである。

　自明なことだが、構造化されていない直観の多様性は、何らかの経験にはいまだなりえない。〔また〕そこまで自明ではないが、概念それ自体を用いてもそれを直観に当てはめることがなければ、やはり何らかの経験になるには不十分である。認識はどちらの軸も必要とするのだ。カントはこのことを有名な一説で雄弁に述べている。

　　内容のない思考は空虚であり、概念のない直観は盲目である。……悟性には
　　何かを直観することはできないし、感官には何かを思考することはできない。
　　認識はこれらの統一によってのみ生じる。（A版, p.51）

この二軸の特徴を持つカントの認識論は、かなり急進的である。カント以前

の大半の哲学者は、本の感覚印象と本の概念は同じ種類の心的内容であると考えていた。たとえばヒュームの考えでは、感覚印象と概念は、前者がより鮮明であるという点でのみ異なっており、概念とは、原印象（original impression）が弱まって修正が加えられたコピーである。逆にライプニッツの考えによると、概念はより明晰かつ判明なのに対して、感覚印象は、概念によって規定される経験のあいまいかつ不正確な事例なのである。カントが直観と概念は互いに還元できないと主張する理由は、「不一致対称物」をめぐる彼の過去の議論に由来する。不一致対称物とは、概念的には等価だが知覚的には異なる対象の対である。それはさておき、『純粋理性批判』でのカントは、いかにして直観と概念がともに意識にもたらされ対象の経験を生じさせるかを説明することに、分析の大きな焦点を置いている。そしてこの点で、彼の見方は真に革新的なものになっているのである。

　すでに見たように、カントにとって形而上学は非‐経験的な知識、彼がアプリオリな知識とも呼ぶものからなっており、カントはこのような知識がいかにして、またどの程度可能であるかを説明しようとする。認識の二軸の見方によると、カントが積極的に主張しているのは、形而上学的な知識は必ずアプリオリな直観とアプリオリな概念から形成されているということである。カントは、そうした直観と概念が存在すると信じている。実際、これらはまさに私たちがたったいま概要を示した重要な基本的構造──直観にとっての空間と時間、概念にとってのカテゴリー──のことなのである。このアプリオリな心的内容は、あらゆる可能な形而上学的知識を究極的に基礎づけるのである。

　空間、時間およびカテゴリーはアプリオリであるというカントの議論は、じつに単刀直入である。あらゆるセンスデータは空間的かつ時間的なものとして与えられる（心がみずからに与えるセンスデータは例外で、これらはたんに時間的である）。私たちは、何らかのセンスデータを得るうえで空間と時間の表象を持ち合わせている必要があるのであって、空間と時間の表象を私たちに与えられているもの〔センスデータ〕から引き出すことはできない。だから空間と時間はアプリオリな直観なのである。空間と時間は概念ではない。なぜなら、先の引用でカントが明言している通り、悟性すなわち概念を扱う能力は「何かを直観することはできない」からだ。加えて、空間と時間は直観の重要な特徴

をいくつか示している。たとえば、これらは概念のように、そのもとで多くの事例が包摂されるような一般的な術語ではない。種々の空間と時間は、すべて同じひとつの空間と時間の一部であり、その見本や事例ではない。カテゴリーがアプリオリであるというカントの議論もこれに似ている。カテゴリーは、何らかの経験が生じるうえで必要な前提条件であって、経験からそれらを引き出すことは私たちにはできない。私は、ある本についての視覚的・触覚的な経験から、存在や単一性の概念を得ることはできない。その本についての経験を得るうえで、単一の存在する事物についてまず先に理解できている必要があるからだ。カテゴリーが経験から派生するのでないとすれば、それらは経験的（「経験的」とはたんに「経験から生じてくる」という意味）ではなく、アプリオリなものでなければならない。

　空間、時間、カテゴリーが経験に由来するのではないとすれば、それはどこか別のものから来るのでなければならない。カントは、これらが人間の認識装置に生得的なものだと考える（人間でなくても、それが私たちのような認識者であるとすれば同様である）。カントは明らかに、これらが主観に備わる構造として、私たちの経験に特有のものだと見ているのである。カントの書くところによると、空間とは、

　　そのもとでのみ外的な直観が私たちにとって可能になる、感性の主観的条件に他ならない。……空間、延長を持つ存在などについても同様で、人間の観点からのみそれについて語ることができる。私たちがそのもとでのみ外的な直観を得ることができる主観的条件でないとすると……空間の表象は何ものも表していないことになる。（A 版, p. 26）

彼は時間についても類比的な主張をしている（A 版, pp. 34-5）。カントはまた、まるっきり異なる種類の認識者が存在しうること、その認識者の心は概念をまったく必要としないだろうことを認めている。彼はたとえば「神のような悟性、それによる表象を通じて対象がそれ自体で同時に与えられたり生み出されたりするような悟性」を思い描く。そして、その種の悟性にとって「カテゴリーは何の意味も持たないだろう」（B 版, p. 145）と記している。

第 1 章　カントとヴント　　7

人間の観点からのみ対象は理解可能であるというカントの見方は「超越論的観念論 (transcendental idealism)」と呼ばれている。観念論とは、対象が私たちの心に依存するという物の見方のことである。カントの観念論が「超越論的」であるのは、カントの見方によると、人間の観点に備わる基本的で構成的な構造を考察する範囲でのみ、この依存性が現れてくるからである。これは、超越論的哲学 (transcendental philosophy) を実践するときに限って私たちが採用する、特殊で限定された哲学的観点である。超越論的哲学とはすなわち、経験の構成についての哲学的な分析のことである。日常的な目的や科学的な目的のもとでは、私たちは必然的に人間の観点の内部にとどまることになるし、それゆえ対象については必ず実在論者である。事実、超越論的哲学による最大の教訓は、経験の対象には、私たちが知ることのできる多くの普遍的かつ必然的な特徴があるということである。それゆえカントは、みずからの超越論的観念論を、経験的実在論にあからさまに結びつけるのである。たとえば、彼はこう力説する。

> 対象として私たちの前に外的に現れうるすべてという点での空間の実在性（すなわち客観的妥当性）。しかしそれと同時に、理性を通じてそれ自体において考察されるさいの事物という点での空間の観念性。(A 版, p.28)

この点で、カントの超越論的観念論は、人間の観点の内部にいながら外的対象の実在性を疑ったデカルトやバークリーの見方とは異なる。

1.1.2 超越論的演繹論

こうして私たちは、カントの批判哲学の急所であり、最も重要かつ最も困難な論証である「超越論的演繹論 (transcendental deduction)」へと至る。空間、時間、カテゴリーは明らかに、私たちにとって経験を構成する。これ以外のしかたで私たちは経験を持ちえない。しかしながら、私たちの心の有限性の問題として私たちが信頼せねばならない私たちの感性の形式と基本的概念は、本当に事物が存在するしかたに適切に一致している、とどうして考える必要があるのだろうか。そのように構成された私たちの経験が客観的なものだと考えるべ

き合理的な根拠は何だろうか。カントの超越論的演繹論の目的は、これらの主観的条件が客観的経験をいかに構成しうるか説明することにある。カントは『純粋理性批判』の各版にひとつずつ、二つのヴァージョンの長大で複雑な論証を残しており、それぞれ「A版演繹論」「B版演繹論」として知られている。両者は細部において異なるが、全般的な戦略は同じである。カテゴリーの一覧表（や『純粋理性批判』の他の多くの箇所）と同じように、演繹論におけるカントの主張の細かい点には異論がありうるし、論証全体がうまくいったかどうかについても議論の余地がある。演繹論の構造がどうなっているのか、それは一個の論証なのか二つの独立した論証なのか、その前提は何なのか、といったことについてさえ学者は議論している。しかし、演繹論を導く基本的な洞察が革新的であり、一世紀以上にわたってカント以後の哲学の発展に形を与えたことには、全員が同意している。

　演繹論は、私たちの意識の統一性の概念をかなめとしている。二軸の見方から明らかなとおり、いかなる認識も対象の経験も、心が所与の直観と概念を結び合わせることを必要とする。これが生じうるのは、心それ自体が統一されている場合だけである。あるひとが心のなかにオレンジ色の斑点のセンスデータを持っていて、別のひとが心のなかに本の概念を持っているとしても、二人ともその本を知覚することはない。すべての関連する心的内容は、同じひとつの心において保持され処理されねばならないのである。ここまでは明白である。カントが天才的なのは、必須である意識の統一性は、他の人々が理解したよりも複雑かつ構造化されていることを理解した点にあり、彼はこの複雑性について驚くほど精妙な分析を加えているのである。

　意識の統一性は受動的な状態ではない。心は、私たちがケーキを作るときにいくつも材料を混ぜ合わせるボウルのような容器ではない。カントはむしろ、意識の統一性が能動的な統一のプロセスであると論じている。彼はこのプロセスを総合（synthesis）と呼び、認識を可能にする意識の統一性が総合的統一であると主張する。総合は、センスデータの多様性を直観する初歩的な課題においてさえ必要とされる。そうした多様性を経験するには、心が各要素を自覚し、かつ、互いに区別されたものとして各要素を自覚する（もしくは、少なくとも前認知的レベルで各要素を表象する）必要がある。だから、オレンジ色の斑点

第1章　カントとヴント　　9

と茶色の斑点を直観するためには、オレンジ色と茶色だけでなく両者の差異も表象できる必要がある。両者の差異の表象、したがってそれらの「二個性」または多様性の表象は、二つの異なる表象の合計以上のものである。心は、ひとつのデータを把握してそれを現前させたままにし、または再現し、その一方で二つ目のデータを把握せねばならないのだ。さらに、これらのセンスデータを机の上の本として認識する、もしくは、たんに色つきの対象の多様性として認識するときでさえ、心は直観の多様性を経由し、対象の概念を構成する規則にしたがってそれらを組織化する。それゆえカントは、把握、再生、再認という「三段の総合」（threefold synthesis）について語る。A版演繹論は、この三段の総合をきわめて詳細に論じる。B版では簡単に触れられるだけで、この根本的な総合のプロセスを認めることから帰結する重要な哲学的主張を展開することに焦点が当てられている。

　第一の帰結は総合の対象側に関係し、演繹の中核的な問いに答えるものである。何かについての意識は総合によって到達されるものであるから、この総合に潜在的に含まれる構造が、私たちが意識の対象として出会いうるあらゆるものを基本的に決定しているのでなければならない。言い換えると、まさに「対象」という概念そのものが総合のうちで対象に生じる構造を備えているということである。カントはそれなりの説得力で、こうした構造がまさしくその客観性が問われるカテゴリーであり、またそれゆえにカテゴリーは客観的に妥当なのだという主張を展開する。注意してほしいのは、この結論は、カテゴリーがアプリオリな概念であるという先に確立された主張よりも実質的に強いものになっていることである。概念がアプリオリだと考えることは、それが経験に由来しないということ、また、経験にさいしてそれを使わざるをえないと考えることだが、それが対象に内在する特徴を表すかどうかはいまだ疑いうる。この点は、たとえば、ヒュームが因果性について考えたことである。ヒュームによると、私たちは経験から因果性の概念を獲得することはできない。それゆえ因果性は非‐経験的であって、物事を判断するさいに私たちはそれを常時適用している。しかし、私たちはその適用について合理的な根拠を持ち合わせているわけではないという。『純粋理性批判』におけるカントの大きな目標のひとつは、アプリオリな概念の合理的正当性を疑うヒュームの懐疑論に解決策を見出

すことにあった。それゆえカントは、演繹論を導入するにあたって、ヒューム
がひとつの標的であると言及しているのである（B版, p. 128）。演繹論では、
総合が必須であることから、カテゴリーによる規定なしには対象の概念を理解
することさえできないとカントは結論づけている。対象にかんするヒュームの
疑い深い悩みを、私たちは合理的に慰めることができない。十分に理解が行き
届いた対象の概念は、すでにその懐疑論に答えていることになるからだ。

　第二の帰結は自己意識にかかわる。多様性を表象するのに総合が必要である
のと同様に、総合は自己意識にとっての必要条件でもある。とくにカントは彼
が「統覚（apperception）」と呼ぶ自己意識の一種に焦点を当てる。統覚とは、
ある特定の思考や認識が私のものであるという私の意識である。私は、机の上
の本を見るとき、私がそれを知覚していると意識している。または、少なくと
もそう意識しうる。一般的にいって、私の意識のすべての活動を私は統覚しう
る。そうでなければ、それは私の意識の活動とはみなされないだろう。個々の
意識活動を統覚することは、それぞれの統覚において自己自身を同一の意識と
して意識することであり、さまざまな自己意識の作用を横断する自己の同一性
の統覚は、個別の統覚を超える、より統覚的な作用である。カントは、それが
総合を前提とするという理由で、意識の統一性についてのこの背景的自覚を
「統覚による総合的統一（synthetic unity of apperception）」と呼ぶ。実際、カ
ントは、これが対象の意識を可能にする総合と同じものだと考えている。その
ため対象意識と自己意識には同じ必要条件が当てはまるのである。こうして、
カントの超越論的演繹論における論証は、世界の客観的特徴と自己意識との本
質的な結合を確立するのである。

　より一般的な用語でいうと、カントの演繹論はヒュームの経験論とデカルト
の懐疑論の双方の出発点を掘り下げるものである。経験論の側では、あらゆる
心的内容は原印象に由来するとヒュームは考えた。カントが示したのは、心が
たんに世界のばらばらな印象だけで与えられるものではないということである。
単純な印象であっても、与えられた対象からそれを心が表象できる時点で、心
はすでに広範囲の概念的プロセスに巻き込まれており、頑健でアプリオリな構
造を、起こりうる経験の世界へと導き入れているのである。デカルトは、彼の
有名なコギト（cogito）、すなわち主観的な自己意識が、あらゆる可能な思考対

象から完全に切り離して理解できると考えた。カントはこの主張も掘りくずす。自己意識は対象の一般的特徴を構成する総合を含んでいるため、それは必然的に対象との一定の関係に依存するのである。この主張は、演繹論におけるカントの論証から探り出すこともできるし、彼自身、『純粋理性批判』の第二版につけ足した「観念論論駁」と呼ばれる短い論証では、それを明確に打ち出している。ここで彼が論じているのは、心はみずからの思考、経験、表象などの継起を統一しようとする限りにおいてのみ、自己自身を意識することができる、ということである。さまざまな状態の継起を統一するには、心がその継起の流れを、それとは異なる何か持続的で不変なものと対比できる必要がある。そのため、私たちが自己意識的であるという事実は、私たちの外部にある何か永続的なものの存在に気づいていることを示唆している。私たちが対象について基本的で背景的な知識を持っているのでなければ、デカルトのコギトは私たちには経験できないのである。

1.1.3 現象学におけるカント的主題

　19世紀から20世紀初頭にかけて哲学と心理学の発展に及ぼしたカントの影響は絶大であり、本書の見取り図は、彼の批判哲学から主要なアイデアの表面をなぞったにすぎない。とはいえ、フッサールからメルロ゠ポンティに至る現象学が、構成という考え方、総合の時間的構造、主観と客観の同一性という考え方など、いくつかの主要な点でカント的な企てであることを強調するにはそれで十分である。

　これらのうちで最も重要なのは、主観的な構造が何らかのしかたで経験の対象を構成するという考え方である。その大半の著作において、フッサールは初期の頃から、自分の仕事が経験の構成的な構造を書き出すことにあるとみなしている。彼はカントの認知主義的アプローチを引き継いでいる。すなわち、構成的構造は意識経験を作る心的過程に由来するという考え方である。ただし、フッサールはこれらの構造が、カントによる比較的簡素な12個のカテゴリー表よりも広汎で多様だと考えている。後期のいくつかの仕事において、フッサールはハイデガーやメルロ゠ポンティの見方により近い、異なったアプローチを現象学のなかで発展させている。

ハイデガーもメルロ＝ポンティも、カント哲学のもつ認知主義（cognitivism）を明確に拒否している。彼らは、客観的世界の経験を私たちに可能にする基本的構造が概念的なものであるとは考えないし、主として心的なものであるとさえ考えない。そのため彼らは、カント的またはフッサール的な用語によって対象の構成について考えることはない。とはいえ彼らもまた、隠れた前人称的な構造が経験を可能にしており、この構造を発見し明るみに出すことが哲学の仕事だと論じている。彼らが論じているのは、知性の前人称的な条件は、概念よりもむしろ、特定の文化的設定のもとで発達しまた展開する身体的な習慣と技能によって構成されているということである。

　カントによる三段の総合の分析は、フッサールとハイデガーの仕事に直接の影響を与えた。これはフッサールの時間意識の理論にとっての基礎になっている。師であったフランツ・ブレンターノに触発され（その彼がさかのぼってカントの影響を受けている）、フッサールは、私たちがつねに時間的な厚みのある対象を意識しているという説明を発展させている。現在の志向（intention）はつねに、直前の過去についての把持の意識と、展望的な「予持」と絡み合っている。この説明については第2章で考察する。フッサールもカントと同様に、意識的自己の本性を説明するのに意識の時間的構造の分析を用いている。これはカントの統覚の分析と類比的である。

　ハイデガーは、カントによる三段の総合について徹底して書き、講義もしている。ハイデガーはカントの認知主義を拒絶するが、そのため彼の解釈は、カントの核となる洞察を実質的に変容させるものになっている。総合とは、ハイデガーにとって、別々の意識的表象をとりまとめる心の活動ではない。そうではなくて、全体的な人に備わる前認知的な統一の活動なのである。そこでは、事物は目的をもった能力のおかげで、すでに重要性を帯び、あなたを行為へと招待するものとして現れてくる。ハイデガーは、カントと同様に、この統一する構造のなかに自己の構造を位置づける。また、フッサールと同様に、この構造が根源的に時間的であると考える。ただし、時間の概念にも自己の概念にも、深い変容が加わっている。第3章で、時間性と自己についてのハイデガーの説明について考察する。

　現象学の根本的な教義となるカント由来の最後のテーマは、主観‐客観の同

一性というアイデアである。先に見たように、カントが演繹論において論証したのは——これは「観念論論駁」でさらに明確にされているが——認識する主観は何らかの対象との関係においてのみ主観として存在しうるということである。この点はドイツ観念論において支配的な主題のひとつになっていく。この動きのなかで、ラインホルト、フィヒテ、シェリング、ヘーゲルに先導されたカント以後の世代の哲学者たちは、カントの批判哲学の改変に取り組み始める。そこに見られるいくつかの対立点を克服するためである。とくに彼らが考えたのは、知る主観とその対象の同一性をより詳細に説明すれば、対象をそれ自身のありのままに知ることはできないと主張する超越論的観念論の厄介で評判の悪い側面は不必要になるということだった。基本的な考え方は、事物をそれ自身であるがままに知るための私たちの能力に見られるいかなる制約であれ、それは知る主観としての私たちに備わる不完全な悟性に由来する、というものである。ヘーゲルは『精神現象学』において、この思想をその最大の論理的帰結へと推し進める。そこでヘーゲルが論証したことによると、私たちが完全な自己意識に到達すれば、それと同時に、また、それと同じ概念的変容を理由として、私たちは対象の世界についての絶対知に到達するのである。

　ヘーゲルの体系は、カント批判哲学の驚異的で大胆な改訂である。ただし、彼も依然としてカントによる全般的な意識への焦点を維持している。ヘーゲルにとって絶対知のはたらきは、意識的で、概念によって媒介された対象との関係の一部門である。ヘーゲルは、自己意識に到達する段階的で歴史的なプロセスにおける構成的過程として、欲望、身体、肉体労働、死の恐怖などが決定的役割を果たすことを認めているものの、こうしたものの貢献は彼の分析にとってはつねに概念的なものである。これに対して、ハイデガーとメルロ＝ポンティの考えでは、主観と客観の本質的結合は非概念的な相互作用によって構成される。彼らは、主観が存在し、みずからを見出すことができるのは、〔心の中ではなく〕「世の中（out there）」でしかない、つまり、何らかの目的をもったあり方を追求する過程で手がかりをえている存在者のただなかでしかないというのである。

14

1.2 ヴィルヘルム・ヴントと科学的心理学の興隆

　カントは現象学に決定的な影響を与えた。また、より間接的にではあるが、科学的心理学の発展にも深く影響を与えている。現象学者が、19世紀末に主流だった新カント派哲学の周縁でカントの企てをオープンに追求できた一方で、哲学から分岐したアカデミックな学問としての科学的心理学の興隆は、よりまわりくどい道をたどっている。というのも、カントは『純粋理性批判』と『自然科学の形而上学的原理』（以下『原理』）の双方で、科学的心理学のそもそもの可能性に反対する議論を残しているからである。19世紀ドイツのアカデミーにおけるカントの威信を考慮すれば、科学的心理学に関与することを望む誰もが、彼の論証に言及せねばならなかった。

　それゆえ、世界で最初の実験心理学研究室を1879年にライプツィヒに開設し、「心理学創設の父」として広く知られるヴィルヘルム・ヴントは、自身の教科書『生理学的心理学綱要』（Wundt 1874, 1902, 1904）の冒頭でカントの議論に言及している。彼は手始めに、『原理』におけるカントの議論を要約する。

　心理学が精密な自然科学の地位にみずからを押し上げることは決してできない、とカントはかつて宣言した。この見解に彼が与えた理由は、後の時代にいくども繰り返されている。カントがいうには、第一に、内的感覚の現象に対して数学は適用できないため、心理学は精密科学になりえない。心的現象がそこで構築されるはずの純粋に内的な知覚には、ひとつの次元——すなわち時間——しかないのである。第二に、これに加えて、心理学は実験科学になることさえできない。というのも、実験科学においては、内的観察の多様性が恣意的に変更されることがあってはならないからである。ましてや、期待される結末に合わせて、実験で別の考える主観を被験者とすることがあってはならない。さらには、観察という事実そのものが観察される対象の変容を生じさせてはならない。これらの異議のうち、第一のものは誤りである。第二のものは、少なくとも一面的である。（Wundt 1874, p. 6）

第1章　カントとヴント　15

ヴントは、19 世紀半ばにエルンスト・ヴェーバーとグスタフ・フェヒナーによってもたらされた精神物理学の進歩を引き合いに出しつつ、これらの異議に答えて科学的心理学の可能性を訴える。ヴェーバーは、実験によって確定できる丁度可知差異、すなわち、経験に変化をもたらす刺激強度の最小差異が存在することを示した〔丁度可知差異は、刺激を増した場合に弁別できる最小の差異のこと〕。「ヴェーバーの法則」とフェヒナーが呼んだものが示しているのは、任意の刺激 S（たとえば、一定の音量で鳴る音）にとって、S と、ちょうど弁別できる刺激 S'（S との違いがちょうど検出できる程度に音量が大きい音）との差異は、S の強度に比例するということである。フェヒナーは、刺激と感覚のあいだに明確な数学的関係があると証明することで、丁度可知差異からすべての感覚的差異へとヴェーバーの法則を一般化した。それゆえヴントは、時間だけが経験における唯一の変数ではないと指摘することで、カントの最初の異議に答えることができる。感覚の質も存在し、それは刺激に比例するのである。「ただし実際のところ、感覚（sensations）と感情（feelings）は内包量であり、時間的な連続を形成する〔内包量は、密度や温度のように単純な加算ができない量。体積や長さのように単純な加算ができる量は外延量と呼ばれる〕。心的事象の過程はそれゆえ、少なくとも二つの次元をもつ。またこの事実によって、数学的形式のもとに提示する一般的可能性が与えられるのである」（Wundt 1874, p. 6）。

　この主張は、カントによる科学的心理学への第一の異議に配慮したものになっている。ヴントはまた、精神物理学を信頼し、内観法を通じて心についての知識を得ることは不可能だとするカントの主張に反論している。まずもって、ヴントは、通常の内観法が信頼できないとする点でカントに同意する。それにもかかわらず、経験の測定が可能だということを精神物理学は示しているのである。長くなるが、この点にかんしてヴントを引用しておく価値はある。

　実験に基づく研究では内的経験に接近できない、とする第二の異議を支持するものとしてカントが提示する議論は、すべて、純粋に内的な源泉、主観的なプロセスの流れから派生するものである。ここではもちろん、その主張の妥当性をくつがえすことはできない。私たちの心理的経験は、基本的には不

確定な量である。明確な測定の単位を用いなければ、それらを精密に扱うことはできない。測定によって今度は、他の所与の量との恒常的な因果関係へと持ち込まれることになる。しかし私たちは、外的刺激によって意識を実験的に変形することで、まさにこの目的——測定単位と要求される関係を発見すること——のための手段を手にしているのである。外部から変形することで、恣意的に決定した条件に私たちの心的過程を従わせることが可能になる。また、その条件は私たちが完全に制御でき、自分たちの意向に応じて変えずに維持したり変更したりしてもよいのである。したがって、実験心理学に反対し、内観法を取り除こうとする異議は、内観法がいかなる心理学にとっても必須である以上、誤解に基づいているのである。実験心理学が科学から追放すべき内観法の唯一の形態は、自己観察と称して、何の補助もなく心的事実の正確な特徴にたどり着けると考えており、それゆえ、最もはなはだしい自己欺瞞にさらされることが避けられない類のものである。実験手続きの目的は、そこでの唯一の情報源が不正確な内的知覚であるような主観的方法を、正当で信頼できる内観法に置き替えることにある。この目的のため、正確に調節できる客観的条件下に意識を置くのである。(Wundt 1874, p. 7)

ヴントはここで、カントに対して（部分的な）答えを与えるだけでなく、みずからの心理学全体の計画を展開している。第一に、ヴントは内的経験と外的経験を区別し、内的経験が実験的方法にとってはまったく接近不可能であることを認める。実のところ、ヴント派心理学として一般に知られているもの、すなわち、科学的心理学の第一世代のほぼ全員を彼がそこで訓練したライプツィヒの実験室で企図されていた種類の心理学は、ヴントによる外的経験についての科学なのである。内的経験についてのヴントの心理学は、民族心理学と呼ばれるが、実質的には後世の心理学に影響を与えていない (Leahey 2000)。『民族心理学』(Wundt 1912) は、カントが『実用的見地における人間学』(Kant 1798) で推奨した種類の、歴史的で人類学的な方法を用いている。それゆえヴントは、内的経験にかんするカントの議論を受け入れているが、精神物理学の方法を用いれば実験を通じて外的経験に接近できると論じているのである。精神物理学は内観法を除外するわけではなく、訓練を受けた内観者を高度に制御

第1章　カントとヴント　17

された環境のなかに置いて、意識経験の基本的要素について実験をおこなうのである。被験者はたとえば、音程が徐々に上がっていく一連の音を呈示され、音程の違いを経験したときに報告するようもとめられる。あるいは、スクリーン上に光が出現したときにキーを押すようもとめられたり、スクリーン上に（赤い光ではなく）青い光が出現したときに押すようもとめられたりする。こうした実験は、人間が経験することのできる感覚の多様性と、感覚過程の時間的持続を検証するのに用いられる。

　外的経験を研究するのに精神物理学を用いると、実験心理学の範囲を厳格に制限することになる。ヴントによると、心理学とは、直接的な意識経験の要素についての研究である。

　　心理学的分析が私たちに残してくれるのは、とくに異なった性質をもつ二つのそうした〔直接経験についての〕要素である。ひとつは感覚である。感覚は、観念に備わる極限的で還元不可能な要素として、心的生活の客観的要素と名づけられるだろう。もうひとつは感情である。感情はこれらの客観的要素に主観的補完物としてともない、外的事物ではなく意識状態それ自体を指向するものである。それゆえ、このような意味で、青、黄、暖かい、冷たい等を私たちは感覚と呼び、快、不快、興奮、憂うつ等を感情と呼ぶ。（Wundt 1874, p. 12）

　感覚と感情は意識経験の原子である。これらが組み合わさると分子になる。感覚が組み合わさると観念が形成される。感情が組み合わさると複雑な感情が形成される。意識経験に備わる可能な限り小さい切片に焦点を当てている点で、ヴントの実験心理学は還元主義的なものだった。また、どのような文脈のもとでこれらの要素が現れてもその同一性は保たれると考える点で、原子論的なものだった（「外的刺激や私たちの外部にある事物が本当に現前してもしなくても、意識内容として、青は青のままにとどまり、対象の観念は、つねに外界において観念化された事物である」（1874, pp. 13-4））。

　ヴントが開拓した科学的心理学は、それゆえ、外的経験についての還元主義的で原子論的な科学だった。この科学は成功を収め、ヴントは大きな影響力を

もった。彼は存命中に 6 万ページ以上を出版し、みずからの方法にそって数千人の学生を教育した（Fancher 1995）。その一人がアメリカ心理学の「創設の父」であるウィリアム・ジェームズだった。ジェームズは後にヴントの方法を「金管楽器の心理学」と揶揄してそれに反対するようになった〔ジェームズが友人との会話のなかで実験心理学をからかって「金管楽器の心理学」と言ったとのエピソードが残っている（Hunt, 2009, p. 166)〕。E・B・ティチェナーもその一人であり、彼はヴントの方法の支持者でコーネル大学に心理学部を創設している。1898 年の教科書のなかで、ティチェナーは、3 万以上の要素的視覚を特定したと主張している（Titchener 1898, p. 40)。ここでの目的にとってより重要なことは、フッサールが現象学者として自身の仕事を始めたとき、確立していた科学的心理学はヴントのそれだったということである。フッサールはみずからの現象学的方法を確立するうえで、とくにヴントを批判している。これに加えて、本書で後に論じる 20 世紀前半の心理学理論は、ヴントの見方に明らかに反対しつつみずからを位置づけている。メルロ゠ポンティとギブソンに深く影響を与えたゲシュタルト心理学者たちは、ヴントの原子論を拒否している（第 4 章を参照）。〔また〕ギブソンに深く影響を与えた機能主義者とプラグマティストは、意識経験についてヴントが当てた狭い焦点を拒否している（第 7 章を参照）。

用語解説

〈カント〉

アプリオリ（*a priori*）：非 - 経験的。直観、概念、認識は、それが感覚的経験に由来するのでないならば、または、その正当性が感覚的経験に基づくのでないならば、アプリオリである。

感性（sensibility, 独 Sinnlichkeit）：対象から作用を受ける私たちの能力。感性は、直観と呼ばれるセンスデータの多様性をもたらす。

観念論論駁（refutation of idealism）：私たちとは区別される、何らかの外的で永続的な対象が存在せねばならないとするカントの論証。

形而上学（metaphysics）：必然的に真であるような、世界についての命題。このような真理は、世界についての特定の経験によらず確立することができる。

コギト（cogito）：デカルトがいうところの、思惟実体としての私たちのアイデンティティを構成する「われ思う」。カントの主張では、「われ思う」はすべての表象にともなうのでなければならない。

悟性（understanding，独 Verstand）：概念を使用する私たちの能力を指すカントの用語。

三段の総合（threefold synthesis）：それを通じて表象が獲得される背景的過程をなす、総合の基本的形態。互いに規定し合う三つのプロセスからなる。すなわち、多様性を把握すること、多様性の個別の要素を区別すること、概念によってそれらを認識すること、である。

総合（synthesis，独 Synthesis）：概念のもとに組み入れることで、表象の多様性が組み合わさっていく認知過程。総合は、私たちが対象を認識する能力にとっての前提条件である。

超越論的演繹論（transcendental deduction）：カントの『純粋理性批判』において鍵となる論証。カントは、一般的規則に則って、自己意識を可能にするプロセスが経験的対象の認識を可能にするものでもあると論じている。

超越論的観念論（transcendental idealism）：経験の対象は、経験論的には実在的だが超越論的には観念的であるというカントの主張。これが意味するのは、私たちが対象として経験しうるものはすべて一般的法則性によって構造化されているということである。ただし、人間の観点を超えて考察される事物の本性については、私たちは何も知ることができない。

超越論的哲学（transcendental philosophy）：『純粋理性批判』におけるカントの哲学的立場。超越論的哲学の目的は、経験を可能にし、一般的規則にそって経験を構造化する、隠れた背景的条件を解明することにある。

直観（intuition，独 Anschauung）：私たちの感官によってもたらされたデータ。データは空間的および時間的に構造化されているが、いまだ認識されていない。

統覚（apperception，独 Apperzeption）：自己意識を指すカントの用語。

統覚による総合的統一（synthetic unity of apperception）：表象の多様性から総

合が可能になるうえでの自己意識の役割。

認識（cognition）：対象についての、人間の知識または経験。対象を認識するには、直観と概念の統一がもとめられる。

認知主義（cognitivism）：対象が私たちにとって理解可能になる基本様式として、心的認知に焦点を当てるカントの立場。

表象（representation）：直観、概念、観念、判断といった心的な内容。心のなかで表象することで、私たちは対象を認識する。

表象主義（representationalism）：私たちがその心的表象を持つことができる限りでのみ、対象は私たちにとって理解可能である、とする広義の哲学的見解。カントと18世紀の哲学にとってこの見解は通り相場だったが、ハイデガー以降の現象学者によって棄却された。

〈ヴント〉

外的経験（outer experience）：ヴントの心理学では、外的経験とは、単純な感覚と感情である。外的経験は、精神物理学の方法を使って、科学的に研究することができる。

感覚（sensation, 独 Empfindung）：ヴントの心理学では、感覚は、還元不可能な、経験の質的要素である。感覚は、それによって経験が構成される原子である。

感情（feeling, 独 Gefühl）：ヴントの心理学では、感情は、還元不可能な経験の情動的要素である。感情は、それによって経験が構成される原子である。

内的経験（inner experience）：ヴントの心理学では、内的経験とは、複雑な思考、情動、および態度である。内的経験は、科学的心理学によって接近できるものではない。

文献案内

Allison, H. (2004). *Kant's Transcendental Idealism: An Interpretation and Defense.* New Haven: Yale University Press.

Förster, E., ed. (1989). *Kant's Transcendental Deductions.* Stanford: Stanford University Press.

Henrich, D. (1994). *The Unity of Reason: Essays on Kant's Philosophy,* R. Velkley (ed.). Cambridge: Harvard University Press.

Longuenesse, B. (1998). *Kant and the Capacity to Judge*. Princeton: Princeton University Press.

ヴントによる著作の多くは、クリストファー・グリーンによる「Psych Classics」のウェブサイトで入手できる（http://psychclassics.yorku.ca/）。

Wundt, Wilhelm Max (1874/1902/1904). *Principles of Physiological Psychology* (Edward Bradford Titchener, trans.) (From the 5th German edn., published 1902; 1st German edn. published 1874.)

本文中に登場する文献の邦訳

Heidegger, M. (1927/28/1977). 石井誠士・仲原孝・M. セヴェリン（訳）『カントの純粋理性批判の現象学的解釈（ハイデッガー全集第 25 巻）』創文社（1997 年）

Kant, I. (1781/1997). 熊野純彦（訳）『純粋理性批判』作品社（2012 年）

第2章

エトムント・フッサールと超越論的現象学

2.1 超越論的現象学

フッサール現象学は、私たちの経験の本質的内容についての体系的研究である。「本質的」という言葉でフッサールが意味しているのは、ある経験を特定の種類の経験にするような内容である。たとえば、一本の木を見るということは、それを想像するとかその幻覚を見ることとは違って、頑健で永続的なものとしてそれを見ることを意味する。木はたんに現れたのではないし、突然消えることもないだろう。時間的に頑健なものとしてその木を経験するのでなければ、私たちの経験は、本当に木を見ることとはみなされないだろう。重要なことだが、経験の本質的内容の一部は、感覚に直接現れるものを超え出ているのである。たとえば、向こう側が見えないとしても、裏側を持つものとして私たちはその木を見ている。木の裏側や近未来における持続性といった特徴は、感覚に直接与えられるわけではない。にもかかわらず、これらは経験にとって本質的なのである。フッサールは、これらが心によって寄与されたものだと考える。フッサールが主張するのは、対象についての経験を作り上げる種々の心的作用全体の本質的特徴について、私たちは体系的に説明できるということである。

この現象学のアイデアは、超越論的哲学についてのカントのアイデアに似ている。両者とも、私たちの経験の重要な特徴には主観的に構成されるものがあるという中心的主張を基礎に据える。もっというと、フッサールはその経歴の大半において自分の企てを「超越論的（transcendental）」現象学と呼んでおり、

23

数多くのカントの議論がフッサールの著作には現れる。ただし、そこには基本的な違いもいくつか存在する。ひとつは、分析の焦点にかんすることである。カントは、心によるアプリオリな寄与に焦点を当て、経験についての普遍的かつ不可欠な特徴を説明しようとする。カントのアプリオリの概念に比べて、フッサールの本質の概念はより幅が広い。フッサールが本質とするものは時間がたつと変わりうるし、異なる文化的コンテクストのなかでも変わりうる。また、フッサールがまずもって問うているのも概念ではない。彼が「本質」とするもののいくつかは、意識の作用における非概念的な特徴である。分析方法にも主要な違いがある。カントの特徴的な方法は、ありふれた経験を説明するうえで必ず備わっていなくてはならない背景的条件を分析することに置かれていたのに対して、フッサールは経験をつぶさに記述することで前へ進もうとする。実際、フッサールはときおり自分の現象学を「記述的心理学」と呼んでいる。私たちの経験について注意深く精緻に記述することで、先行する哲学者たちが見落とした本質的特徴を明らかにできると彼は信じているのである。カントの構成的条件は背景に隠れていて超越論的論証を通じてのみ明らかになるのに対して、フッサールの本質は、ひとたびそのもとめ方が分かってしまえば、経験それ自体において明証的である。

　フッサールはしばしば現象学の「創始者」と呼ばれる。1890 年から 1900 年のあいだに、自分固有の哲学に対するアプローチを彼はこの語で表すようになり、1913 年の『イデーン』（正式なタイトルは『純粋現象学と現象学的哲学のための諸構想』——簡潔さは彼の美徳とするところではなかった）において、彼は現象学の方法と基本的な考え方を明らかにしている。フッサールが望んだのは、この書が共同研究プロジェクトまたは現象学の「学派」にとって礎となり、さまざまな領野において現象学的研究を完成すべくフッサールが規定した方法を弟子たちが用いるようになることだった。〔しかし〕そうはならなかった。フッサールには有力な弟子がいたものの——ハイデガー、アロン・グールヴィッチ、マックス・シェーラー、エーディト・シュタインがよく知られている——たいてい彼らはフッサールの方法や彼の選んだトピックから逸脱している。フッサールの超越論的現象学は、「実存的現象学」と呼ばれるハイデガーとメルロ゠ポンティの（また、程度はより軽いがサルトルの）アプローチとは重要な点

で異なっている。現象学は、厳密な研究プロジェクトというよりも、あいまいな輪郭を持つ運動になっていった。

2.2　ブレンターノ

　フッサール現象学の関心と背景は、数学、心理学（1870年代から80年代に彼が学んだような心理学）、そしてカント哲学にある。彼はライプツィヒのワイエルシュトラスのもとで数学を学び、そこでヴントによる心理学の講義にも出席した〔ここは史実とはやや異なる。フッサールが実際にワイエルシュトラスのもとで数学を研究するのは1878年にベルリン大学に移ってから〕。数学での学位を取得した後、フッサールはウィーンに移ってフランツ・ブレンターノのもとで哲学を学んだ。ブレンターノは並外れて独創的な思想家で、魅力的な教師だった。彼は心についての哲学的分析に新たな基礎を与えようとしていた。カント、アリストテレスとスコラ学者たちの研究から得た洞察と、ヒュームに触発された心的経験への記述的で常識的なアプローチを結びつけようとしていた。注目しておくべきことに、ブレンターノの数多い生徒のなかにはゲシュタルト心理学の重要な先駆者が二人いる。カール・シュトゥンプフは和音と不協和音の心理学について基礎的な仕事を残したが、ブレンターノの初期の学生の一人である。フッサールはシュトゥンプフの指導のもとで哲学学位論文を書いている。シュトゥンプフは後にベルリン大学で哲学教授と実験心理学研究所所長をつとめ、そこでマックス・ヴェルトハイマー、クルト・コフカ、ヴォルフガング・ケーラーを指導した。ブレンターノのもう一人の学生はクリスティアン・フォン・エーレンフェルスで、彼はゲシュタルトの概念を心理学に導入した。後で見るように、現象学の基本的アイデアとゲシュタルト心理学の基本的アイデアの収斂は、ブレンターノとフッサールの圏内を越えて続いていく。サルトルとメルロ゠ポンティはゲシュタルト心理学に深くのめり込んだし、J・J・ギブソンもそうだった。

　フッサールはブレンターノから三つの重要で基本的なアイデアを受け継いでいる。第一に、心の研究における記述を強調したことである。主著『経験的立場からの心理学』のなかで、ブレンターノは、徹底的に科学的なやり方に基づ

く心的内容の分析を展開しようとした。彼の心理学は、経験的心理学の方法を使用するという意味で「経験的」な観点に立つわけではない。経験的心理学はヴントの提案によるものだったが、ブレンターノはそれが見当違いだと考えた。むしろブレンターノが考えたのは、自然科学の根底にある自然の観察と類比的に、心理学も注意深い観察によってその主題についての基本的理解を引き出すべきだということだった。それゆえ、ブレンターノにとって、心理学は注意深い観察と心的なものの識別から始まらねばならない。「記述的心理学」という用語はブレンターノの仕事に由来し、フッサールも、彼の最初の主著である『論理学研究』の序論で、現象学に言及するのにこの語を引き続き用いている。

　ブレンターノが最初に手をつけたのは、心的実体をそれとして境界づけることである。デカルト以来、空間的延長という点から見て心的実体と物的実体の違いを定義することが一般的である。あらゆる物的実体は延長を持つが、心的実体は延長を持たない。ブレンターノの考えでは、この基準は心的現象を十分に記述していない。たとえば、足がチクチクする感覚は私には延長を持つものとして現れる。ブレンターノは延長に代えて、スコラ哲学に由来する概念である志向性に、心的なものの否定しがたい特徴をもとめる。志向性が意味するのは「〜に向かって性（directedness）」または「〜について性（aboutness）」であり、あらゆる心的内容がこの特徴を備えているとブレンターノは主張するのである。言葉を変えると、あらゆる心的経験は、その経験内容の一部をなす対象に向かっているということである。ブレンターノは次のように記述している。

　　あらゆる心的現象は、何らかのものを対象として自己のうちに含んでいる。……表象においては何ものかが表象され、判断においては何ものかが承認あるいは拒絶され、愛情においては愛され、憎しみにおいては憎まれ、欲求においては欲されている、等。(Brentano 1874, p. 115)

フッサールは、志向性が心的現象の基本的特徴であるとの考えを受け継いでいる。

　注意すべきなのは、ブレンターノによる特徴づけでは、心的経験に含まれる志向的対象が経験それ自体のうちに含まれることである。判断すること、想像

すること、幻覚を体験することにおいて、これは十分明確であるように見える。しかし他の事例ではいくぶん直観に反する。たとえば、私が木を見ているとすると、その木は経験に含まれる志向的対象であり、私の心のなかではなく実在する世界の「そこ」に存在する、というほうがより自然だと思われる。それと同様に、愛情、憎しみ、欲求の対象も典型的には世界のなかにある何かである。しかしながら、ブレンターノの考えでは、このような異議は志向性の本質をとらえそこなっているのである。その木は、知覚にとっての志向的対象かもしれ・・・・・ない。しかし、知覚経験が木についての経験であるという事実は、経験に備わる構造的な特徴であって、そのためこの事実は世界のなかの現実の木とは何ら関係がないのである。ブレンターノはここで、カントを通じて近代初期の哲学において支配的だった仮定に立っている。心が直接に自覚しているのは対象の表象であって、対象それ自体ではない。この表象的対象が、心的作用にともなう志向的対象である。

　これはフッサールがブレンターノから受け継いだ第三の基本的論点に通じている。ブレンターノはカントにならって、内的感官と外的感官を区別する。内的感官とは、心的事象を知覚したり直観したりする私たちの能力である。ブレンターノにとって、心的現象を識別する第二の印はそれらが「内的意識においてのみ知覚される」（1874, p. 118）ことである。これには重要な意義がある。というのも、内的意識はその「直接的で確実な明証性」（1874, p. 119）によって区別されるからである。もし木を見ているとしたら、私は自分がその経験をしていることを意識しているし、そのことについてまちがうことはまずない。〔ところが〕もちろんのこと私は、その木についてまちがうことはありうるのである。私は木を想像しているだけかもしれないし、壁に描かれた木を見ているのかもしれないし、巧妙に偽装された携帯電話の中継塔にだまされているのかもしれない。しかしながら、私は自分が木を見る経験をしていることについては「確実な明証性」を保持しているのである。フッサールも同様に、志向性の作用は内在的（immanent）すなわち心の内部にあり、私たちに完全なしかたで特別かつ確実な明証性をもって与えられる、と考えている。このことは、対象それ自体の超越的性質とは対照的である。対象は、つねに私たちが意識できる以上のことを含む限りにおいて、超越的なのである。

ハイデガーとメルロ゠ポンティは、現象学が内在的な内容に特化すべきであるというフッサールの見方には同意しない。フッサールは心のなかの認知的構造に焦点を当てているが、ハイデガーとメルロ゠ポンティは世界に手がかりをえている身体的技能を巻き込んだ構造に焦点を当てるのである。彼らにとって、私たちの対象経験を理解可能なものに構成する特徴は、世界それ自体のなかにあるのだ。

2.3　論理学と心理学のあいだ

フッサールは最初の著作、1891 年の『算術の哲学』において、数学、心理学、哲学を結びつけている。この本の副題は「論理学的および心理学的な研究」である。本書のおもな関心は、数学的存在者の本質、とくに数の概念を構成する多と一の概念について説明することにあった。フッサールは多を定義しようとするのではなく、「この概念の抽象化を支える現象を心理学的に特徴づけること」(1891, p. 21) を目指している。彼の論じるところによると、これらの現象は、部分の集まりを統一するような「心理作用についての反省」である。フッサールが示唆しているのは、数および加算という観念が、ばらばらの部分を一緒にする私たちの心的経験に由来するということである。

ゴットロープ・フレーゲはこの本について猛烈に批判的な書評を書いている。フレーゲが書評で論じているのは、心理学的過程という観点から論理的で数学的な対象を説明するという基本的な誤謬をフッサールがおかしているということである。一方には、数、数学的法則または方程式があり、他方には、私たちがこうしたものを経験し、発見し、構築するようになるあり方があるが、両者のあいだには根本的な違いがある。数学と論理学は精密なものであって普遍的妥当性を持つのに対し、心理学的過程はしばしば漠然としていて変わりやすいのである。フレーゲはこの基本的誤謬を「心理主義 (psychologism)」と呼ぶ。フレーゲの批判はフッサールに深く響いた。後の著作でフッサールはこの初期の著作を否定している。彼は次の著作、1900 年の『論理学研究』を長大な「プロレゴメナ」(序論) とともに開始し、そこでは心理主義に反対するさまざまな論証を展開している。

それにもかかわらず、論理学と心理学の共通基盤に焦点を当てたことで、『算術の哲学』は、フッサールを現象学に導くことになる基本的なアイデアの萌芽を示している。私たちの経験には、私たちに与えられたものを超える要素が含まれている。そうした要素は私たちの心に起源を持つように見える。しかもそれらは、個人的で主観的な心的事象という特徴を持っていない。『算術の哲学』のとくに興味深い一節のなかで、フッサールは、特定の数学的存在者は群れ、集団、集まりといった集合的項目についての経験に類似すると指摘している。フッサールは書いている——これらの事物において、私たちは、これらを形成する個別の構成員に還元できず、個別の構成員から構成されているのでもない「形態（figure）」に出会うのである。リンゴの集まりはリンゴだけでできているが、その集まりは即座にきわだち、リンゴの加算的合計にすぎないものとは区別されるひとつの統一体として私たちが知覚するような、「形態」を呈示する（1891, p. 204）。フッサール自身、本書のこの節をフォン・エーレンフェルスの仕事と比較している。そして、フッサールはこの線での思考を心理学の方向性ではこれ以上追求しなかったものの、これが彼の現象学の考え方に示唆を与えているのである。客観的世界の経験を構成し、また現象学が研究しようとしている心的構造は、ゲシュタルトのもともとの概念に密接に関係している。（ゲシュタルト心理学は後にこの概念をより詳細に発展させている。フッサールの原 - 現象学的な形態の概念との大きな違いは、ゲシュタルトが世界のなかの対象だという点である。換言すると、集まりはリンゴと同様に、私たちが知覚できる世界内のひとつの対象である、とゲシュタルト心理学者は主張するのだ。第4章を参照。）

　『論理学研究』の刊行時までに、フッサールはこの基本的アイデアをより強固な現象学の考え方へと発展させた。「プロレゴメナ」における詳細な心理主義批判によって理論武装しつつ、さまざまな経験内容を規定する内在的構造の分析を開始する。以前のアプローチとは対照的に、彼はいまや「心理作用についての反省」が、一、多、数といった論理的カテゴリーの源泉になりうることを明確に否定する（1901b, p. 668）。言葉をかえていうと、数学と論理学の要素の起源と意味を説明するうえで、心理学は正しい科学ではないのだ。数学的で論理的な対象——数、多、一、存在、否定、必然といった——は、私たちの作

用の対象として与えられる、すなわち、私たちはそれらを客観的なものとして
経験する。〔これらの対象の起源や意味を説明することではなく、〕その代わりに、
私たちの作用がきちんと論理的ないし数学的対象に向かうために、どのような
内在的構造をしているかが問われることになる。この問いは、フッサール現象
学の中心的な目標を特徴づけている。

2.4 イデーン

　フッサールの主要な見方を最も体系的に開陳したのは、1913 年の『イデー
ン──純粋現象学と現象学的哲学のための諸構想』である。この本におけるフ
ッサールの主要な課題のひとつは、現象学についての自身の考え方を明確にし、
またそれを方法論的に厳密なものにすることだった。彼の指摘によると、現象
学はデカルトの懐疑論とカントの超越論的観念論に似ており、これらに触発さ
れてもいる。ただし、微妙だが決定的な違いにフッサールはこだわってもいる。
もっというと、現象学がもとめる種類の反省は、哲学史においてまったく新し
いものだと彼は主張するのである。現象学は、心的状態の内容へと向かう態度
の変更を要求する。これは並外れたものであって、19 世紀後半に多大な注意
が心理学に向けられる以前の段階では、これを識別するのはおそらく不可能だ
った。

　フッサールは、現象学の新しさと精妙さを捉えやすくするために、二つの重
大な決断を下す。第一に、彼は現象学的方法を導入する。この方法は還元と呼
ばれるいくつかの段階からなり、各読者は、現象学に固有の対象への焦点を保
つため、還元を実践し、たえず思い出す必要がある。これ以前の著作において
フッサールは主観的構造と客観的構造を区別しそこない、心理主義の誤謬をお
かしたが、この方法は、この種の混乱をあらかじめ防ぐように設計されている。
フッサールが意図したのは、彼の読者と弟子たちが還元のやり方を学び、その
後で、この方法を通じて到達した立場で現象学を実践できるようになることだ
った。言い換えると、この方法それ自体についての彼の説明が哲学者のあいだ
で論争のトピックになることを彼は期待していなかったのである。しかし後に
分かるように、起こったのはまさにこのことだった。ハイデガーの考えでは、

フッサールの方法の中心的側面は根本的に矛盾しており、フッサール現象学の土台を大きく損ねているのである。

　フッサールの第二の決断は、無理のない範囲で、現象学の基本的な考え方についての独自の用語を導入することだった。だから、たとえば、「アプリオリ」、（テクニカルな意味での）「観念（ideas）」、「感官（sense）」、「直観（intuition）」という言葉を彼は避けたがる。こうした用語の伝統的意味が読者をとまどわせ、現象学に固有のトピックをおおい隠してしまうことを心配したのである。

　先に述べたが、現象学は、対象から私たちの感官には与えられることのない、経験の本質的内容を研究する。換言すると、現象学は、私たち経験者がみずからの経験を構成するうえでなしている非‐恣意的な寄与に焦点を当てるのである。結果として、フッサールの現象学的方法は二つの異なる還元によって構成されることになる。そのひとつを彼は形相的還元（eidetic reduction）と呼ぶ。これは、経験にともなう偶発的または非‐本質的な特徴から本質的な特徴へと、私たちの焦点を転換するものである。もうひとつは超越論的還元（transcendental reduction）と呼ばれる。これは、経験の対象から、その対象が構成されるしかたへと私たちの焦点を転換するためのものである。これらは合わせて現象学的還元（phenomenological reduction）になる。基本的な用語を手早く概観した後で、現象学的還元について考察しよう。

2.4.1　志向性

　現象学は、私たちの経験の意味を説明しようとする。フッサールの考えでは、ある種の意味をもつ経験はすべて意識的なものであるため、現象学は意識的な事象に焦点を当てるのである。意識は安定して途切れることのない流れであり、多種多様な対象と態度のあいだを行ったり来たりして揺れ動く。フッサールは意識の流れを個別の作用へと分離する。意識のひとつの作用（act）は、この流れの一部分であり、ひとつの対象をその内容として備え、その対象へと向かうひとつの態度からなる。たとえば、木を見ることはひとつの作用である。雄大さに感心することは別の作用であり、その木を思い出すことはまた別の作用であり、その木の知覚について反省することはさらに別の作用である。作用は瞬間的なこともあるし、しばらく持続することもある。いくつかの作用が同時

に起こることもありうるし、意識が中断して何の作用も生じない期間もありうる。だから、意識の流れの時系列という観点から、その作用を個別にすることはできない。

　厳密にいうと、現象学は意識の構造をそれ自体として探求するのではなく、意識の特定の作用の構造を探求するのである。すべての意味ある経験は、作用のもとで生じる。経験に意味があるのはそれに内容がともなう場合だけであり、このことは、その経験がある作用のもとで——その作用が不明瞭で混乱していて対象をまちがって把握しているとしても——生じていることと同義である。存在しない対象についての不明瞭な記憶も、またひとつの作用なのである。

　フッサールはブレンターノにならって、すべての意識作用が統一されており透明であると考える。意識的な出来事が統一されているため、私たちは、明確な形をもたない流れをさまざまな作用へと区別できるのである。つまり、態度と対象ごとにひとつの作用があるのだ。透明性（transparency）が意味するのは、私たちは作用を経験するだけでなく、作用を経験していることについて自己意識的でありうるし、その作用のあらゆる構造的側面について反省できるということである。そのため、心的作用の透明性はフッサール現象学の方法にとって重大な含意を持つ。私たちの心的作用にともなうすべての内容は、自己意識的反省にとって入手可能であり、現象学は反省することによって作用の本質的構造を見出すことができるのである。（興味深い点を付け加えておくと、ジークムント・フロイトもウィーンでブレンターノの講義を聴講している。いうまでもなく彼は透明性の主張を拒否する。多くの意味ある経験がその意味を発揮するのは、それらがまさしく私たちにとって透明ではないからだ、と彼は主張するのである〔フロイトは私たちが反省によって到達できない無意識の領域を問題にしている〕）。

　フッサールにとって、意識の特徴のうち最も重要なものは志向性（intentionality）である。さまざまな作用はある対象を共有することができるが、私たちは多くの場合、志向的対象を用いることで作用を区別することができる。たとえば、同じ木が、その木を見るという作用、その木を思い出すという作用、それに感心するという作用にとっての対象でありうる。志向的対象のあるものは、もっとつかまえにくい。世界に時間的な始まりがあるかどうか知ろうとする私の作用や、最大素数の存在証明について漠然と思い出そうとする私の作用を考

えてみるとよい。これらの例は、現実の対象と志向的対象とのあいだに重大な差異があることを示している。私たちは、現実には存在しない対象を志向することができるし、現実の対象にはない特徴が志向的対象には備わっていることがある。両者が違っているのに応じて、現象学では、ある対象を志向するのに必要であるものの、現実の対象の属性とは関係のない構造に焦点を当てるのである。

　意識作用についてのフッサールの分析は、私たちが絵画を見るときの見方と比べてみることができる。絵画、たとえば風景の絵や果物かごの絵は、何かについての画像である。私たちは絵に対して二つの異なる態度をとることができる。私たちは普通、そのイメージを通り越して表象された対象に焦点を当てる。すなわち、丘や谷やその他の特徴をそなえた風景を見ている。しかし、私たちは絵をそのものとして見ることもできる。この場合、私たちは色合いや筆づかい等に注意を向け、描くことそれ自体に備わる特徴によって、どのように風景を表象することが可能になっているのか問うてみることができる。意識もまた同様にそれ自身の内的な特徴を持ち、それによって対象に向かうことが可能になっている。通常、私たちの意識作用は、その作用それ自身を通り越して対象へと向かう。だから、私が木を見ているとすれば、通常私は木に焦点を当て、この知覚の作用の内的特徴には焦点を当てない。しかし、フッサールが論じているのは、私たちはこの内的特徴それ自体にも焦点を当てることができ、現象学はそうすることを目指しているということなのである。

2.4.2　超越論的還元

　フッサールが「還元」と呼ぶものは方法論的な段取りであり、現象学が解明しようとする種類の事象に焦点を当てるうえで役に立つ。『イデーン』におけるこの準備作業についての記述は詳細なものだが、必ずしも明確ではない。おもなアイデアは二つの異なる段階に区別すると最も把握しやすい。

　第一に、超越論的還元がある。現象学は意識の科学である。物理的対象に関心は持たないが、物理的対象やその他の対象についての意識経験には関心を持つ。このことのために、いくぶん直観に反する立場の変更がもとめられるが、それを維持するのは容易ではない。私たちは「自然的態度」（natural attitude）

第 2 章　エトムント・フッサールと超越論的現象学　33

を放棄しなければならないのである。自然的態度は、たいていの場合、事物は
それが私たちに現れるがままに存在するという。自然的態度において、私たち
の意識経験の内容は、私たちがそれについて経験しているところの対象である。
私の知覚の対象は、私が目の前に見ている本と紙であり、身のまわりで聞こえ
ている音である。

　フッサールに先立って、哲学におけるいくつかの運動がすでに自然的態度を
疑問視している。たとえば、ストア哲学はそれを学ぶ者たちに対して、実在世
界の対象は真の重要性を持たないことを教えようとする。〔また〕各種の懐疑
論が説くところによると、それらの対象が真に実在することは決してない。デ
カルトの認識論的な懐疑論は、通常の対象の存在を疑う態度をおしすすめ、知
の合理主義的な説明の枠内でのみそれを取り戻すものである。こうした運動に
は共通する一般的構造がある。すなわち、対象に向かう自然的態度を中断し、
同じ対象へと向かいながらも哲学的に動機づけられた別の態度で置き換えるの
である。フッサールの超越論的還元は、これらの段階のうち最初のものだけを、
つまり、通常の対象についての通常の信念を中断することを私たちにもとめる。
彼は、対象へと向かう何か別の態度で置き換えることをもとめはしない。実際、
科学的世界観にとっては自然的態度こそまさに正しい態度であることを現象学
は認めている。フッサール現象学はたんに、他の対象に関与するだけである。
すなわち、意識の外側にある通常の対象ではなく、意識のうちに内在する事象
に関与するのである。フッサールはこの段階を「カッコ入れ（bracketing）」、
もしくは信念を停止する意味のギリシア語で「エポケー（epoche）」と呼ぶ。
私たちは、物理的対象についての問いをカッコに入れる。しかしそれは、物理
的対象について普段の私たちがまちがっているからではなく、現象学の焦点を
取り違えないようにしたいからである。私たちは不可知論にとどまり、現象学
的な目的から通常の対象に関心を向けないことにするのだ。

　自然的世界をカッコに入れても、意識の内容はからっぽにはならない。私が
一枚の紙を見ているとして、本当に紙が存在するという前提をカッコに入れた
としても、その紙を見ているという経験は私に生じている。むしろ、一枚の紙
を見ているかのような経験が私に生じている。この経験の内容は、現実の紙で
はなく、その紙と紙に付随するすべてについての内在的意識である。この意識

経験には、紙の裏側がどう見えるか、触れるとどんな感じか、どんな音が鳴るのか、はっきり区別できないまわりの対象とその紙がどう関係しているか、時間を通じて持続するか、等々についての予期が含まれている。現象学は、意識経験にともなうこれらの側面を研究するのである。このような背景、周囲、時間性についての意識は、あらゆる知覚の作用にとって本質的であるとフッサールは主張する。特定の意味で、これらは知覚にともなう作用として本原的な作用を構成する〔対象が生き生きと意識に与えられる性質を指してフッサールは「原的」「本原的」（originär）という〕。それゆえ、現象学は意識のもつ作用構成的な特徴を研究するのだということができる。フッサールの用語法では、これこそ彼が超越論的現象学という言葉で意味することである。現象学的還元は、経験の対象から、そのもとで対象が経験されうる作用を構成する構造へと、焦点を転換することなのである。

2.4.3 形相的還元

一枚の紙を見ることは野生の象を見ることとはずいぶん違っている。それでも、知覚の作用として一般的な構成上の特徴を両者は共有している。視覚に典型的な一定の時間的構造を意識が備えていたり、対象がその周囲にある背景に対して経験されたり、といったことである。フッサールはこうした一般的特徴を「本質」または形相（エイドス、eidos）と呼ぶ。現象学はこれらの本質を研究するものであり、一種の形相的科学である。形相的還元は、作用の本質的特徴へと私たちの焦点を転換する準備段階である。

形相的還元は、幾何学における図に対して私たちがとる態度にたとえることができる。この直角三角形についての興味深い点は、それが直角三角形の全般的な属性を図解していることにある。これと同様にフッサールは、一枚の白い紙を見ることを例にとる。そして、ある時点で彼は一枚の紙を実際に見るのである。現象学の立場からすると、実際に見るという個別の作用は、それが一般的で、本質的な知覚の作用を明らかにする範囲でのみ実質的意味を持つ。現象学と同様に、幾何学と算術は形相的科学であり、形相的還元を要求する。ただし、現象学とは異なり、これらは超越論的科学ではない。幾何学は大半が図形と平面にかんすることであり、それらについての私たちの経験には関係がない。

形相的還元はまた、言葉の意味に類比させて説明することもできる。言葉は個別の経験内容を表現できるが、言葉の意味は一般的であって特定の事例を超えるものである。同様に、それぞれの意識経験を意味あるものにする形相的構造は、特定の事例におけるそれらの用例よりも一般的である。現象学は形相的科学であるから、科学的心理学とは明確に区別される。心理学は現実の対象にかかわるが、現象学は本質にかかわるのである。

　フッサールは一般性に関連する概念を取り込もうとしてノエシスとノエマという用語を導入する。ノエシス（noesis）は意識の特定の作用である。ノエマ（noema）はこの意識作用にともなう一般的な意味または内容であり、同じ意味を持つ他の作用と共有される。各ノエシスは個別的であり、やって来ては消えていく。とはいえ、同じノエマが何度も経験されることはありうる。毎朝あなたが時計台を見るとすると、毎回あなたは異なるノエシスと同じノエマを経験している。この作用におけるノエマは、「あの時計台」という言葉の意味に似ている。ただし、ノエマは知覚的データを組織化する形態の情報も含むため、このような言語的な意味よりもきめ細かく詳細である。だから、言葉の意味を志向するのに加えて、ノエマを通じてその作用は時計台の「見え」や、類似する知覚的特徴を志向するのである。

2.4.4　ヒュレー、充実、射映

　意識の作用は志向的内容を経由して対象へと向かう。この内容は意識作用のノエマにおいて詳しく見出される。ノエマは志向的対象の意味を構成するが、一方でその対象は私たちには与えられたもの（所与）としても経験される。フッサールはこの所与性を特徴づけるのにヒュレー（hyle）という用語を使う。ヒュレーは感覚的データまたはセンスデータの外観であり、志向された意味を充実し、それゆえその作用にともなう意味を制約する。注意すべきなのは、超越論的還元のもとではヒュレーは心の内部にある構造であって、志向を充実するのは現実の対象ではないということである。幻覚、想像、記憶にもヒュレーがある。フッサールの指摘によると、意識それ自体の内部に、程度の異なる所与性がある。たとえば、知覚することや幻覚を見ることにおいて、対象は「生身」であるかのように与えられるが、想像することにおいては、対象はより

弱々しく変わりやすいしかたで与えられる。木を見るという作用と木を想像するという作用は、志向された意味の多くを共有しているが、その志向の充実（fulfillment）が異なっている。知覚では、木がより完全に与えられるのであり、その志向はより完全に充実される。ヒュレーはより豊かで詳細である。同じ理由で、知覚の作用は想像の作用に比べて、より束縛される。知覚された木は相対的に安定していて変わることがない。それに対して、想像された木は、大きく成長したり、枯れたり、色を変えたり、燃えたり、といったことが十分ありうる。にもかかわらず、想像の作用のもとで想像された対象は、私たちにとって所与のものとして現前する。この点で、木を想像することは、たんに木についてぼんやり考えることとは違うのである。

　志向は空虚なものでもありうるし、ある程度充実されることもありうる。空虚な志向は、無意味な思考になるか、たんに形式的な思考になるかもしれない。知覚は想像よりも完全に充実される。最終的にフッサールは、完全な充実という理念が存在し、そこではノエマの各部分が完全に満たされるという。この理念は、真理という概念の意味を構成するが、通常の知覚には当てはまらない。フッサールの論じるところによると、通常の知覚においては充実されない数多くの部分的志向がノエマにはあるため、ノエマそれ自体が完全に満たされることはない。たとえば、木の裏側は、木の知覚にともなって志向される意味の一部であるが、その現前を表現するヒュレーを私たちは持っていない。私たちが目にするのはその木の側面にすぎない。フッサールは、これらの部分的側面ないし対象についてのパースペクティヴを射映（adumbration, 独 Abschattung）と呼ぶ。充実されない志向は、フッサールがその作用の地平（horizon）と呼ぶものを形成する。より正確にいうと、彼は外的地平から内的地平を区別する。内的地平には、対象について志向されながら充実されない側面が含まれる。木の裏側、その木は今後も頑健だろうとする私たちの予期、その木の樹脂の香り、といったものである。外的地平には、その木の知覚が意味あるものとして際立ってくるさいに、その背景を形成している幅広い文脈が含まれる。状況によって変化するが、外的地平は、ひとは公園で何をするのか、ひとはどのようにして安全に車を運転するのか、といったことについての私たちの一般的知識によってできているかもしれない。

たいていの知覚においては、いくつかのパースペクティヴしか私たちには与えられないし、私たちがまったく目にすることのない対象の側面が存在する。フッサールの考えでは、仮に私たちがその対象の全側面を目にしたとしても、私たちは射映を経験するのである。たとえば、テーブルの表面すべてが見えているとしよう。テーブルを目にしながら、私たちがテーブルの周囲を歩けば、私たちの視線は隅から隅まで全体をくまなく動いていく。その過程で、私たちはさまざまな照明条件のもと、さまざまな角度から、さまざまな断片を取り入れていく。それでも、私たちはそれらを統一されたもの、テーブルに備わる単一の「色」として経験する。この単一の色はノエマの一部、もしくはその経験の意味である。この色がそれ自体として際立つのは、まさしく、さまざまな視線のもとで与えられる幅広い射映を通じてのことである。色つきの表面全体を見たとしても、色それ自体は、部分的な志向を充実する射映としてのみ与えられるのである。

　それゆえ、フッサールの知覚の分析によれば、私たちがある対象を完全に知覚するということは決してなく、つねに射映を通じて知覚するのである。しかしそれと同時に、私たちは完全な対象を見ているとも主張しうる。私たちは完全な対象を見ているが、それを完全なしかたでは見ていないということなのである。これら二つの主張の違いについて注意しなければならない。あなたが木を見るとき、あなたは完全な木を見ている。なぜなら、あなたのノエマは、完全で、三つの次元を持ち、時間的に頑健で、色彩にあふれた木を志向しているからである。これが作用の意味である。ただし、ノエマのすべての部分がヒュレーによって充実されない限りで、あなたは完全なしかたでその木を見ているわけではない。裏側、直近の過去、香りといったものが志向されるが、木のこうした側面について、あなたの経験には、豊かで詳細な所与性がともなうわけではない。あらゆる知覚対象と同様に、木は超越的（transcendent）なのである。これは、対象にはあなたが探求しうる以上のことが存在するという意味である。あなたはもっと近づいて、樹皮を引っ掻き、その樹脂の香りを取り入れる、といったことをしてみることができる。その経験は、偽物の木、模型の木、木のイメージを見るのとはまったく違ってくる。ヒュレーは、本物の木の知覚を作り上げるのとおおよそ同じものだが、ノエマは同じではない。もちろん、

私たちはときどき、本物の木を見ているという考えからスタートして、ボール紙の切り抜きだったことを発見することもある。このような場合、フッサールはノエマが「爆発」し、他のもので置き換えられるという。この表現が示唆しているのは、知覚の切り換えは素早く完全に生じ、そこには混乱と失見当の瞬間がともない、その瞬間は知覚された対象がまったく把握できないということである。このとき、知覚されたノエマは、三つの次元や香りといった部分的志向をともなわないボール紙の切り抜きに置き換えられる。

2.4.5　後期の展開

フッサールが『イデーン』で概略を示した方法は、それが作用の意味を構成する範囲で、意識の内在的内容を焦点化するものだった。大半の著作においてフッサールはこの方法を採用しており、この理由で彼のアプローチは「超越論的現象学」と呼ばれる。このアプローチは、ハイデガーとメルロ゠ポンティによって後に批判されることになる。というのも、意識に焦点を当てすぎており、身体とその周辺環境について無視しているからである。

ただし後期の著作では、ハイデガーとメルロ゠ポンティを突き動かすようないくつかの洞察をフッサールは提供している。1929 年の『デカルト的省察』でフッサールは身体の役割を考察し、私たちにとって身体は他の対象と同じようには与えられないこと、身体は私たちの心的経験から切り離しえないこと、という決定的な点について詳しく述べている。また、1936 年の『ヨーロッパ諸学の危機と超越論的現象学』では、彼が「生活世界」(lifeworld, 独 Leb-enswelt) と呼ぶ現象に目を向けている。彼は依然として、現象学が還元ないし焦点の転換を必要とするとの主張を維持している。しかしながら、この時点でのフッサールは、意識のもつ対象構成的な特徴へと向かう超越論的還元ではなく、物理的または機械論的観点からの世界理解を離れ、価値や魅力を備え、漠然としていて不確定な、私たちが経験するがままの世界へと焦点を当てるものとして、還元をとらえている。

そのため、フッサールの超越論的現象学とハイデガーやメルロ゠ポンティの実存的現象学の差異は、見た目ほどくっきりしたものではないという解説者もいる。たしかに、サルトルの仕事は超越論的でも実存的でもある。また、メル

ロ゠ポンティ自身も『知覚の現象学』の序文において顕著な連続性を示唆し、みずからのアプローチをフッサールのそれとして提示している。

2.5 時間意識の現象学

　フッサールは生涯を通じて時間経験の現象学に関心を持ち、このトピックについて繰り返し講義している。ただし、自分の見方を著作で展開することはなかった。出版された彼の見解は、その多くをフッサールの助手だったエーディト・シュタインの仕事に負っている。シュタインは時間にかんする数種類の講義録を注意深く書き起こして整理し、ある部分については加筆して修正するようフッサールにうながした。フッサールは、他と比べてこのプロジェクトにはあまり注意を払っていなかったが、ハイデガーの『存在と時間』が出版されることになった時、決意してこの資料を最終的に出版するに至ったようである。ハイデガーの著作は 1927 年の『哲学および現象学研究年報』に、フッサールの『内的時間意識の現象学についての講義』〔邦題は『内的時間意識の現象学』〕は、一年後の同誌において出版されている。フッサールはハイデガーに講義録を編集するようもとめたが、ハイデガーはシュタインの実質的な仕事にほとんど手を加えていない。

2.5.1 基本的な問題
　時間意識は、意識作用の大半にとってその部分をなすものである。たとえば、私たちは時間を超えて持続するものとして対象を知覚しているし、知覚を記憶から区別することができる。それゆえ、さまざまな対象の意識に加えて、私たちはつねにそれらの時間的構造について、また究極的には時間それ自体について意識しているのである。時間意識は、フッサールが解決しようとした基本的問題を提起する。この問いは、たやすく言葉にすることができる。一方で、意識がつねに現在の瞬間の意識であることは明白であるように見える。それと同様に、私たちが知覚するのは現在において私たちに与えられるものである。私たちには、過去や未来の刺激を見たり聞いたりすることはできない。しかしその一方で、私たちが現在を超える対象をしばしば知覚していることも同様に明

白であるように見える。私たちは、持続するもの、動いているもの、変わっていくもの等として対象を見ている。これら明白に見える主張を一緒にすると、私たちは現在の瞬間において現在には存在しない対象を知覚している、というパラドキシカルな主張が導かれることになる。

フッサールはいつもの通り、対象に向かってゆく意識作用の超越論的構造に関心をもち、志向的対象をカッコに入れる。このことが意味するのは、フッサールは時間意識の現象学において、変化と運動は実在するか、現在は未来より真正か、といった形而上学的な問いに答えようとしているわけではない、ということである。その代わり、彼は手始めに、私たちに現れる現象を記述することを試みる。そして、運動し、変化し、持続する事物へと私たちが志向的に向かっていくことを可能にする意識の構造を探求するのである——そうした事物が真に存在するかどうかにかかわらず。

正確にいうと、フッサールが時間意識の現象学において関心を示した志向的対象には二つの異なる種類がある。第一に、私たちは時おり、時間それ自体のある側面を知覚したり意識したりする。たとえば、私たちの意識は間の長さや、瞬間のはかなさに向けられることがある。こうした作用においては、時間それ自体が私たちの意識の志向的対象であり、そのため、作用が時間へと向かうことを可能にする超越論的構造を現象学は探求する。第二に、多くの作用のもとで、とくに時間へと差し向けられてはいないが、一定の時間的特徴とともに姿を現わす時間以外の対象を知覚する場合がある。こうした作用の良い事例は——フッサールはこれをブレンターノから受け継いでいるが——メロディの知覚である。この知覚にともなう志向的対象は、明らかにメロディまたは一連のメロディであって、時間それ自体ではない。ただし、音を続けて知覚することがなければ、メロディを知覚することはできないだろう。それゆえ、メロディの意識にともなう重要な超越論的構造は、時間的継起の構成である。実際のところ、私たちの意識の基本的作用の大半——知覚、記憶、想像、予期——は時間的構造化をともなうのであって、時間は、他にもあるさまざまな志向的対象のひとつである以上のものである。時間へと志向的に向かっていく私たちの能力は、意識経験のすべてではないかもしれないが、その多くにとって基本的なのである。

2.5.2 カントとブレンターノ

フッサールの見方は、間接的にはカントに、直接的にはブレンターノに基づくものである。フッサールの超越論的哲学が時間への問いを枠づける方法にとって、また、時間意識についての彼の独特の見方にとって、カントは重要である。全般的な枠組みについては、時間がアプリオリで直観に備わる主観的形式であるとカントが主張していることを思い出そう。換言すると、カントが主張しているのは、対象が時間的関係のもとで現れてくることは人間の認識装置に備わる特徴だということだった。彼の有名な一節にある通り、人間的な見地を超えてしまえば時間には何の意味もなくなってしまうのである。この全般的な枠組みにそって、時間は、意識の超越論的構造として問われることになる。時間が経験的対象に備わる超越論的特徴である限り、この特徴は超越論的構造に由来するものとして、その観点から説明できるのである。

こうした全般的な論点を超えて、カントは、時間的対象についての私たちの意識構造についていくつか詳細な説明を展開している。カントの信じるところでは、対象についてのあらゆる認知は、直観において私たちに与えられるセンスデータが悟性の付与する概念と結びつくことで成り立つ。時間は直観の形式として、直観もしくはセンスデータが私たちに与えられるしかたを決定する。それらはつねに順番に、または同時に与えられる。このセンスデータを用いて何かを認知しようとするさい、センスデータは概念を通じて組織化される必要がある。これが意味するのは、センスデータの与えられる時間的秩序に対して、心は概念を適合させねばならないということである。そのため、対象の持つ見かけの同時性や継起性を心が能動的に構築することが必要になるとカントは考えるのである。この構築は、カントが「三段の総合」と呼ぶ前認知的段階を通じて、直観と概念が結合されることで生じる。

ある単語を読むときやある顔を認知するときに何が起きているか考えてみよう。あなたはさまざまなセンスデータ、つまり「感覚的多様性」を取り込む。これは三段の総合の最初の側面であり、「直観における把握」とカントが呼ぶものである。対象がどの程度複雑であるかにもよるが、ページ上の文字の形を目で追い、顔立ちを特定したりするのに、10分の1秒ぐらいだろうか、いくらか時間がかかる。私たちは普通、何がそこから現れるのか分からないままに

センスデータをただ取り込んでいる時間があるということに気づかない。意識のうえでは、私たちはつねにすでに、私たちが認識するところの文字や顔のような対象へと向けられている。これは、三段の総合が前認知的に、しかも非常に速く生じるからである。何かに気づくときには、私たちはすでに認知の対象を構成済みなのである。総合の第二の側面は「想像における再生」である。これにより、心は単一のセンスデータではなく感覚的多様性を取り込める。ある単語の文字列を作るさまざまな印を目が追っていくさい、心は先行する印を再生する、または想起する。こうして、心はセンスデータの多様性に注意を向けることができるのである。先行するセンスデータを保持できず、同時にひとつのセンスデータしか把握できないとすると、あなたは文字や顔を見ることは決してないだろう。最終的に、センスデータの把握と再生はランダムな過程ではありえない。もしランダムだとすると、あなたが読んでいる単語は「stop」なのか「pots」なのか分からないだろうし、顔はパーツがばらばらに組み合わさったものに見えるだろう。どこかの段階で、心は、一定の規則性にそって感覚的多様性を構造化しているのである。カントはこの規則性が概念に由来するものだと考えるため、この構造化を「概念における再認」と呼ぶ。

　三段の総合についてのこの理論は、先に概略を示した基本的な問題に対して多くの答えを提供するものではない。というのも、すべての過程が前認知的であり、人間がそれに気づくには短すぎる時間幅で生じているからだ。他方、メロディを聴くときには、私たちは最初の音を十分に認知する（おそらく三段の総合のような何らかの過程を通じてであろうが）。それゆえ問題は、最初の音の知覚が、どのようにその後に続く音の知覚と統一され、孤立した単一の音やいくつかの音の和ではなく、ひとつのメロディが聴こえるかということである。とはいえ、カントの分析は彼以降の物の見方にとって重要な先駆になっている。意識が瞬間的ではないこと、および、私たちの対象の認知を構造化する背景的処理は、センスデータを適切な概念とともに組み合わせる過程で、順番に並べることによって構造化していることを示唆するからである。言い換えると、カントの分析は、対象の持つ時間性から、時間的対象に志向的に向かっていく可能性を規定する超越論的構造へと、焦点を転換しているのである。

　ブレンターノは基本的な問題に直接立ち向かう。彼の議論によると、知覚は

第2章　エトムント・フッサールと超越論的現象学　43

瞬間的であり、継起もしくは持続についての知覚は、現在の知覚と過去の知覚表象とが、現在の瞬間において結合したものだという。メロディの場合、私たちは現在の音を聴きながら、それと同時に過去の音を過去として表象する。現在の知覚を現在の記憶と結びつけるので、私たちは単一の音ではなくメロディを知覚するのである。ブレンターノはカントにならって、この結合が判断において生じるものであり、そこでは表象の多様性——知覚プラス記憶——が単一の概念のもとで包摂されるという。ただし、次の主張によってブレンターノはカントから離れる。私たちは、知覚と記憶の連合を通じて変化や持続を経験するだけなのであるから、私たちは変化を知覚していると考えているだけであって、本当は知覚していないのであると。カントはこれとは対照的に、超越論的構成によって、私たちは経験的に実在する対象についての認知を得るのだと論じている。フッサールはというと、もちろんこの問いをカッコに入れるのである。

　フッサールはブレンターノの見方の基本構造を受け入れ、それをさらに発展させる。ブレンターノと同様、フッサールは、時間的に広がる対象や出来事についての意識が瞬間的なものだと考え、ウィリアム・シュテルンが提示した代案に反対してこの見方を擁護する。シュテルンの議論によると、伸び広がった対象についての意識はそれ自体が時間を通じて伸び広がっているのでなければならず、それゆえ、たとえば、メロディについての私の知覚は、メロディそれ自体と同じ時間幅で展開する一連の意識状態に由来する。私たちは統一化作用を通じてこれら複数の状態を結合するのであり、それによって、メロディ全体を一度に意識する現象的な経験を得るのである。フッサールの考えでは、この見方は問題を横滑りさせたにすぎない。というのも、統一作用の構造が依然として説明されねばならないからである。メロディについて意識するさい、私たちはそのメロディの過去の音を過去として意識しているのである。

　これと同様に、フッサールは、過去の音についての現在の表象の特別な地位——これは現象学的に見て通常の記憶とは異なる——を説明するのにブレンターノが失敗したと考えている。私たちは、メロディの最初の音の表象に備わる「過去性」を、現実の音それ自体に備わる超越的な特徴として理解することはできない。過去性は表象の内容の一部ではないからだ。私たちはその音をもは

や聴いていないか、特別な様式でいまだ聴いているかのどちらかだが、聴いているのであれば、それはその音が過去ではないことを意味している。私たちはまた、この過去性を、表象の内在的特徴として理解することもできない。というのも、この表象はいかにして過去の音についての表象であるのかという問いを提起するからである（Husserl 1928, p. 382）。フッサールの考えでは、ブレンターノはこの現象について徹底した説明を与えることができない。なぜならブレンターノは、作用の志向的構造と超越的対象との基本的な違いについて十分明晰ではないからである。過去性は志向的構造の一側面なのであって、超越的対象の一側面ではない。

2.5.3 把持と予持

いつものように、フッサールはその分析を現象の記述から始める。超越的対象としての現実の音にまつわる問いはカッコに入れ、ヒュレー的与件として与えられる音の経験に焦点を当てるのである。フッサールが指摘するのは、単一の音は時間的に広がりのあるものとして与えられるのだから、メロディの意識的経験を説明するうえで私たちが出会ったのと同じ問題がすでに単一の音についても当てはまるということである。先の事例では一連の音で構成されるメロディについて言及していたが、音それ自体は、音の局面（phase）の連続性で構成されている。実際のところ、この基本的な時間性の記述は、あらゆる通常の知覚の場合にも該当する。私たちは通常の対象を知覚するさい、それが持続するものであれ変化するものであれ、刻々の瞬間を超えるものとして知覚しているからである。知覚はすべて、一連の局面を通じて意識に与えられる。

音は、現在の印象の所与性が続く一方で、すぐに過去へと「遠のいていく」または「沈み込んでいく」印象として私たちには与えられる。遠のきつつある印象はいまだそこにあり、所与の印象が変形したものとして、私たちはそれを「保ち続けて」いる。この変形は、意識の本質的な特徴である。別の言葉でいうと、ヒュレー的与件は、この変形の法則に適合する範囲でのみ、ひとつの印象とみなされるのである。「いまの‐音（tone-now）はいまさっきの‐音（tone-having-been）へと変化し、持続的に流れる印象についての意識は、新たな把持的意識へと交代していく」（1928, p. 390）。

フッサールは、この記述から現れてくる構造を特定の術語とともに書きとめる。知覚において、ヒュレー的与件は原印象（primal impression，独 Urimpression）を通じて私たちに与えられる。この印象は遠のくとともに変形して把持的意識となり、新しい原印象に随伴する。それと同時に、この印象は、直後の未来に生じる印象についての、ある程度明確な予期もともなっている。この予期は、メロディの次の音がどんな音かを正確に知っている場合のように、特定のものでもありうるし、次の瞬間に何かを聴くだろうとただ期待する場合のように、漠然としていたり「空っぽ」であったりもする。フッサールは、印象に随伴するこの予期を予持（protention）と呼ぶ。フッサールによる現象学的な論証は、把持的意識の本質を理解することにおもな焦点がある。予持についての簡潔な論評は、把持（retention）の分析をおおよそ反映したものである。

　把持的意識は現在の意識であって、過去の意識ではない。把持に備わるこの決定的特徴は、フッサールが同じ現象を指示するのに用いる「第一次記憶（primary memory）」という用語を通じてより明確になる（フッサールは「把持」という用語をより好むようになるが、それはおそらく、把持が「志向」に似て、対象に差し向けられて存在することの一部を示唆するという理由からである）。私たちが通常（ただしいつもではない）思い出すことの内容は過去であるが、思い出すことは明らかに現在生じるのであり、これが把持の時間的構造である。それは、いま過ぎ去った印象についての現在の意識なのである。記憶や想起についての私たちの通常の概念については「第二次記憶（secondary memory）」という用語をフッサールは用いる。第二次記憶の対象は、通常は私たちの現在の知覚とは関連していないし（オフィスに座って海岸を思い出すように）、記憶の対象はある程度意志にそって生じさせることができる。これに対して、第一次記憶または把持の対象は、現在の知覚の一部分であり、意志の力でコントロールすることはできない。

　知覚と把持は密接に関係している。先に見たように、フッサールは、「変形の法則」が存在し、それにそってすべての原印象が把持の意識に変わってゆくと主張している。逆の関係も当てはまる。把持の本質的構造は、把持の対象が原印象において知覚されていたということなのである。原印象と把持のあいだの本質的結合は、「知覚」の意味するところの両義性を指し示している。フッ

サールは広義の知覚と狭義の知覚を区別する。狭い意味での知覚は、ある対象についての原印象を指す。広い意味での知覚は、単一の作用における原印象、把持、予持の全結合を意味する。時間的対象は、ここでいう広義の場合にのみ知覚されるのである。音、または音の局面は、即座に原印象において知覚されうるが、メロディは原印象を把持と結合する作用においてのみ知覚されるのである（1928, p. 398）。

2.5.4　自己の時間的構造

　時間意識についてのフッサールの説明は、対象の時間的特徴を志向性において構成することで、私たちがいかにして時間的に広がりのある対象を意識しうるかを説明している。ただしフッサールは、対象の時間的構造より下に、時間それ自体の深部構造があることに気づく。彼はこの深部構造のことを「絶対的主観性（absolute subjectivity）」と呼ぶ。

　メロディを聴いているとしよう。私たちは最初、原印象において音を聴く。その音が把持的意識へと移行していくとき、私たちは次の音または音の局面を原印象において聴く。次の音を聴きながら、私たちは現在の瞬間についての意識を維持し、先行した現在を過ぎ去りつつある今として同時に意識している。しかし、現在の今と、把持的過去になりつつある今の流れ、これらに私たちを向かわせることができるのは、どのような志向的作用なのだろうか。それは明らかに、音それ自体、またはメロディへと向かっている作用と同じではありえないだろう。メロディは時間が流れるとともに構成されるだけであり、現在の経験の構成する今 - 性を説明することはできない。もっというと、対象へと向かう志向的作用は、いかなるものでも時間を構成する作用における現在の瞬間についての意識を説明することはできない。今についての意識は、その意識の今 - 性と同じものではない。フッサールはこの点を以下のように記述する。

　　構成する現象について考察すると、私たちはひとつの流れを見出す。……この流れは、構成されるものに準じて私たちがそれを語るところの何かであるが、それは「客観的な時間における何か」ではない。それは絶対的主観性であり、流れのイメージとともに私たちが指し示すことのできる何かについて

の、あるいは、現実性という点、源泉となる点、「この今」等に起源を持つ何かについての、絶対的属性を保持しているのである。これらすべてのゆえに、私たちはそれを呼ぶ名前を持ち合わせていない。(Husserl 1928, p. 429)

この絶対的主観性は、それ自体が対象として経験されることはない。時間において生じ、変化し、過ぎゆき、加速し、遠のくものとして、私たちは対象を経験する。こうした対象の時間的特徴は、その根底にあって固定されている均一な時間の流れとの関係で規定されている。しかし、その流れそれ自体の均一性と統一性は、さらなる時間的な指標との関係で規定されているわけではない。この意味で、それは「絶対的」なのである。また、私たちがそれを通じて志向的対象を経験するような、意識の統一性を作り上げている限りにおいて、それは「主観性」なのである。私がメロディの音を経験しているとき、私はまた、それを経験しているのが私であることを意識している。それを通じて私たちが対象を経験するところの根底にある時間的流れの統一性は、それらの対象の経験にともなう主観的意識の統一性に他ならないのである。私たちは、構成された対象に出会うのと同じしかたで、構成する主観性として自己自身を経験することができない。また、さらなる還元を遂行することで、この主観性を現象学的洞察へともたらすこともできない。これはフッサールの時間意識の理論によっても示唆されることなのである。そのためフッサールは、超越論的還元の限界において、現象学的記述にかんする通常の信頼を放棄して、意識的、時間的自己を説明するうえで、時間を構成する主体を仮定せざるをえなくなったのである。

用語解説

エイドス（eidos）：「観念（idea）」を意味するギリシア語。フッサールは意識作用の本質的特徴を意味するのに「観念」や「アプリオリな特徴」に代えてこの語を用いる。現象学は本質の研究、すなわち形相的科学である。

エポケー（epoche）：「信念の停止」を意味するギリシア語。フッサール現象学

では、この停止は、自然的対象をカッコに入れることである。

カッコ入れ（bracketing）：現象学は対象からなる自然的世界をカッコに入れる。現象学は、意識を研究するが、それがあたかも対象についてであるかのように進める。現実の対象の現実の特徴にまつわる問いには言及しない。

局面（phase）：知覚された瞬間を構成する短い時間幅。

形相的還元（eidetic reduction, 独 eidetische Reduktion）：ある経験についての一般的で本質的な特徴へと私たちの注意を導くための方法論的ステップ。

原印象（primal impression, 独 Urimpression）：知覚の「源泉点（source point）」であり、私たちはここにおいて、ある対象を現在与えられているものとして経験する。

現象学的還元（phenomenological reduction, 独 phänomenologische Reduktion）：形相的還元と超越論的還元。フッサールにとって、現象学を実践するうえでこの方法論的な準備は不可欠である。

作用（act）：単一の態度のもとで単一の対象に向けられる、統一的な意識経験。

志向性（intentionality, 独 Intentionalität）：何かに向かっていく性質であり、意識を定義する特徴である。あらゆる意識経験は志向的である、すなわち、志向的対象へと向かっていく。

自然的態度（natural attitude, 独 natürliche Einstellung）：対象へと注意を向け、その経験が真であると受容しているような、標準的で前 - 哲学的な態度。ある種の現象学的アプローチでは、自然的態度を停止することがもとめられる。

射映（adumbration, 独 Abschattung）：知覚対象の一面または知覚対象についてのパースペクティヴ。

充実（fulfillment）：作用の志向に対応する所与の内容。直接的な知覚の場合、志向は、志向された「生身」の対象の現前によって充実される。想像や記憶の場合、表象によって充実される。フッサールの考えでは、抽象的で論理的な志向も、感覚的知覚と同様に充実されうる。

心理主義（psychologism）：数学的または論理的な対象を心理的過程という観点から説明する誤謬。

生活世界（lifeworld, 独 Lebenswelt）：所与の文化の構成員が自明視している文化的知識の背景。

絶対的主観性（absolute subjectivity, 独 absolute Subjektivität）：時間的対象に
ついての意識経験の統一性を形成する時間的な流れ。

第一次記憶（primary memory）：把持に同じ。

第二次記憶（secondary memory）：把持（第一次記憶）とは異なり、これが通
常の記憶の概念である。第二次記憶の内容は現在のものとして志向されない。

地平（horizon, 独 Horizont）：知覚作用の地平は、それに対して知覚対象が際
立ってくる意味の背景である。フッサールは内的地平と外的地平を区別する。
内的地平は、直接に与えられないものの、志向的対象を作り上げているさま
ざまな側面からなる（たとえば、木の裏側のように）。外的地平は、幅広い背
景的知識からなり、志向的対象がそこで意味を持つような所与のコンテクス
トを形成する。

超越的（transcendent, 独 transzendent）：志向的対象は、作用と同じ意識の流
れに属していないなら、超越的である。たとえば、実在の対象、本質、カテ
ゴリー的存在者へと向けられたあらゆる作用がそうである。

超越論的（transcendental, 独 transzendental）：超越論的意識とは、現象学的
還元の後で残る純粋意識である。現象学は超越論的哲学である。なぜなら、
作用の持つ意味を構成する意識の構造を研究するからである。

超越論的還元（transcendental reduction, 独 transzendentale Reduktion）：私た
ちの注意を、対象それ自体ではなく、対象に向かう意識の構造へと向け変え
るための方法論的ステップ。

透明性（transparency）：フッサールの主張によると、心的内容は透明である、
すなわち、私たちはいかなる心的作用についてもそれに気づき反省すること
ができる。

内在的（immanent）：志向的対象は、そこへと向かう作用と同じ意識の流れに
属しているなら、内在的である。また、そのような作用は内在的作用である。
現象学が研究するのは、意識に内在的なものである。

ノエシス（noesis）：ある特定の志向的で意識的な作用。

ノエマ（noema）：ある作用の持つ意味。ノエマは一般的である、すなわち、
いくつかの異なる作用が同じノエマを持ちうる。

把持（retention, 独 Retention）：「第一次記憶」とも呼ばれる。原印象が変形し

50

たもの。把持的意識において、私たちはある対象を現在としてではなく過去
として意識する。把持は、現在の意識の一部である。

ヒュレー（hyle）：センスデータがノエマに課す制約条件。

予持（protention, 独Protention）：「第一次予期（primary expectation）」とも呼
ばれる。予持的意識において、私たちはある対象を未来として意識する。予
持的意識の内容はしばしば未規定であったり空虚であったりする。

文献案内

Crowell, S. (2001). *Husserl, Heidegger, and the Space of Meaning: Paths Toward Transcendental Phenomenology.* Evanston: Northwestern University Press.

Dreyfus, H., ed. (1982). *Husserl, Intentionality, and Cognitive Science.* Cambridge, Mass.: MIT Press.

Føllesdal, D. (1969). "Husserl's notion of noema," in Dreyfus, ed. (1982).

Drummond, J. (1990). *Husserlian Intentionality and Non-Foundational Realism: Noema and Object.* Dordrecht: Kluwer.

本文中に登場する文献の邦訳

Husserl, E. (1891/1992/2003). 寺田弥吉（訳）『算術の哲学』モナス（1933年）

—— (1900/1992). 1：立松弘孝（訳），2：立松弘孝・松井良和・赤松宏（訳），3：
立松弘孝・松井良和（訳），4：立松弘孝（訳）『論理学研究1〜4』みすず書房
（新装版2015年）

—— (1913/1992). 渡辺二郎（訳）『イデーン —— 純粋現象学と現象学的哲学のため
の諸構想I-1/2』みすず書房（1979年，1984年）

—— (1928/1991). 谷徹（訳）『内的時間意識の現象学』筑摩書房（2016年）

—— (1929/1963). 浜渦辰二（訳）『デカルト的省察』岩波書店（2001年）

—— (1936/1954/1970). 細谷恒夫・木田元（訳）『ヨーロッパ諸学の危機と超越論的
現象学』中央公論社（1995年）

第3章

マルティン・ハイデガーと実存的現象学

　哲学へのフッサールの革新的なアプローチ、現象学は科学的哲学になりうるという楽観的な考え、そして、彼の洞察に満ちた多くの現象学的記述は、多くの追随者たちを触発した。しかし、直接にフッサールのアプローチに追随することや、フッサールがひとつの学問分野を構成する研究プロジェクトだと考えたものに参加することを選んだものは少なかった。こうした追随者たちのなかで、最も革新的で、最も大きな影響を残したのは、おそらくマルティン・ハイデガーである。ハイデガーは最初フライブルク大学で神学とある程度の数学を学び、その後みずからを哲学に完全に捧げた。彼の初期の哲学的著作は当時支配的だった新カント派によって形成されていたが、博士論文ののちにはフッサールの現象学に対する強い関心をはぐくんだ。フッサールがフライブルクで哲学の教授となったとき、ハイデガーはフッサールの研究助手となり、二人は集中的に哲学について議論を交わした。この頃、フッサールはハイデガーをみずからの学問上の後継者だと考えていた。しかしハイデガーは、フッサールの現象学に触発されながらも、その基本的な部分に賛同しかねていた。自身の記念碑的著作『存在と時間』が刊行されたとき、ハイデガーは友人のヤスパースへの書簡のなかで「この論文が誰かに「反対して」書かれているのだとすると、フッサールに反対して書かれている」（Heidegger/Jaspers 1992, p.71）と綴っている。ハイデガーは他の書簡のなかで、新カント主義の哲学に対してさらに強烈な侮蔑の念を表しているので、この発言はこう解釈すれば筋が通る。つまり、ハイデガーはフッサールの現象学を当時の最もすぐれた哲学的見解だと考えており、『存在と時間』はフッサールの基本的な方針とは両立しないような

53

しかたでフッサールの現象学を改良しようとしていたのだ、と。本書は「尊敬と友情をこめて」フッサールに捧げられている。

『存在と時間』は、ハイデガーの著作のなかで最も重要かつ最も大きな影響力をもったものである。もっというと、20世紀の哲学において最も影響力のある著作のひとつで、残りの各章で論じることになる哲学、心理学、認知科学における動向のすべてにおいて決定的な役割を果たしている。ハイデガーは、フッサールが退いたフライブルク大学の哲学の教授職につく資格を得るために、1926年に大急ぎで『存在と時間』を執筆した。各三部構成の二巻本を計画していたが、最終的に完成したのは第一部の最初の二篇だけだった。刊行の数年後、ハイデガーは本書の未完成部分を執筆する計画をあきらめた。

実際に書かれた二つのうちの最初の一篇では日常的な存在の詳細な記述的分析が与えられる。これは「現存在（Dasein）の分析」とも呼ばれる[1]。第二篇では、ハイデガーはみずからが「時間性」と呼ぶものを分析する。これによって彼が意味するのは、人間存在を可能にする隠れた構造である。第一篇がおもに現象学的分析から成り立つのに対して、第二篇では実存主義的なテーマに焦点が当てられる。

3.1　日常的世界の理解可能性

3.1.1　道具

ハイデガーの人間存在の現象学への最も手軽な入り口は、第一篇第三章における世界の分析である。ハイデガーは、伝統的な哲学の語彙を打ち捨てて、古くからの問題に対して、関連する経験の丁寧な記述に基づく新しいアプローチをとろうとするフッサールの心意気を尊敬していた。ハイデガーは、この章において、私たちの周囲にある身近な物を新たな仕方で問うことよって、それを実践した。

ハイデガーは、自分の記述が事前の理論的なコミットメントに歪められるのを嫌い、伝統的に認知の対象を指すのに使われてきた「対象」という言葉を避ける。「物」——ラテン語の res——という言葉でさえ、デカルトの実体の存在論と結びついている。したがって、ハイデガーは、私たちの周囲にある存在

54

者について語るためにドイツ語の Zeug という言葉を選ぶ。Zeug は日常的な単語であり、話し言葉において英語の「stuff（もの）」のように使われる。たとえば、Spielzeug や Werkzeug などの複合名詞を作るのに使われる。「遊ぶもの」や「作業のもの」、つまりは「おもちゃ」や「工具」のことである。ハイデガーはこうした名詞をあげて、私たちの周囲にある日常的な存在者には、たいてい特定の目的や用途があると主張する。したがって、ハイデガーの Zeug は一般的には「equipment（道具）」「paraphernalia（用具）」ないし「gear（器具）」と翻訳される。本書では「道具」を使う。

　私たちが日頃から交渉する日常的な存在者のほとんどが用途をもっており、道具のようなあり方をしている。ハイデガーがあげる例のいくつかは、ハンマーとか、靴革とか、文字通りに大工や靴職人の作業場にある道具である。その他の日常的な環境は、特定の用途をもつ存在者から成り立っている限りにおいて作業場と似通っている。書斎では、私たちはペン、紙、コンピュータ、本、ホチキス、書類かばんに囲まれている。食堂には、ナプキン、カトラリー、皿、クレジットカードリーダーがある。これらの物は使われるためにそこにある。つまり、その通常の用途のおかげで有意味である。こうしたものの「存在」、つまり、それが何であるかは、ごく単純な意味で、それが何のためのものであるかという点から理解される。あるものが書くために使われることになっていれば、それはペンなのである。「純粋に装飾的な」物でさえ、目的をもった道具に囲まれている。絵は額縁のなかにあり、額縁には壁の釘に吊るすための輪がついている。人間によって作られた環境の外部でも、私たちはそれを役立てるときの用途、あるいは、そのために役立てないことにした用途の観点から山や川や風に出会っている。たとえば、森林は自然保護区でも、木材資源でもありうる。

　それぞれの道具は他のいくつかの道具を指し示す。ペンは書くためのものなので、インクや紙、ないし、その上に書くための紙以外の表面と関係している。たまたま近くに紙がなかったとしても、そうである。他の道具への指示というのは、物の実際の配置や典型的な配置の観察ではなく、ペンであるということの意味に内属する構造なのである。これはペンや紙やインクやその他の道具にまさにそうした道具として出会われる限りにおいて、私たちが理解していること

第3章　マルティン・ハイデガーと実存的現象学　　55

との一部をなしている。ハイデガーはこう書いている。

> 厳密にいうと、ひとつの道具だけが「存在している」ということは決してない。道具の存在にはつねに道具の全体性が属しており、道具はその全体性のなかでまさにその道具であることができる。(SZ, p. 68〔1-177頁〕)

この一節において、ハイデガーは「道具全体性（wholeness of equipment, 独Zeugganzheit）」に注目する。ペンはこの「道具全体性」のなかで「まさにその道具である」ことができるが、こうした道具全体性は多くのペンや紙や机や椅子の合計から成り立っているわけではない。そのような寄せ集めのリストは、それ自体では、リスト内の各種の道具がどのようにして互いを指示するのか理解できるようにするものではないし、何がペンをペンたらしめているのか説明するものでもない。ハイデガーによれば、この全体性は「役に立つ、貢献する、使用可能である、手頃であるなど、さまざまなあり方における「手段性（in-order-to)」」(SZ, p. 68〔1-177頁〕) によって構成されているという。私たちが書くための道具としてのペンに出会うのは、ペンを用いるという文脈において、この場合であれば、筆記という身近な実践においてであり、この実践にはこうした道具のすべてが関係している。それぞれの道具はこうした実践の文脈のなかで意味をもつようになる。それゆえ、「全体性」は、そのなかで個々の道具が意味をもつようになる背景あるいは文脈あるいは実践として理解すべきなのである。

　こうしてハイデガーは道具の基本的な特徴として使用可能性を強調する。道具の使用可能性は、明らかに、私たちが道具の使用者である限りにおいて、これらのものの意味を構成する。私たちがペンやハンマーなどに出会うのは、それを使用する能力を通してである。ここでもまた、これは私たちが実際になすことや典型的になすことの観察ではない。普段ほとんど筆記していなくても、あるいは、まったくしていなくても、私は多くのペンに出会うことができる。これはむしろ、道具に出会うとはそもそもどのような意味なのかを述べたものなのである。私たちは目的のある実践に参加する限りにおいて道具に出会う。そのように参加するためには、ペンは書くためのものだという事実を何か一般

的な仕方で知っているだけでは十分ではない。書くというのがどのようになされるものなのかを能動的に関与した仕方で知っていなければならないのだ。言い換えると、使用可能性が道具の基本的な特徴なのだとすると、実践に関与した使用者であることが道具に出会う基本的な方法なのである。

ハイデガーは、実践的関与と、反省することないし分離的に知ることの区別を強調する。彼はハンマーにかんする有名な一節において、こうした考えを述べる。ハンマーはひとつの道具であり、ハンマーにハンマーとして出会うとはハンマーを使うこと、ハンマーに実践的に関与していることを意味する。そうした実践的関与は反省を必要とせず、通常はその反対のものを必要とする。私たちがこれ以上なく本当にハンマーを打つことに関与しているのは、自分の実践的関与がどのようにして道具の意味を引き出しているかを考えていないときなのである。

> ハンマーで打つという行為は、たんにハンマーの道具性格にかんする知識をもつだけのことではない。そうではなくて、可能な限り最も適切な仕方でこの道具を自分のものにしているということなのである。そのような使用において、道具に対する私たちの関心は、それぞれの道具を構成する目的に服従している。事物としてのハンマーをただ呆然と見ることが少なくなればなるほど、またハンマーをつかんで使用することが多くなればなるほど、ハンマーに対する関係はより根源的になり、それそのものとしてのハンマー、道具としてのハンマーがむきだしのままで出会われるようになる。(SZ, p.69〔1-178頁〕)

コンピュータのキーボードも、ハンマーと同様、道具との関与的な出会いと分離的な出会いの区別のよい例を提供する。私たちは多くの時間をノートパソコンでタイピングして過ごしている。私たちはキーボードに直接に注意を向けることはほとんどないが、タイピングをすることによってキーボードに出会っている。通常、私たちは自分が作成している論文やEメールの本文に注意を向ける。他のことをするためにキーボードを使用しているのだ。これがキーボードに出会う最もありふれた仕方である。ハイデガーがいうには、いわばキーボ

ードとしてのキーボードと交渉する仕方である限りにおいて、これはキーボードに出会う正しい仕方でもある。私たちはキーボードが注意の焦点にないときにこそ、キーボードと適切に交渉している。つまり、キーボードはこう使用されるべきだという仕方で使用しているのである。

　私たちはキーボードを直接に眺めて、キーがいくつあるかを数えたり、その色や配置に注目したり、キーに刻印されたアイコンや文字を注意深く観察したりすることもできるし、ときにはそうすることもある。これは可能ではあるが、いうなればキーボード「そのもの」に注目するのはまったく普通のことではない。しかし、そのような態度をとるとき、私たちは実のところキーボードとしてのキーボードと交渉していない。それが「まさにその道具である」ことができる文脈のなかで、そのキーボードに出会っていないのである。そのような理論的な静観ではキーボードに正しい仕方で接近できないため、ハイデガーはこれを「呆然と見ること」と呼んで否定する。理論的な静観は、道具であるというキーボードの独特の性格を把握も反映もしていない。

　もちろん、呆然と見ることによって、キーボードについて多くのことを発見することはできる。道具をただ見つめることによって明らかになり、認識できるようになる事実の多くは、それを手にとって使用する関与的な態度においては隠れたまま、ないし、覆われたままである。極端な例としてはキーの色があるかもしれない。自分のコンピュータでタイピングするのに多くの時間を費やしているにもかかわらず、あなたは自分のキーボードのキーが何色かを知らないかもしれない。あるいは、さすがにキーの色は見落とすわけにいかないくらい明らかだと思われるにしても、それぞれのキーをラベルづけしている文字の色、大きさ、位置は知らないかもしれない。ハイデガーは、道具を使用することはそれを見つめるよりも根本的なことであり、道具の特徴は道具を使用することでより適切な仕方で引き出せると主張するが、彼はもちろん、キーの色などの事実がキーボードにかんする真実であることは否定しない。こうした事実はまぎれもなく真実である。だが、それはこの道具がまさにそのようなものであることとは無関係であり、日常生活において私たちの周囲にある物事の意味を構成してはいないのである。

3.1.2 道具的と事物的

道具の具体的な本性をとらえるために、ハイデガーは二つの「存在様式」を区別して、「道具存在（Zuhanden）」と「事物存在（Vorhanden）」と呼ぶ。道具は、私たちがそれを使用するとき、あるいは使用できるときに経験のうちに現れるので道具的である。「道具的（zuhanden）」は、何らかの目的を追求するときに「手元にある」あるいは「手近である」こと、実用的であること、手が届くこと、手頃であること、便利であることを意味する。通常は「ready-to-hand（道具的）」あるいは「available（利用可能）」と訳される。ハンマーは、私たちの手になじんでおり、いつでも手にとって振るうことができる限りにおいて道具的である。キーボードは、私たちがタイピングのやり方を分かっている限りにおいて道具的である。

物は、たとえば、呆然と見つめたときのキーボードのように、実践的な文脈を取り去られたたんなる対象として現れることもできる。このような場合、ハイデガーは、これらは「事物的（vorhanden）」だという。すなわち、たんに現前しており、ただそこにあるだけである。これは通常は「present-at-hand（事物存在）」ないし「occurrent（出来的）」と訳される。私たちがキーボードを使用するための実践的な能力を発揮することなく、あたかも馴染みのない対象であるかのように見つめるとき、そのキーボードは事物的である。物は、道具的でない限りにおいて事物的であり、事物的に存在しない限りにおいて道具的である。道具が道具的に現れるのは、私たちがそれを呆然と見たりせずに使用にもたらしたときにほかならず、また、私たちが物を理論的な眼差しで吟味するのは、まさにその実践的な使用に関与するのをすっかりやめることによってなのである。

> 道具がみずからをそれ自身においてあらわにする存在様式、これを私たちは道具存在と呼ぶ。……物を「理論的」に眺めるだけの眼差しでは道具存在性は理解できない。(SZ, p. 69〔1-178～9 頁〕)

ハイデガーは、道具存在と事物存在は二つの「存在様式（way of being, 独 Seinsarten）」であるという。つまり、これは存在論的な区別なのである。私た

第 3 章　マルティン・ハイデガーと実存的現象学　59

ちは道具にはおもに実践的な使用可能性の観点から出会うが、そうした実践的な使用可能性の記述は存在論の一部だというのである。

　ハイデガーの区別の不可解な一面として、同じひとつの物——キーボードやハンマー——が二つの異なる存在様式をもつことができるという主張がある。同じひとつの物が何であるかについての説明はひとつだけでなければならないように、つまり、存在論はひとつだけでなければならないように思われる。そうすれば、もう一方の「存在様式」は、その物が何であるかについてのより基礎的な観点から説明できるはずである。哲学は、伝統的に、ハイデガーが事物的と呼ぶような特徴に注目して、私たちの周囲の物の基礎的な存在論を与えてきた。これは、これらの物の道具存在性がその事物的な特徴によって説明できることを意味していた。たとえば、ハンマーは、広がりをもった物であり、特定の形、大きさ、重さをもち、鉄と木でできている。すると、伝統的な存在論は、私たちがハンマーを役立てることのできる用途は、こうした事物的な特徴によって基礎づけられ説明されるのだ、と主張する。ハンマーが釘を壁に打ち込むのに役立つのは、そのヘッドの素材となっている鉄の密度、硬さ、重さのためだというのである。そうした説明によれば、存在論的に基礎的なのは鉄の硬さであり、いつでも釘を打ち込めることは派生的なのである。

　ハイデガーは、そのように事物的な特徴を特権視する伝統的な見方を二つの理由から退ける。第一に、彼は事物的な特徴の観点から道具存在性の十全な説明は与えられないという。ハンマーを構成する素材にかんする情報がいくらあっても、私たちがハンマーを使用する仕方を理解できるようにするのに十分ではない。これは複雑さの問題ではない。つまり、道具にかんする事物的な情報が十分にないということではない。そうではなくて、事物的な事実というものは、そもそも道具存在性を説明するのに適していないのだ。たとえば、物理的な距離によって、何かが私たちの関心に「近い」とはどのような意味なのかをとらえることはできない。また一般的に、事物的な特徴からは、道具が私たちに対して「そこに」あるというのがどのような意味なのかは分からないのだ。

　ハイデガーが道具存在性を事物存在性に還元する見方を退ける第二の理由は、事物的な特徴は私たちがただちに何の問題もなく手に入れられるようなものではないからである。この還元主義的な主張を打ち出すときによくあるのが、使

用可能性や関連性といった属性は人間の目的に依存した「主観的評価」であり、それゆえ、存在論的に基礎的でないのに対して、広がりと物質はまさに「そこに存在するもの」なのだ、という言い方である。ハイデガーは、使用可能性と人間の目的が互いに結びついていることは認めるが、事物的な対象に想定される単純さに疑問を呈する。私たちは分離的な主観として対象に純粋に認知的な眼差しを向けることで、その事物的な特徴を開示する。しかし、ハイデガーが主張するには、そのような分離と純粋な認知は、巻き込まれた身近な交渉に基礎づけられている。言い換えると、私たちは利用可能な道具の世界にかんする基礎的な熟知を背景にしてのみ、物の事物的な特徴を理解できるというのだ。そこでハイデガーは、理解可能性の点からいうと優先順位は逆転すると主張する。つまり、事物存在性のほうが道具の身近な使用に基礎づけられているのである。

3.2　デカルトと事物存在性

　ハイデガーの取り組みは、フッサールの『イデーン』における「自然的態度」の記述と同じように、デカルトの『第一哲学についての省察』の始まりの部分を思い起こさせる。デカルトも日常的に私たちの周囲にある身近な対象に対する自分の関係を調べることから始める。しかし、デカルトはこうした日常的な対象にかんする私たちの知識の確実性に関心があるのに対して、ハイデガーはこうした対象の存在を問う。つまり、それがどのような種類の物であり、それらをそもそも物として理解可能にしているのは何であるかを問う。言い換えると、デカルトは認識論に関心があるのに対して、ハイデガーは日常的対象の存在論を追求しているのである。

　先に見たように、ハイデガーは、分離的な観察者の態度は私たちの周囲の対象の根本的な特徴を取り逃がす、と主張する。キーボードやハンマーをただ眺めているとき、私たちはキーボードやハンマーにまさにそのようなものとして〔すなわち、目的をもった道具として〕関わり合えていない。デカルトはその認識論において分離的な態度を特権視した。その懐疑的方法を進めていくにつれて、デカルトの認識者はますます分離的になっていき、最終的に身体をもたな

第3章　マルティン・ハイデガーと実存的現象学　　61

い純粋な知性に還元される。デカルトが主張するには、私たちが周囲の世界にかんする知識を正当化できるのは、孤立した自我の認知の確実性に基づいてでしかない。ハイデガーの考えでは、これは認識論への取り組み方としてまちがっている。というのも、対象を認識するというのは世界に関係する派生的な仕方であり、それに先立つ実践的な関与に基礎づけられているからである。

認識論を無視しても、ハイデガーはデカルト的懐疑がまずい存在論につながると考える。デカルトは考えるものと考えないもののあいだに根本的な区別を立てる。後者の本質は、デカルトが主張するには、有体的ないし物体的な広がりにある。物の広がりは、事物の現象的な現れ、すなわち、事物の形、色、固さ、匂いを説明する。しかし、これら後者の特徴は事物にとって本質的ではない。現象的な現れが変わっても、事物は同じであり続ける。デカルトが『哲学原理』のなかで概説する規則によれば、広がりは対象の運動や相互作用も説明する。

すると、周囲の世界にかんする哲学的分析によって、デカルトは事物的な物を認識する分離的な観察者という考えに導かれる。この考えにおいて、事物的な物の特徴やそのあいだで生じうる相互作用は、事物が他の事物と並んで生ずるさまざまな様式という観点から理解される。したがって、ハイデガーはデカルト主義的存在論と「事物存在性の存在論」に同じ意味で言及する。ハイデガーの考えでは、こうしたアプローチは広く普及しており、自分のことをデカルト主義的だと考えない後世の多くの哲学者の仕事をもかたちづくっている。また、このアプローチは根本的にまちがっている。というのも、その基本的な概念を用いると、道具存在性の現象を十全にとらえることはできなくなるからである。

3.3　世界内存在

呆然と見ることは、存在者を本当のありのままの姿では露呈させない。私たちが存在者に適切かつ十全に出会うのは、それを使用するときだけなのだ。存在者にかんするハイデガーの現象学的分析は、日常的対象をいくつかの性質をもった広がりのある物とするデカルト主義の基本的な考え方に疑問をつきつけ

るだけでなく、私たちを分離的な思考者および認識者とする考え方も突き崩す。私たちには世界があり、私たちは世界と出会っているが、ハイデガーはその根本的な仕方が前認知的であり、技能的で、身近で、情態的で、目的のある気遣いによって構成されている、と主張する。これこそ、彼が「現存在（Dasein）」、あるいはまた、世界「内存在（being-in）」と呼ぶものである。意識において対象に向かっていることと目的のある関与において道具をつかんでいることの違いこそ、『存在と時間』はフッサールに「反対して」書かれたと主張するときに、ハイデガーが最もはっきりと念頭においていた点なのかもしれない。

3.3.1　技能

キーボードの例に戻ろう。ブラインドタッチのやり方を知っていれば、「i」が「o」の左にあることは知っているだろう。このことは、キーボードを見つめて、キーの相対的な位置を分離的な仕方で判断することによって知ることもできる。この事実を「知る」ためのこの二つの仕方は互いにかなり異なっている。熟練したタイピストにキーの位置を聞いたら、まずは右手の中指と薬指をわずかに動かすことを通して、自分の知識を表出し、分節化するだろう。そのようにタイピングしてみないでは、文字がどこにあるかをいえない可能性もある。メルロ゠ポンティは『知覚の現象学』のなかでこの例を論じている。

> ひとは、言葉を構成している文字がキーボードのどこにあるかをどう指し示せばよいかを知ることなく、タイプの打ち方を身につけることができる。そうすると、タイプの打ち方を知っていることは、キーボード上のそれぞれの文字の位置を知っていることと同じではないし、ましてやそれぞれの文字に対して、それが見えることで引き起こされる条件反射を獲得していることとも同じではないのである。……問題は、私たちの手のなかにある知識である。この知識は、身体的な取り組みにたずさわるだけのものであり、客観的な指示によって翻訳することができない。主体は、私たちが自分の手足のひとつがどこにあるのかを知っているのと同じように、……慣れによる知識によって、文字がキーボードのどこにあるかを知っている。(PP, p. 145〔1-241 頁〕)

第 3 章　マルティン・ハイデガーと実存的現象学　　63

この例は、私たちが道具に関係できる二つの異なる仕方、すなわち、関与的な使用者として関係する仕方と分離的な認識者として関係する仕方を具体的に示している。すでに述べたように、私たちは関与的な使用者として道具と交渉するときのみ、道具に適切な仕方で出会う。関与的な使用者であるとは、適切に熟練しているないし技能をもっていることを意味する。そうした技能が世界を開示するのである。

　世界を開示する技能の最も分かりやすい例は、タイピングとか、ハンマーを打つとか、道具を使いこなすための実践的能力である。こうした実践的技能には、それよりも基礎的な多数の技能が結びついている。タイピングやハンマーを打つことには、バランスをとるとか、立つとか、歩くとか、手を伸ばすとか、つかむといった基礎的な運動的技能だけでなく、視野の焦点を定めるとか、音がよく聞こえたり対象が明瞭に見えたりするように首を傾けるとか、多くの知覚的技能も関係している。こうして技能は入れ子状になって互いに結びついており、道具のように全体的な文脈をなす。どこまでがひとつの技能でどこからが別の技能かを線引きすることは不可能であり、どんな技能も単独では成立しない。道具のように、技能には目的がある。個々の目的はあいまいだったり、多層的だったり、私たちには隠されていたりするかもしれないが、ハイデガーの言葉でいうと、技能には「手段性」という構造があるのだ。

　私たちの技能には文化的な抑揚がついている。私たちが交渉する道具や関与する活動は、時代や文化によってさまざまである。たとえば、メルロ＝ポンティのタイピストは、今日私たちが扱っているのとは全然違うキーボードに対して技能を行使していた。機械式タイプライターでのタイピング技能には、レバーを下げるために指の力を調整することや、ある一定のリズムで打つことによって、タイプバーがきちんと元の位置に戻り、絡みが起きないようにすることが含まれていた。一定期間のみ、関連性をもっていた技能もある。誰もが CD をケースからうまく取り出すことができる時代、誰もが運転中にクラッチを使える時代が数年間はあった。そうした抑揚は基礎的な運動的技能にもある程度の影響を与える。私たちは、室内を歩いているか室外を歩いているか、人混みのなかを歩いているのか、教会のなかに入ろうとしているのかによって、違った仕方で歩くものである。他の人とどれくらいの距離で立つべきか、あるいは、

どれくらいの大きさの声で話すべきかについても、いちいち考えるまでもなく、正確な感覚をもっている。私たちは映画館ではひそひそと話して、酒場では大声を出すものである。

　ハイデガーは、私たちがまず最初に出会うものは事物的な対象ではなく道具存在者という性格をもつと主張するが、それと並んで、私たちは技能的に使用することを通じてそれらに出会うのであって、何らかの分離的な姿勢を通じて出会うのではないとも説いている。私たちは最初に対象に出会って、次にそれとは別に自分の技能を持ち出して、そうした対象に関係させるわけではない。最初の出会いがすでに技能的なのである。キーボードでタイピングするという例は、技能のこのような根本的な役割を具体的に示している。タイピストはキーの位置を知っているが、明示的ないし反省的な仕方で知っているわけではない。タイピングできる限りにおいて、つまり、キーボードとの交渉の仕方を知っていることによって、キーの位置を知っている。この技能的な方法知に明示的知識は含まれていない。実際、ハイデガーは、何かがうまくいかないのでない限り、私たちの方法知は通常は完全に非明示的である、と指摘する。タイピストはキーの位置を知っているが、キーの位置を考えるわけではない。タイピストの注意は、キーボードにはまったく向いておらず、自分が作成している文章に向いているのである。

　そうすると、私たちが世界を経験する第一の仕方は、技能的な使用者としてなのである。通常、そのような経験において、私たちが交渉する道具は際立ってこない。方法知が滑らかに進行する限り、道具は透明なままである。つまり、道具は私たちに見えていない。またもやメルロ＝ポンティが示唆に富む例を与えてくれる。

　　盲人の杖は彼にとってひとつの対象ではなくなっている。それはもはやそれ
　　自身として知覚されていない。むしろ、杖の先端が感覚的な領域に変容し、
　　触るという作用の射程と範囲を増大させている……盲人は、対象の位置から
　　杖の長さを知るのであって、杖の長さを通じて対象の位置を知るのではない。
　　（PP, p. 144〔1-241 頁〕）

杖やキーボードやハンマーを技能的に使用するときそれらが見えていないというのは、私たちが盲目的に作業していることを意味するわけではない。ハイデガーは、技能的な使用を導く種類の視覚を特別に「配視（circumspection, 独Umsicht）」と呼ぶ。熟練した大工は自分の作業場を明瞭かつ詳細に把握している。彼は自分の作業場を身近なものとして熟知している。こうした把握は、大工が作業場のどこか一部に明示的に注意を向けていることを必要としないが、何かが正しい位置になければ配視している大工はそれに気づくことになる。

　そのような場合——何かがないとか、壊れているとか、正しい位置にないといったとき——、利用可能な道具を配視に基づいて使用することの構造がはっきりと現れてくる。そのように破綻した状況においては、道具との出会いは継続するが、道具はいつでも使用できるものではなくなり、それゆえ、非道具的になる。ハイデガーは、道具の事物的な特徴は「おのれを告知する」ものであり、「事物存在性は道具存在者において出現する」（SZ, p. 74〔1-193頁〕）という。利用不可能性は、通常は、私たちをただ呆然と見ることへと移行させるものではない。私たちは依然として道具の世界に囲まれたままでいることになる。しかし、技能的対処が阻害されているので、私たちの配視は欠けているものに注意するようになり、道具の透明性が一部解除されることになる。「道具連関が、いままでかつて見られたことのないものとしてではなく、その前から配視においてすでにずっと見られていた全体として照らし出されてくるのだ」（SZ, p. 75〔1-195頁〕）。

3.3.2　開示性

　先に述べたように、ハイデガーはたいてい、伝統的な哲学の用語を避けて、自分の論述がそうした見方の理論的なコミットメントによって不適切な影響を受けないようにする。ハイデガーは、まず第一に、私たちの世界経験が明示的に認知的でも心的でもないことを注意深く指摘し、自分の現象学をデカルト主義的な見方から遠ざける。世界に対する私たちの第一の結びつきは意識を経由しているとするのは、そうした見方の一面である。ハイデガーは、フッサールと違って、意識が私たちの世界経験において根本的な役割を果たしているとは考えない。もちろん、私たちは生活を送るなかで多くのものを意識するが、道

具に明示的に注意を向けるのは、道具と交渉する最もありふれた最も適切な仕方ではない。そうではなく、ハイデガーは、世界が私たちにとって「そこに」ある仕方、つまり、熟練した仕方でもろもろの企てに関与するときの環境として道具的に存在している仕方を表すために「開示性（disclosedness, 独 Erschlossenheit）」という言葉を用いる。世界はたいてい、私たちが意識することなく開示されている。ハイデガーは、世界は「つねにすでに開示されている」という。思考や知覚とちがって、開示はそれが働く瞬間にその対象を露呈させる作用ではない。それは配慮的な交渉の文脈ないし環境に対する熟知であり、背景において働くものなのである。

　開示性は配視とは異なる。配視は技能を導くものである。技能的なタイピストは、キーを使用するなかで、キーがどこにあるかを知っている。キーボードが正しいふるまいをしない（シフトキーのロックがオンになっているとか、キーがひっかかっているとか）と、タイピストはそのことに気づく。私たちがいま壊れたキーに気づけるということは、そのなかでキーボードが機能する道具の全体性がすでに開示されていたことを示す。

　もっと単純でいたるところにある技能として歩行を考えてみよう。キャンパスを歩き回るとき、あなたは階段を昇り降りしたり、絨毯の敷いてある面や堅い面を歩いたり、さまざまな傾斜を上ったり、段差を超えたり、他の人々のあいだを縫ったりするだろう。つまり、配視によって、状況の変化に応答して、適切な調整（歩幅を広げる、胴体を傾ける、脚を上げるなど）をおこなう。配視が、建物を出て、歩道を進んで、芝生を横切って、隣の建物の教室まで上がっていくという技能的な歩行を導いている。こうしたことのほとんどにおいて明示的な注意を払う必要はないが、（歩道のまんなかの水たまりとか、地面に落ちている枝とか、Uターン中のゴルフカートとか）利用不可能なものとして現れるものもある〔アメリカのキャンパスが広い大学ではゴルフカートで移動する人がいる〕。このように、配視は、普段の経路の上での技能的な歩行を導き、ときに道すがらの物の特徴に注意を向けることを促されるような「視覚」なのである。

　私たちの周囲の多くの特徴は歩行と関連しないため、私たちはそれを配視によって「見る」こともない。私たちが壁を歩いて登ろうとしないのは、配視に

第3章　マルティン・ハイデガーと実存的現象学　　67

よって技能を行使しているからではない。単純に、世界は壁や空白や中空を歩行可能なものとして現前させないので、壁を歩いて登ろうとしないでいるために技能は必要ないのだ。移動したり道具を取り扱ったりできる空間としての自分の周囲に、私たちは開かれている。私たちの身体とか、基礎的な運動的技能や知覚的技能とか、私たちの大きさとか、私たちが前や上方向を向いていることとか、手の届く範囲とか、手の握りの大きさや強さとかはすべて、世界のなかでの多少なりとも確定された可能性や抵抗を前もってかたちづくるのに寄与している。このように、私たちがある種の技能を有意味に展開できる文脈ないし環境としての世界に向けて開かれていることを、ハイデガーは開示性と呼んでいる。

3.3.3 情態性

ハイデガーは私たちの技能的行動の二つの面を分析する。一方で、私たちは能動的に空間を進んだり、身近な道具を取り扱ったりする。しかし、それと同時に、私たちは技能的活動が自分の周囲の道具から引き出されるのを経験する。言い換えると、私たちは能動的に関与していると同時に、誘引（solicitation）に応答している。この二つのうちの最初の面は技能によって構成されている。ハイデガーはこれを私たちの「方法知」ないし「理解（understanding, 独Verstehen）」と呼ぶ。二つ目のほうは「情態性（disposedness, 独 Befindlich-keit）」と呼ぶ。方法知と情態性は私たちの実際の経験の現象学においては区別されていない。ハイデガーはこれらが「等根源的」であるといい、方法知はつねに情態的であり、情態性にはつねに方法知があると指摘する。混雑した部屋のなかの空席は招待するものとして現れる、すなわち、私たちはその空席に触発されて引き込まれていくが、これは私たちが着席する技能と混雑した空間を通り抜ける技能をもつからこそ、そうなのである。逆に、たとえば、大勢の人のあいだを移動する技能をもつことは、部分的には、あいた空間を招待するものとして感じ取れることからなるのである。

情態性は、日常的な文脈では、喜び、退屈、恐怖などの身近な気分（mood, 独 Stimmung）として現れる。ハイデガーの指摘によれば、私たちは控えめで中立的な気分だったり、何も気にならない無関心な気分だったりしたとしても、

つねに何かしらの気分にある。気分は全体に浸透して、状況全体を色づける。退屈しているときは、周囲の世界の全体がそれにともなう道具の結びつき全体とともに退屈なものとして現れる。それどころか、他のいかなる方法によっても、気分の具体的な内容は再構成したり発見したりできるものではない。たとえば、心配や恐怖という気分は世界を脅威として露呈させる。しかし、「純粋な直観は、それが事物存在者の最も奥深い支脈まで分け入るようなものであったとしても、脅威といったようなものは決して発見できないだろう」(SZ, p. 138〔2-20頁〕)。これはハイデガーの技能にかんする主張と似ている。技能や気分は、周囲の世界に出会うひとつの仕方であり、理論的な静観に還元することができない。「認識を通じた開示の可能性の範囲は、気分における根源的な開示には遠く及ばないのである」(SZ, p. 134〔2-13頁〕)。私たちは根本的に関与的な使用者であるのと同じように、根本的に気分屋なのである。

　ハイデガーは、さまざまな気分にあるという身近な経験から、そもそも経験をえるためには世界に襲われている必要がある、というより強い主張にいたる。脅威や喜びといった個別の経験をこえて、気分は存在者とのいかなる出会いにおいても必要なのだ。気分は、あれやこれやのいくつかの経験にばらばらと寄与するのではなく、すべての経験が経験であることを可能にするのである。「気分はそもそも私たちが存在者におのれを向けることを可能にするのだ」(SZ, p. 137〔2-18頁〕)。こうしたより根本的で存在論的な役割において、情態性は世界に襲われる私たちの能力を指しており、私たちはつねにこの能力を通じて、物事がいろいろなかたちで自分にとって重要であることに気づく。もちろん、個々の物事でいうと、世界には私たちにとってとくに重要でないものもたくさんある。しかし、そもそも道具の世界に出会うことの構造は、物事が私たちにとって一定の仕方で重要であり、また一定の仕方で私たちを世界に関与することへと引き込んでいることを必要とする。何かが重要でない限り、何も現れないので、情態性は実存の根本的で構成的な一面なのである。ハイデガーの言い方では、「気分はそのつどすでに世界内存在を全体として開示してしまって」おり、「世界の開示性は情態性によって共に構成されている」(SZ, p. 137〔2-18~9頁〕)。

　喜び、恐怖、退屈といった気分には明らかに評価的な成分がある。しかし、

開示性においては、そのようにはっきりとした評価があるわけではない。開示性の役割は可能性と抵抗の世界を開き、道具の役割を顕在化させることにある。壁ではなくて芝生を「歩行可能」なものとして露呈させるために、いかなる意味でも〔芝生を〕称賛する必要はない。つまり、情態性にかんするハイデガーの分析の中心的なポイントは、よい気分や悪い気分はごく一般的な状況にかんする私たちの経験に心理学的な色づけを与えるということではなく、そうした気分が世界に対する私たちの基礎的な開かれをさかのぼって指し示しているということにある。ハイデガーは次のように書いている。「私たちは、情態性に基づいて、配視的で配慮的な出会いには襲われるという性格があることをはっきりと見て取れる。襲われることは……私たちが世界内部の存在者に誘われることがある限りにおいて可能なのである。そのように誘われることの基盤は情態性のうちにある」(SZ, p. 137〔2-19〜20 頁〕)。

3.4　他者との共存在と世人

　私たちは道具と目的が織り合わされた構造として世界を経験する。この連関構造は他の人々も含むので、私たちの世界はつねに「共世界（with-world, 独Mitwelt）」でもある。人々——自分自身と他者の両方——が日常的経験の世界のなかで現れる仕方についてのハイデガーの議論は比較的簡潔である。その理由は、私たちはたいてい、まったく現れていないからである。少なくとも、何か特別な仕方で現れることがまったくないのである。他の人々は道具と同じように情態的な熟練のうちで開示される。他の人々へのアクセスを与えてくれる特別な種類の理解可能性はない。とりわけ、ハイデガーは、何らかの「共感」や共感と似たような仕方で自分自身の経験を他の身体に転移させることを通じて、他の人々がいるということを推測する必要はない、と主張する。独我論や他者の心にかんする哲学的問題は、私たちが他者がそこにいることをすでに「知っている」基本的な仕方を無視した場合にだけ浮上する擬似問題なのである。私たちが世界を理解しているのだとすれば、それは他者にあふれた世界として理解されている。キャンパス内の建物や歩道とか、大講義室のイスとか、日常的な関心が向かうすべての道具が他者を指し示し、他者をともなっている。

道具を意味あるものにする私たちの技能は、部分的には「社会的な」技能でもあるのだ。つまり、適切ないし許容可能な仕方で他の人々と交渉することにかかわるという通常の意味においても、〔社会のなかで培われるという〕文字通りの意味においても、である。たとえば、廊下が混んでいれば歩幅や歩行速度を調整するとか、他の人々と一定の距離を保つとか、そういう技能である。世界内存在とは他者との共存在なのである。

　道具を事物的なものとして扱ってしまうと道具の存在を理解できないのと同じように、他の人々がいることを事物的な出来事として理解することもできない。ハイデガーの指摘によれば、集団や共同体の一部であると感じたり、孤独だと感じたりするのは、物理的に他の身体に囲まれているかどうかの問題ではない。人であふれた部屋のなかにいるまさにそのときに孤独を感じることもある。それよりも重要なのは、他者と気分を共有しているかどうか、つまり、共通の様式の情態性があるかどうかであり、また、自分の目的をもった関与が他者に結びついているかどうかなのである。私たちが人がいないのを寂しく思ったり、つまり、その人がいないときにその人のことを思い焦がれたり、あるいは、その人がいるときに喜んだりできるのは、世界のなかでの関与の有意味性が他者と結びついているからである。

　ハイデガーの主張によれば、これと同じことが私たちの自己にも当てはまる。私たちの自己は、日常的な関与的な交渉のあいだは、特定の仕方で際立ってきたり、現れたりしない。道具と技能的に交渉しているとき、私たちは活動のうちに完全に没入している。活動の「実行者」としての自分自身を反省したいのであれば、経験を妨害したり変化させたりする必要がある。もっというと、ハイデガーが主張するには、「主観」にかんする通常の概念では、私は誰なのかということの肝心なところがとらえられていない。そうした概念は、私は誰なのかを突き止めようとして、心的状態とか、自覚的反省の能力とか、意識的な視点とかに注目しがちである。そうすることによって、こうした伝統的な自己の概念では、主観とその活動や経験の対象のあいだに対立ないし距離が想定されている。ハイデガーがいうには、日常的な実存の現象学はその正反対のことを示している。私たちの経験においては、主観であることと道具に関与することのあいだに区別はない。それゆえ、ハイデガーは『存在と時間』の第二篇の

第3章　マルティン・ハイデガーと実存的現象学　　71

大半を、実存する自己にかんする新たな非伝統的な概念に費やしている。

　日常性の分析は日常的な自己の重要な側面をさらにもうひとつ明らかにする。ハイデガーはこう書いている。「配慮的に気遣われた世界に没入しているとは、同時に他者と共存在することでもあり、現存在はそれ自身ではないということである」（SZ, p.125〔1-323頁〕）。これは、没入した活動において私たちの自己は自分に対して際立っていない、というだけよりも強い主張である。ハイデガーがここで主張するのは、私たちはまったく自分自身ではなく、「主観」の役割は何か別のものが乗っ取っているのだということである。このような日常的な実存の主観が「世人（anyone, 独 das Man）」である。世人は、すべての人のあいまいでとらえがたい集合体だが、しかしどの特定の人でもなく、世界の有意味性を左右する規範を支配している。ハンマーの存在はその使用可能性によって決定されており、この使用可能性は世人がそれをどのように使うかによって限定されている。もちろん、道具にかんする世人の理解から逸脱するとか、それを想像的に再解釈するといった個人差はありうるが、そうした逸脱的な理解そのものも公共的に流通しているあいまいな理解から意味を受け継いだものでしかない。

　ハイデガーは、世人に本質的、積極的、生産的な役割を帰属させるが、その制限的な効果を批判してもいる。生産的な側についていうと、世人は技能的で情態的な世界内存在を可能にしている。世界を開示するために必要な根本的な技能のほとんどは本質的に公共的である。これが正しいことがはっきりと分かるのは、明確に言語的でコミュニケーション的な技能の場合である。こうしたものは、有意味であるとすれば、私的ないし個人的なものではありえない。しかし、私たちの身体的技能や身体の姿勢や身体表現や身体運動も、表現する力が染み込んでいるという点でいうと、コミュニケーション的なものである。私たちは、立つとか、歩くとかでも、誇らしげに、攻撃的に、おとなしく、躊躇しながら、といった仕方でできるのである。また、特定の道具と交渉するための技能も同じようにその道具の社会的な理解に依存している。教会のなかでは酒場にいるときと違った行動に引き込まれ、大講義室ではまた違った行動に引き込まれるものだとすると、それはあなたがこうした空間をひとが理解するように理解しているからである。酒場で講義をしようとしても空間の公共的な意

味は変わらず、普通は講義も何か違ったものになってしまうだろう。実際、私たちは技能をおもに模倣によって学んでおり、それゆえ、そもそもの初めから、すでに存在し、共同体のなかで共有されている開示性に参加するのであって、自分自身の開示性を基礎から構築しているのではないのだ。世人がなければ、現存在も情態的な熟練もないのである。

　だが、それと同時にハイデガーは、世人には存在しうる仕方を「均質化」する効果があると主張する。〔世人によって、〕大胆だったり新しかったりする可能性のあるものがすべてありふれたものになり、「優れたものはすべて静かに抑圧され、……あらゆる秘密がその力を失う」（SZ, p. 127〔1-329頁〕）のである。つまり、世人は理解を可能にする一方で、尋常ではない様式の理解を抑えつけもする。これは穏便ではない。なぜなら、世人による公共的理解は真正な洞察と表面的な洞察を区別できないからである。ハイデガーがいうには、世人による世界の解釈は「平均的なものと真正なものの違いに対する感覚がない」（SZ, p. 127〔1-329頁〕）にもかかわらず、つねに一番最初に幅を効かせている。支配的な公共的理解においては、噂や一時的な流行が真正な洞察や熟知と区別できないのである。

　ハイデガーの目標は人間存在を分析することであり、その点でいうと、均質化された公共的理解の最大の問題はその自己解釈にある。均質化された公共的理解における自己解釈は、真正な自己理解に到達するのを難しくし、真正ではない自己理解を促しまたそそのかし、実存するということが何を意味するのかは明らかにしない。ハイデガーは、人として存在するということの意味にかんするありふれた考えを「世人自己」と呼び、真正ないし「本来的（authentic, 独 eigentliches）」な自己と区別する。世人自己は、人であるとは「主観」であること、意識的な心であること、つまり、自分の存在にとって付随的でしかないさまざまな経験や出来事を通じて持続する実体であることだとする自己解釈である。真正な自己解釈は、世人が蔓延させるこうした誤解に反して、本来的に存在することによって到達されなければならない。本来的存在と自己にかんする存在論的に真正な解釈は『存在と時間』の後半部分のおもなトピックである。

第3章　マルティン・ハイデガーと実存的現象学　　73

3.5 実存的な自己の概念

3.5.1 世界内存在の自己

　フッサールは時間意識の現象学に基づいて自己の存在論を与えている。フッサールが主張するには、私たちは連続的な時間流のなかで志向的対象や自分自身の意識を意識しているが、自己はこの連続的な時間流を構成する作用から成り立っている。ハイデガーも自己の存在論を与えており、それにはフッサールの説と表面上いくらか似たところがある。フッサールと同じように、ハイデガーは、自己は時間の超越論的な役割に基づいた説明の観点から理解されなければならない、と主張する。言い換えると、時間は世界を経験することの可能性の条件であり、時間がどのようにしてこの構成的役割を果たすのかを説明すれば、それによって、自己であるとは、あるいは、私であるとは、どのようなことを意味するのかを説明したことにもなる。

　しかし、こうした類似性は重大かつ重要な違いのために限定的なものとなっている。フッサールと違って、ハイデガーは、意識は私たちの有意味な経験にとって典型的でも本質的でもないと考える。私たちは開示性において世界を経験し、開示性は意識的ないし自己意識的な志向的作用ではなく、情態的な熟練から成り立っている。私たちに対して世界を開示するために、気分や技能は意識的である必要がない。ハイデガーはまた、時間は意識の流れを構造化することによって経験を可能にするわけではないと考える。時間は、有意味な経験の必要条件であるが、意識を構造化することを通じて機能するわけではない。むしろ、ハイデガーは、時間は開示性を、つまり、私たちの情態性と熟練を構造化する、と主張したいのだ。

　それと同じように、ハイデガーの考えでは、自己意識は自己であることの重要な要素でも、典型的な要素でもない。フッサールは、意識の志向的内容と意識そのものの両方に向けられた作用の「二重の志向性」（たとえば、私は木を見ており、また、自分自身が木を見ていることも意識している）を分析することによって、自己の概念に到達する。ハイデガーが主張したいのは、そうではなくて、私たちの自分自身に対する関係はまさに志向的対象に対する関係のうちに

ある、ということである。ハイデガーは、ある講義のなかで、この点を非常に明確に述べている。

　現存在は、あたかも自分がみずからの背後に立ち尽くして、物をじっと見つめているかのように、自分自身のほうを反省したり、振り返ったりすることによって、みずからを見出すわけではない。むしろ、まさに物そのもののうちで、それも私たちを日常的に取り囲んでいる物のうちにみずからを見出す。……あなたはあなたがおこなうことであり、あなたが交渉するものなのである。(Heidegger 1927/1977/1982, p. 226)

ハイデガーは、この点を示す例として、自分の周囲にあって自分が仕事で用いる物のうちで自分自身を発見する靴職人をあげる。もちろん、靴職人は、文字どおりに、作業台のうえに見出される針や革や糊なのではない。しかし、ハイデガーはこうした道具を事物的なものだとは考えない。これらは可能性の身近な連関のうちで存在を構成された道具であり、靴職人が何であるかはこうした物の開示性と切り離せないのである。

　このように、自己とは、世界内の道具との交渉が進行しているときの透明な背景的構造であり、そのように世界に巻き込まれていることと切り離して説明できる存在者ではないとする考え方こそ、ハイデガーが実存的な（existential）自己概念と呼ぶものである。ハイデガーは、道具との交渉の構造を「気遣いの構造（care-structure）」と呼ぶ。ハイデガーは、自己が「気遣いの構造のうちに含まれている」(SZ, p. 323〔3-48 頁〕) と書いている。彼はこの見方の新しさを強調するために、自己は範疇や事物的な性質ではなく、彼が「実存疇（existentialia）」と呼ぶ構造的契機によって説明すべきなのだという。

3.5.2　時間性と自己

　フッサールと同じように、ハイデガーは時間性が自己の基礎的構造であると主張する。時間性がなければ、実存性も自己もありえない。しかし、ハイデガーの時間性の概念は客観的時間という日常的な概念と同じものではない。ハイデガーは、客観的時間は根源的時間性から派生するという。この根源的時間性

は、自己にかんする実存的な説明の基礎であり、普通ではない構造をしている。たとえば、ハイデガーがいうには、根源的時間性は有限であり、また根源的な未来は過去や現在に先立つ。

　現在を優先するのが通例となっているのと違って、ハイデガーは未来を強調する。たとえば、フッサールは時間意識の現象学のなかで、現在に焦点をあてて、どのようにして過去の地平と未来の未規定な地平が現在の意識において志向されうるかを説明する。過去の把持は現在の原印象の変様なのである。ハイデガーにとって、現在は未来への一次的な方向づけと過去への方向づけから派生する。ハイデガーの用語法でいうと、根源的な未来と過去は現在を「解放する」。「すでにあったという性格は未来から生じるが、それはすでにあった未来がそれ自身のうちから現在を解放するようなしかたで、そうなのである」（SZ, p. 326〔3-60頁〕）。

　それと同じように、フッサールの説において、自己意識とは現在の意識にかんする意識であり、したがって、自己にかんするフッサールの説の中核をなす自己関係は現在において生じる関係なのである。それに対して、ハイデガーは、未来を中心にして自己への関係を描き出す。彼は、私たちは未来の観点から「自分自身へといたる」のだという。未来はドイツ語で「Zukunft」であり、これは文字どおりに「到来する」という意味であり、ハイデガーはこの文字どおりの意味を用いて、自己の時間的構造を描き出す（SZ, p. 325〔3-58頁〕）。

3.5.3　存在可能性

ハイデガーの実存的な自己の概念を理解するには、彼の能力の概念に注目しなければならない。世界の開示において方法知と熟練が重要であることはすでに見た。あなたが道具と有意味な可能性からなる周囲の世界に出会うのは、この世界のなかを動き回るためにはどう道具と交渉すればよいかを知っているからであり、また、世界に襲われており、つねに気づいたら何らかの仕方で情態的だからである。あなたが熟練を通じて開示する世界は、すべての道具が別の道具を指し示す全体的なネットワークとして構造化されていることも見た。任意のものは全体的な背景に対して利用可能ないし有意味なものとして現れ、その背景は目的によって構造化されている。それゆえ、たとえば、チョーク、黒

板、イス、テーブルの関係を説明するには、教室という環境が出会われるときの入れ子状の目的を指し示すのが一番よい。あなたがチョークを使うのは黒板に書くためであり、そうするのは議論をリードするためであり、そうするのは授業をおこなうためであり……というわけである。道具と同じように、熟練も全体論的に結びつき合っており、ここでもその結びつきは目的をもっている。つまり、あなたがチョークに腕を伸ばして摑むのはそれを使って書くためであり、そうするのは講義をおこなうためであり……というわけである。

　ハイデガーは、世界の経験を構造化するさまざまな目的のあいだの入れ子状の結びつきは、そうした目的のすべてを組織するより基礎的な単一の目的を露呈させると主張し、それを「目的性（for-the-sake-of-which, 独 Umwillen）」と呼ぶ。教室の経験においては、多くの技能および多くのさまざまな道具が関係しているが、そうしたものは、それよりも基礎的な目的にそくして、たとえば「教授である」とか、「学生である」といった目的にそくして、ひとつに組み合わさって意味をなしている。こうした基礎的な目的は、たんに自分がおこないうることではなく、自分がなりうるものであるということによって特徴づけることができる。こうしたものをハイデガーは存在可能性（existential possibility）と呼ぶ。ハイデガーはまた、「目的性」とは自己理解であると指摘する。ここで理解というのは、ある種の熟練も意味している。道具の使い方を理解しているのと同じように、あなたは学生であるやり方を理解している。言い換えると、学生であるという目的のために実存するというのは、熟練した技能的な仕方で学生としてふるまっていることを意味するのである。

　熟練と情態性は開示性を構成することを思い出そう。熟練と情態性がなければ、物に出会い、世界を経験することはできない。存在可能性についても同じことがいえる。存在可能性がなければ、開示性はない。これが意味するのは、あなたは何にも依存せずに教室をそこにあるすべての道具とともに発見し、その次にそれとは別個に、何らかの目的を追求するなかでその教室に対してとることのできる構えをとるようになるわけではない、ということである。発見は開示性に基づいてなされ、開示はすでに目的にそくしてふるまっていることによってなされる。存在可能性は有意味な状況に出会うことにとって根本的なのである。

第3章　マルティン・ハイデガーと実存的現象学　　77

ハイデガーは、私たちは可能的存在で・あ・る・のであって、可能性を・も・っ・て・い・る・のではない、と書いている。これは重要な点である。存在可能性は、開示の基礎的な特徴であるのと同様に現存在の基礎的な特徴でもある。ハイデガーの言い方では、存在可能性は「現存在の最も根源的で、最も基礎的で積極的な規定である」（SZ, pp. 143f.〔2-35 頁〕）。私たちは、何らかの存在可能性という目的のために、という仕方でしか存在できない。ハイデガーは「中核的な」自己という概念、すなわち、私たちが世界に実存的に巻き込まれるための土台となり、そのように巻き込まれていることと切り離して分析的に突き止めることができる基盤という考えを理解することはできないという。デカルト的コギトがそうした基盤の例だろう。デカルトによれば、私たちは「考える私」であり、どの特定の思考や思考対象にも依存せずにそうなのである。ハイデガーは、同じような立場はフッサールにも見出されるし、カントにも見出される（SZ, p. 320〔3-43 頁〕）と主張する。一般的に、ハイデガーは、これは事物的な対象の存在論にそって自己に接近する伝統に特徴的な見方であると考える。私たちは一連の特性をもった基盤が土台としてあるのだと考えがちである。これは事物の存在論について論じるときには正しいアプローチかもしれないが、ハイデガーが主張するには、自己の存在を説明しようとしているときには混乱を招くものでしかない。

3.5.4 投げこまれた投企

一般的にいって、可能性は基礎的な目的として、ひとの実存を組織し、またそれによって、世界の有意味性を構造化することができる。一般論としていうと、道具の文脈をひとつ与えられたら、それは多くの可能性によって理解することができる。あなたは教授、教育者、あるいは建設作業者、無政府主義者、親などなどであるという目的のために実存することができる。このなかのどの可能性が自分の実存を構造化しているかによって、世界は異なる強調点をもって出会われることになる。教授であるという目的のために実存していたら、教室は一定のものが顕著になるような仕方で現れ、一定の仕方で誘引してくるだろう。学生であるという目的のために実存していたら、別のものが顕著になり、誘引してくるだろう。画家とか電気工として教室に入ったら、また違ってくる

だろう。

　可能性とは、意味をなすような存在様式である。〔つまり、〕可能性とは、世界のなかで手に入るものでなければならず、また、それにそくして世界を開示することが意味をなすようなものでなければならない。世界は多くの可能性を許容し、場合によっては、新たな存在様式を創造的に生み出すこともできる。しかし、私たちの可能性は、私たちの文化や歴史的状況などに制約されてもいる。ウィリアム・ジェームズの用語でいうと、可能性は「生きた選択肢」でなければならないのだ。たとえば、21世紀においては、宮廷道化師とか、諸国遍歴の騎士とかであることは、もはや生きた選択肢ではない。また、私たちの文化においてはシャーマンであることは生きた選択肢ではない。シャーマンのように着飾り、シャーマンのようにふるまうことはできるが、どれほど努力しようとも、あなたの行為や宣告はシャーマンの行為や宣告とはみなされない。シャーマンの行為や宣告は私たちの文化では受容されていないため、そうした行為に対応する意味は手に入らないのだ。

　第二に、それよりも重要な点として、私たちはどのようにして自分の可能性をわがものにするのか、どのようにして自分の可能性と同一化するのか、という問題がある。ハイデガーは私たちが私たちの可能性で・あ・る・といっているのを思い出そう。私たちは可能性をもった何か（自我とか、実体とか、魂とか）ではないので、自分が誰なのかを自分をある可能性と同一化することと独立に特定することはできない。どのようにして、ある特定の可能性（教授であること）が・自・分・の・可能性となるのだろうか。ハイデガーは、彼が投・企・（projection）と呼ぶ構造を記述することによって、このことを説明する。投企は、企てという意味での「project」とは区別されなければならない。「投企は、考案された計画に対して一定の態度をとり、それに合わせて自分の存在を整える、ということとはまったく関係がない。むしろ、現存在として、あなたはつねにすでに自分自身を投企してしまっており、また存在する限りは投企しているのだ」（SZ, p.145〔2-38頁〕）。投企は、熟慮に基づく行為や構えではなく、投企なしにやっていくことはできないという意味で任意のものでもない。投企は、自分で気づいたときにはすでにやっており、自分で気づいても続けてしまうものなのである。あなたが教授であるという目的のために実存しているのだとすると、

すなわち、自分自身を教授として投企しているのだとすると、これは根本的には、あなたが教授の典型的な活動にしたがって自分の一日や一年の計画を立てていることによって成り立っていることではない。投企は、そのように計画を立てることよりも基礎的なのである。

　あなたの教室での経験を例にとろう。あなたはこの環境に学生として出会う。すなわち、あなたは学生であるという目的のために実存することによって教室を経験する。（もちろん、これはあなたの唯一の「目的」ではないかもしれない。他の文脈では、きょうだいであることなどの目的のために実存することが、関連する背景的目的であるかもしれない。もっというと、容易に特定できるような単一の役割や立場が、あなたの自己理解をとらえるのに十分であることはない。自己理解は「学生であり、ミュージシャンであり、きょうだいであり、何々であり……」よりも複雑なのである。）学生として教室に出会うということは、あなたがその状況をはっきりと規定された仕方で技能的にとらえていることを意味する。あなたはどうふるまえばよくて、どう環境に対処すればよいか、分かっている。顕著なもの、そして、自分を誘引するものの観点から状況を経験している。その空間を方位づけられたものとして知覚している。たとえば、部屋の「前のほう」がどこであり、どの座席が自分をそこに座らせようと招待しているかも分かっている。あなたの姿勢、注意、身体の構えなどは、その空間に合った行動の様式のうちでひとつに組み合わさる。その空間には、カーペットの色のように、あなたを引き込むこともなければ、あなたが注意を向けることもないような事物的特徴がたくさんある。そうした特徴は自分が何に取り組んでいるかにかんする技能的理解と直接は関連していないのである。

　ハイデガーの言語でいうと、この出会いにおいて、あなたは存在者をその存在に投企している。たとえば、イスをその存在に投企している。これは単純に、あなたがイスを技能的に扱うことによって、状況全体の有意味性の文脈のなかで、そのイスの道具存在性を開示していることを意味する。言い換えると、イスをその存在に投企するというのは、イスに座ること、あるいは、せめてイスを座るための場所として見ることなのである。それと同じように、あなたはテーブル、黒板、床、ドアなどを適切に使用することによって、その存在に投企している。そのすべての場合において、あなたは自分自身も投企する。何がこ

の環境におけるさまざまな道具の「適切な」使用とみなされるかは、あなたが何に取り組んでいるかによることも覚えておこう。学生にとって、イスは座るのが適切であり、画家にとっては、ビニールで覆うのが適切である。つまり、環境に対する技能的対処はすべて、状況の目的に対する基礎的な理解のおかげで一貫したものとなっている。ハイデガーが「自分自身を投企する」ということで意味するのは、この基礎的な理解である。あなたは学生であるのに適切な仕方で状況を開示する限りにおいて、自分自身を学生として投企しているのである。

そうすると、投企とは、ある一貫した仕方でまとまった複数の情態的能力のセットを技能的に動員することなのである。こうした情態的能力は、あなたが「その目的のために」実存している同じ究極的な可能性のほうを指している限りにおいて一貫している。可能性を投企するとは、こうした能力に付け足しでおこなわれることではない。あなたがその目的のために実存している可能性が学生であることだとしよう。つまり、あなたは自分自身を学生として投企しているとしよう。これが意味するのは、あなたには学生である能力があるということにほかならない。実存的にいうと、X であるとは X である能力があることなのである。ハイデガーは、私たちは「つねにすでに」投企してしまっている、と指摘する。学生であるための熟練した能力は、気づいたら学生として誘引されているという、それに対応する情態性を含意する。教室に学生として対処しているだけでなく、気づいたら関連する仕方で教室に引き込まれ、襲われているのだ。あなたはその状況がすでに学生にとって適切な仕方で重要性をもつのを見出している。こうした理由から、ハイデガーは投企とは「投げこまれた投企（thrown projection）」であるという。

3.5.5 自己理解 vs. 社会的役割

私たちが投企し、その目的のために実存する可能性にはさまざまな例があるが、その多くは社会的役割と呼べるものと酷似している。「学生」「アスリート」「ミュージシャン」「親」などはすべて、一部の人々に帰属させられる役割と同じものだと容易にみなすことができる。誰がそうした集団に属しているかとか、そうした役割を果たしているかとかを認定する制度的な指標や到達点や

会員資格もあるかもしれない。しかし、社会的役割とハイデガーが論じる自己理解のあいだにはいくつか重要な違いがある。

　第一の違いは、ひとはある社会的役割を占めながら、そのことを気にしないで、その社会的役割の観点からふるまわないでいることができる、ということである。この違いを具体的に説明するために、ウィリアム・ブラットナーはいわゆる「〔養育費を払わない〕ひどい父親」を例に用いる。ひどい父親は生物学的にも社会学的にも父親である。養育費を払うよう裁判所に命令を受けていることもある。しかし、こういう人は父親であることを気にかけず、世界を適切な特徴にそって経験しない。たとえば、子供の安全性にかんする注意は、彼にとって重要ではない。この人がどこかの部屋に入っても、窒息の危険性、尖った角、電気の延長コードは心配なものとして現れてこない。それと同じように、あなたは学生という社会的役割を占めることができる。あなたは学生証を持っており、大学のTシャツを着ており、誰かが授業料を払ってくれている。しかし、これは自分自身を学生として理解するためには必要でも十分でもない。先に見たように、自己理解を投企することは、適切に一貫した仕方で物事に重要性を見出し、熟練していることから成り立つ。社会的役割は、しばしばそうした情態的能力があることを含意するが、必ずそうだというわけではないのである。

　第二の違いは、社会的役割は完全かつ安泰な仕方で手に入るが、実存的な自己理解は、ブラットナーの言い方でいうと「到達不可能」である。司法試験に受かれば、弁護士にはなれる。子供ができれば、親にはなれる。関連する到達点に達すれば、あなたはその地位を手に入れたことになり、対応する役割があなたのものにならないことはない。存在可能性は、このような意味で到達可能ではない。ハイデガーは、私たちはつねに可能性「に向けて」実存するが、存在可能性は決して実現も現実化もしない、という。ハイデガーは、存在可能性に向かう行動が瓦解するさまざまな仕方を論じることによって、この点を主張する。あなたは自分自身を学生として理解しているかもしれないが、あなたが学生なのは決して安泰なことでも本質的なことでもない。この開示性の様式は破綻するかもしれず、そうすれば、あなたはもはや学生ではいられないのだ。

82

3.6 死、責め、本来性

　ハイデガーは、自己理解が破綻しうる仕方を論じるために、不安、責め、死というテーマを用いる。不安（anxiety）は特別な気分、ないし、襲われることの特別な様式である。ハイデガーの主張によれば、不安においては、日常的な誘引が中断され、私たちは世界に引き込まれなくなる。私たちの周囲の道具には、どのような意味もないように思われる。不安においては、何も重要ではなく、意義もなければ、互いに関連した道具による全体論的な文脈もない。つまり、ある意味で世界はそこにないのである。ハイデガーは「世界の無化」という言い方をする。しかし、存在者全体の無意味さに襲われることは、いかなる存在者も経験しないこととはかなり違っている。無意味は不在ではないのだ。「世界の無化とは……不安において世界内部的な事物存在者の不在が経験されているという意味ではない。〔不安において、〕世界内部的な事物存在者は、いかなる関連性ももたずにその空虚な無情さにおいてみずからを示すという仕方で出会われなければならないのである」（SZ, p. 343〔3-99 頁〕）。存在者は、その無意味さにおいてまさにそこにあり、その不気味さにおいて現れるのだ。

　ハイデガーの考えでは、不安の現象はそのような世界の崩壊の始まりとともに自己も崩壊することを示している。何にも重要性を見出せなくなり、状況に対する手がかりを失ったとしても、あなたは「中核的な」自己に引きこもるわけではない。世界が完全に崩壊したあとにも残っていられる隠れた本質のようなものはない。そうすると、不安にかんする現象学的記述には、ある意味で、デカルト的ないしフッサール的な内観に類比される方法論的役割がある。不安にかんする現象学的記述は、世界を引き剝がしたときに、自己には何が残るのかを露呈させる。デカルトとフッサールが本質的に自己充足的な自己意識を見出すのに対して、ハイデガーは何も残らないことを見出す。

　不安は世界の崩壊の到来を告げるが、完全な崩壊をもたらすわけではない。不安に襲われているあいだも、何とかやっていくのに役立ち、最小限の自己理解、必要最低限まで削ぎ落とされた存在可能性を構成する基礎的な熟練があるのだ。しかし、不安は、現存在に内属する完全な破綻の構造的可能性を示して

第 3 章　マルティン・ハイデガーと実存的現象学　　83

いる。ハイデガーは、このように現存在に内属する脆弱性を責め（guilt）と死（death）という実存的な概念によって分析する。ハイデガーは、これらの概念で私たちがこれらの言葉によって日常的に意味するものと同じものを意味するわけではないことをはっきりさせている。責めとは、悪いことをしてしまったという感じがする状態ではなく、死とは、生の生物学的な終わりのことではない。そうではなくて、ハイデガーがこうした言葉を使うのは、私たちは世界に対して自己理解を基礎にした手がかりを維持することによってしか有意味な経験をえることができない、という現存在の構造的特徴を論じるためである。

　実存的な責めが意味するのは、私たちはつねに自分が何らかの仕方で世界に襲われているのを見出さなければならないが、このように襲われることを選択したり、説明したりすることはできない、ということである。「実存することにおいて、私たちは自分の被投性〔投げこまれていること〕のうしろに回り込めない」(SZ, p. 284〔2-371 頁〕)。私たちは世界からの誘引を「呼びかけ（calling）」として経験し、この呼びかけに適切に調整できている場合にはそれに応える責任を引き受ける。たとえば、ある種のリーダーになったり、抵抗運動をおこなったりすることへの呼びかけを経験し、その責任を引き受ける人がいるかもしれない。ハイデガーの指摘によれば、呼びかけは本当は私たちから、つまり、自分自身の世界内存在の様式から来るのだが、私たちはそうと気づかないことがある。私たちは、呼びかけにしたがうことによって、すでに自分のものであるものをわがものにするのだ。

　死が意味するのは、ある世界内存在の様式に対する私たちの完全なコミットメントは脆弱であり、いつ消滅してもおかしくない、ということだ。これは多くの仕方で起こりうる。情態性の側でいうと、神父は信仰を失いうるし、夫は愛情を失いうるし、教授は興味を失いうる。可能性の側でいうと、宮廷道化師や訪問販売員に起きたように、あるタイプの生き方が消えると、熟練は関連性をうしない、技能は過去の遺物となる可能性がある。情態性の消失と可能性の消失の両方が同時に起きる可能性もある。これは交際相手が父親を殺害したときに――献身的な娘であり、将来の女王と目されていた――オフィーリアに起きたことである。その後もしばらく、オフィーリアは息もしていたし体も生きていたが、実存的にいうと、彼女は死んでいた。もはやオフィーリアには自分

の状況に有意味な手がかりをえる方法がなかったのだ。

　私たちは、その根底的な偶然性にもかかわらず、自分の自己理解にしがみつく。自己理解は、本質的に自分自身のものであるわけではないし、また確実な仕方でそうであるわけでもないという逃れられない事実があるにもかかわらず、私たちはコミットすることによってそれをわがものにする。ハイデガーは、そのような偶然的なコミットメントが、人々がなしうる最善にして唯一の種類の自己同一化であるという。私たちはたいてい、こうした偶然性と向き合う必要がない。ハイデガーが主張するには、私たちは普段、自分自身を日々の課題に投げこむことによって、そうした認識を逃れる。したがって、日々の日常的な実存の現象学にとどまると、私たちの自己理解の基礎的な偶然性は現象のうちに現れない。日々の日常的な実存は、自己であることの意味の基礎的な構造を覆い隠すのだ。ハイデガーはこれを非本来的な存在様式と呼ぶ。彼はこれをやや不自然なところのある稀有な存在様式、すなわち、世界を責めと死という構造の観点から明快に開示することによって自分自身の可能性のうちに押し進んでいくような存在様式の現象学と対比させる。そのような実存は、実存の基礎的な構造を露呈させる。このような存在様式をハイデガーは本来的（authentic）と呼ぶ。みずからの開示性の根本的な偶然性と脆弱性を受け入れることによって、本来的に存在することは、みずからの自己解釈をわがものにし、実存の存在論的構造を偽りなく表現する。

　ハイデガーの実存的現象学は、志向性の現象へのフッサールの記述的アプローチに基づいているが、そこに根本的な変化を呼び込んでいる。ハイデガーは、私たちの注意を意識的主観ではなく、情態的で没入した熟練した活動の基礎的な役割に向ける。そうすることによって、ハイデガーは哲学における認知主義の長い伝統を突き崩し、また多くの伝統的な哲学的問題を不適切なかたちで立てられたものとして退ける。その代わりに、彼は実存的現象の存在論全体の輪郭を構築する。彼の仕事は哲学における新たなパラダイムを構成しているのだ。

　ハイデガーの重要な洞察は、多種多様な関心領域の哲学者たちによって、生産的なしかたでとりあげられてきた。そうした仕事を包括するテーマは、主観と客観の区別、意識と環境の区別に対する異議である。最も有名なところでいうと、ヒューバート・ドレイファスがハイデガーの実存的な洞察を先鋭化させ、

解説することによって、現代哲学、とりわけ、人工知能の哲学と心の哲学における各種の認知主義を批判する道筋を示した（第8章を参照）。他の哲学者たちは、それよりも緩く結びついたしかたでハイデガーの仕事に触発されて、彼の洞察を認知そのものをめぐる問いに応用する。そうした「ハイデガー的認知科学」は、認知とは自分の環境に対する状況づけられた身体的な熟達からなるものであることを示すために、認知の分析という枠組みの内部から進んでいく（第9章を参照）。

　ハイデガーは、その技能と情態性にかんする分析にもかかわらず、ある二つのトピックについて意外なほどに多くを語らない。しかもこの二つのトピックはハイデガーの存在論にとって中心的である。その二つのトピックとは身体と知覚である。技能や熟練は身体的であるが、ハイデガーは私たちの身体の役割や構造を論じない。同じように、世界の情態性によって知覚のさまざまな特徴が説明される。しかし、ハイデガーはこうした含意を引き出さない。彼は知覚というトピックは（意識、実体、主観やその他の多くのものと同じように）哲学的な誤解や混乱にあふれていると考えるのだ。彼が知覚に触れる機会はわずかにあるが、それは通常、知覚に触れるのが的外れだというためである。まさにこの二つのトピックを取り戻し、ハイデガー的な実存的存在論に基づいたしかたで身体と知覚にかんする詳細な説明を与えたことは、メルロ゠ポンティの仕事の偉大な功績である。

　　訳注
〔1〕原則として、本章で「existence」という名詞は、人間以外の物事にかかわる場合には「存在」、人間にかかわる場合には「現存在」と訳し分ける。「exist」という言葉は、人間以外の物事にかかわる場合には「存在する」、人間にかかわる場合には「実存する」と訳し分ける。ただし、文脈に応じて、この原則にしたがわない箇所もある。

用語解説

開示性（disclosedness，独 Erschlossenheit）：個々の道具は広い背景のうえで意

味をなし、私たちはそうした背景を開示する。開示性は被発見性よりも射程が広い。ハイデガーは、開示性は私たちが世界へ開かれていることを構成する、という。

気分（mood，独 Stimmung）：状況全体に襲われ、物事が自分にとって重要であるのを見出す仕方。私たちはつねにあれやこれやの気分にある。

共世界（with-world，独 Mitwelt）：つねに他の人々をも含む限りにおける世界。

決意性（resoluteness，独 Entschlossenheit）：不安を前にしても、ひとつの可能性にコミットすることはできる（それゆえ世界を開示することもできる）。そのような不安なコミットメントにおいて生じる開示が決意性と呼ばれる。

死（death，独 Tode）：ハイデガーは実存的な死の概念をこの言葉の日常的な意味と区別する（ハイデガーは後者には「終焉」と「落命」という言葉を使う）。実存的な死とは世界の完全な崩壊の可能性である。

実存性（existentiality）：あなたはまさに情態的な能力である（つまり、実体、主観、自我として、情態的であるとか、能力をもっているとかではない）というハイデガーの主張。

事物存在（occurrent〔present-at-hand〕，独 vorhanden）：日常的な使用の文脈から分離しているとき、その対象は事物存在であって、これは道具存在であることと対比される。「客体存在」「手前存在」と訳されることもある。

情態性（disposedness，独 Befindlichkeit）：開示性を構成する基礎的なもの。私たちは、世界が襲ってきて、私たちにとって重要であり、誘引してくる限りにおいて、世界を開示する。情態性は気分として現れる。

世界（world，独 Welt）：私たちが開示する全体論的な背景。

世人（the anyone，独 das Man）：公共的なものとして共有された正常性の感覚。ほとんどのあいだ、私たちの行動の大半を導いている。

道具（equipment，独 Zeug）：私たちがまず最初に出会う日常的な対象を表すハイデガーの用語。

道具存在（available〔ready-to-hand〕，独 zuhanden）：道具の存在様式。「用具存在」「手元存在」と訳されることもある。

配視（circumspection，独 Umsicht）：技能的な行動を導く視覚。物事が滞りなく進むあいだは私たちが状況のなかに没入したままでいられるようにして、

活動に滞りがあるときには私たちの注意がそうした側面に向くようにする。

被発見性（discoveredness，独 Entdecktheit）：私たちが個々の存在者を露呈させる仕方を表すハイデガーの用語。私たちは世界に関与しつつ存在者を発見する。

不安（anxiety，独 Angst）：世界は崩壊しうるし、物事は重要でなくなりうるし、誘引はその力を失いうるし、自分の能力は有用でなくなったり、状況に相応しくなくなったりする可能性がある。不安は、そうした世界の崩壊の始まりを開示する。

目的性（for-the-sake-of-which，独 umwillen）：私たちの道具への関与を支える目的的な構造。これによって、道具への関与は組織化されて意味あるものとなる。

理解（understanding，独 Verstehen）：技能、熟練、方法知。情態性とともに、私たちによる世界の開示のあり方の二つの基礎的な側面のうちのひとつをなす。

文献案内

Blattner, W. (2006). *Heidegger's* Being and Time*: A Reader's Guide*. London: Continuum.

Carman, T. (2003). *Heidegger's Analytic: Interpretation, Discourse, and Authenticity in* Being and Time. Cambridge: Cambridge University Press.

Dreyfus, H. (1990). *Being-in-the-World: A Commentary on Heidegger's* Being and Time, Division I. Cambridge, Mass.: MIT.〔ヒューバート・L・ドレイファス『世界内存在 ―― 『存在と時間』における日常性の解釈学』門脇俊介（監訳）、榊原哲也・貫成人・森一郎・轟孝夫（訳）、産業図書、2000 年〕

McManus, D., ed. (2014). *Heidegger, Authenticity and the Self: Themes From Division Two of* Being and Time. London: Routledge.

Wrathall, M., ed. (2013). *The Cambridge Companion to* Being and Time. Cambridge: Cambridge University Press.

Wrathall, M. (2003). *How to Read Heidegger*. London: Granta.

本文中に登場する文献の邦訳

Heidegger, M. (1927/1977, cited as SZ). 原佑・渡邊二郎（訳）『存在と時間 1～3』中

央公論新社（2003 年）

Merleau-Ponty, M.（1945/2012, cited as PP）. 竹内芳郎・小木貞孝（訳）『知覚の現象学 1』みすず書房（1967 年），竹内芳郎・木田元・宮本忠雄（訳）『知覚の現象学 2』みすず書房（1974 年）

第4章

ゲシュタルト心理学

　フッサールが自身の現象学に取り組んでいるのと同じ時期、ベルリンの心理学者のグループがゲシュタルト心理学として知られるようになるものを発展させつつあった。実は、現象学とゲシュタルト心理学の起源は絡み合っている。フォン・エーレンフェルスとカール・シュトゥンプフ〔ともにゲシュタルト心理学草創期の人物で、エーレンフェルスはゲシュタルトの概念を初めて用いた〕はウィーンのブレンターノのもとで学んだ。後にシュトゥンプフはフッサールの哲学学位論文を指導し、さらにベルリンの実験心理学研究所を指揮した。この場所で、ヴェルトハイマー、ケーラー、コフカがゲシュタルト心理学の基礎を発展させたのだった。同時期に米国で発展した心理学理論と同様、ゲシュタルト心理学はヴントの見方と方法をきっぱりと拒絶した。ヴントの心理学は、意識経験の最小要素、すなわち、そこから経験が構成される原子論的な感覚のみに焦点を当てる点で還元主義的である。ゲシュタルト主義者は、米国の機能主義者や行動主義者と同様（第7章参照）、原子論的な感覚と感情を焦点とすることに反対する。ただし、機能主義者や行動主義者と違って、ゲシュタルト心理学者は科学的心理学に対して限定的な影響しか与えなかった——歴史上の脚注以上のものではあったが、米国で同時代の運動になるほどではなかった。本書の目的にとってゲシュタルト心理学者の仕事が重要なのは、モーリス・メルロ゠ポンティ（第5章）とジェームズ・ギブソン（第7章）に彼らが影響を与えているためである。

91

4.1 ゲシュタルト学派による原子論的心理学への批判

4.1.1 束仮説と恒常仮説に対抗する

ゲシュタルト心理学者がまちがいとして断定した、ヴントの原子論的心理学の具体的な論点は、「束仮説（bundle hypothesis）」（Wertheimer 1912）と「恒常仮説（constancy hypothesis）」（Köhler 1913）である。コフカ（Koffka 1923）は、ゲシュタルト心理学では初めて英語で出版された論文において、これら二つの仮説を明瞭に説明している。

　　現在生じている意識と存在する意識のすべては、実在し、分離可能な（必ずしも分離しているとは限らないが）有限個の要素で構成されており、各要素は、明確な刺激または特殊な記憶残滓に対応する（下記を参照）。それゆえひとつの意識単位はそうした要素の束とみなされるため、ヴェルトハイマーは、私たちの新たな理論の基礎となる最近の論文のなかで、この考え方に「束仮説」という名称を付与している。これらの要素、もしくはそのいくつかは感覚であり、心理学の最初の課題は、感覚の個数と性質を見つけ出すことにある。（Koffka 1923, p. 533）

ヴントの心理学において、外的経験とは、単純な感覚で構成される分子的要素である。各経験はすなわち、単純な感覚の束なのである。

　コフカは続けて恒常仮説を描写する。

　　この考え方の基礎となる原理を定義するうえで、感覚を研究する方法に合わせて、刺激側に言及する必要が生じていた。より明確にいうと、感覚が刺激に対して持つこの関係は、ケーラーが「恒常仮説」と名づけ、一般にも受容されている規則によって表現される。恒常仮説とは、感覚は刺激がもたらす直接的で明確な関数だとするものである。特定の刺激と通常の感覚器が与えられていれば、被験者がどのような感覚を感じるはずであるのか、あるいは、その感覚の強度と質が分かるのである…。（Koffka 1923, p. 534）

図 4.1　ヘルマン格子（出典 Wikimedia commons）

恒常仮説によると、私たちが経験することになる単純な感覚の束は刺激が決定するのであり、しかも一対一に対応するしかたで生じる。すなわち、個別の原子的感覚に対して世界の何らかの特徴が対応するのである。白い背景に赤い円環だけが表示されているモニターを見ていると想像してみよう。あなたが経験しているのは、単純な感覚の束であり、それはモニター上にある画像の画素に、ただそれだけに対応している。

　すでに 19 世紀の終盤には——ヴントが彼の研究所を 1879 年に開設する以前でさえ——束仮説と恒常仮説をともに疑うだけの十分な理由があった。1870 年には、ルディマール・ヘルマンが、ヘルマン格子として知られることになるものを記述した論文を発表している。この格子（図 4.1 参照）は、黒い背景に対する明るい色または白色の格子である。この格子を眺めると、たいていの人は白い格子の交差点に灰色の斑点を見る。ただし、斑点はページ上にある灰色のインクのしみに由来するものではない。斑点を知覚する経験はそれゆえ、束仮説と恒常仮説に矛盾するのである。この矛盾については、エルンスト・マッハがその著作『感覚の分析』（1886/1897）において、今日「マッハの帯」（Mach 1865, 図 4.2 参照）として知られているものを例にして議論している。図 4.2 の左右両端はそれぞれ黒と白である。図の中央付近から始めると、黒と

図 4.2 マッハの帯（出典 Wikimedia commons）

白は、左から順次明るくなる灰色の陰影によって隔てられていて、黒はすこしずつ白へと変わっていく。図を眺めると、多くの人は段階的に変化する陰影のすぐ左側に真っ黒な帯を、すぐ右側に真っ白な帯を見る〔黒との隣接領域に真っ黒なライン、白との隣接領域に真っ白なラインが見える〕。これらがマッハの帯である。ページ上のどちらの地点でも、インクに変化は施されていない。マッハが示唆したのは、これらの帯が「空間的形態」（ゲシュタルト、Gestalt）、すなわち、ページ上のインクから生じる通常の感覚に組み込まれた特別な性質の一例だということだった。世界のなかの個別要素に対応しない単純な感覚であるという点で、空間的形態は恒常仮説と矛盾する。むしろ、この感覚は個別要素の配置に由来するのである（マッハは「音の形態」についても議論し、類似する点を指摘している〔次節にある通り、音の形態とはメロディの知覚のこと〕）。注意すべきなのは、空間的形態は恒常仮説とは矛盾するものの束仮説とは矛盾しないことだ。空間的形態を承認するというのは、実質的に束仮説を維持するために恒常仮説を犠牲にするということなのである。

4.1.2 ゲシュタルト質

空間的形態と音の形態をめぐるマッハの議論は、クリスティアン・フォン・エーレンフェルスによる 1890 年の論文「ゲシュタルト質について」の出発点である。エーレンフェルスによると、マッハの分析は、空間的形態と音の形態を感覚として論じることで、形態が心的分析や概念適用の結果ではなく単純に感覚されたものであることを示している。この点に基づいて、エーレンフェルスは感覚の性質について問うている。

メロディは、(i)要素の総和にすぎないのか、それとも、(ii)総和に関連する新しい何か、要素の総和と確実に関連してはいるが要素の総和から区別できる

94

ような何か、なのだろうか？（Ehrenfels 1890，スミス訳 1988, p. 83）

この問いに答えるため、エーレンフェルスはメロディをある調から別の調に転調することを考える。例として、5歳の子どもによる「ハッピー・バースデー」とオペラ歌手によるそれを思い浮かべてみよう。これら二つの異なったパフォーマンスは同じ音をひとつも共有していないが、同じメロディを保っているだろう。もっというと、ギターやピアノやオーケストラで演奏されたとしても同じメロディなのである。しかし、ハ長調の「ハッピー・バースデー」を構成する音を取り出して異なる順序で演奏するとどうだろうか。同じメロディにはならないだろう。すべての音を取り変えても同一のメロディを保つことができる一方で、すべて同一の音を保っても異なるメロディを生み出すことができるのだ。だから、メロディはそれを構成する音以上の何かに違いないのである。この何かがゲシュタルト質または形態質であり、それは部分に変化があっても恒常的に保たれる。以下で見るように、メルロ＝ポンティもギブソンも知覚の恒常性への関心をゲシュタルト心理学から受け継いでいる。

4.2　知覚と環境

4.2.1　知覚と認知

ヴェルトハイマーはエーレンフェルスの講義を受講し（Smith 1988）、ゲシュタルト心理学における最初の論文を 1912 年に刊行した。論文のなかで彼は「ファイ現象」を論じているが、これは映画の基礎になったものだ。ファイ現象を生み出すには、ひとつの光点(A)を一定の速度で点滅させ、近くでもうひとつの光点(B)を同じ速度で、ただし最初の光点が光っているときに消えるようにして点滅させる。つまり、A が点灯するとき B は消えており、逆に B が点灯するとき A は消えている。これが正しい速度でおこなわれると、二つの点滅する光としてではなく、位置 A と位置 B を往復運動するひとつの光として経験される。この見かけ上の運動（仮現運動、apparent motion）〔対象が動いているかのように知覚されること〕がファイ現象である。これは映画とテレビの背後にある原理である。私たちは、緊密に継起している一連の静止した画像を、

単一の運動する画像として見ているのである。ファイは（もちろん映画における仮現運動も）、エーレンフェルスが特定した種類の力動的なゲシュタルト質である。この種の性質は私たちの経験にはありふれており、要素の経験は概して形態の構成要素として生じる。ヴェルトハイマーがエーレンフェルスに付け加えた重大なことは、要素の寄せ集めだけで形態はできないという主張である。そこにはヴェルトハイマーが論じたような、形態の法則があるのだ。この主張——形態の法則（laws of form）があるという主張——は、束仮説とは矛盾する。

　束仮説によると、経験は「連接的加算（"and-summation"）」によって結びついた単純な感覚の寄せ集めである。「もし私が a1、b1、c1 をもっており、b2 と c2 が b1 と c1 に取り替えられたら、私は a1、b2、c2 をもっていることになる」（1912, ワトソン訳 1979, p. 289）。しかし経験がこのようなものであることは稀である。可能な形態は限られているので、形態の一部を恣意的に他の部分と交換することはできないのである。ヴェルトハイマーはこのことを後年の論文（1923）で明確に主張しており、それは次のように始まっている。

　　私は窓際に立って家、木々、空を見ている。

　　理論的には、そこには 327 個の明度と数々の微細な色相があるといえるかもしれない。しかし私は「327 個」を所持しているだろうか？　そんなことはない。私が所持しているのは空、家、木々である。「327 個」それ自体に到達することは不可能だ。しかも、そのようなふざけた計算が可能で、たとえば、家は 120 個、木々は 90 個、空は 117 個といった結果が示されたとしても——いずれにせよ私が所持しているのは、全体をこのように配置および区分したものである。127 個と 100 個と 100 個とか、150 個と 177 個といったものではない。

　　私が見ている具体的な区分は、私自身の見やすさだけに依拠して、どこか恣意的な様式で組織されて決まったのではない。私は、私の眼前のそこに与えられている布置と区分を見ているのである。（Wertheimer 1923, エリス訳 1938, p. 71）

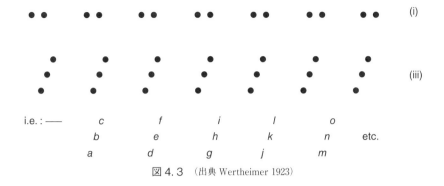

図4.3　(出典 Wertheimer 1923)

簡潔にいうと、私たちが経験するのは特定の形態であって、それ以外のものではない。

　ここで問題なのは、知覚と認知の関係である。伝統的な考え方では、知覚または「外的経験」は要素から成るもので、これらの要素が認知または「内的経験」において全体へと結びつけられる、とされる。ヴェルトハイマーが主張するのは、形態が知覚に与えられており、認知において付加されるのではないということである。外的経験は要素のたんなる寄せ集めではない。それはすでに全体または形態の経験なのである。これらの形態の構成は恣意的ではなく法則的である。ヴェルトハイマーは、私たちがそれを経験している通りに、一連の形態の原理または法則を特定している。たとえば、位置に応じて諸要素を全体へと取りまとめる近接〔の法則〕がある（図4.3）。図4.3(i)は1923年のヴェルトハイマーの論文からのものだが、私たちが知覚するのは2個ずつにまとまった点、すなわち

　　ab / cd / ef / gh…

であって、

　　a / bc / d / ef…

ではない。

第4章　ゲシュタルト心理学　　97

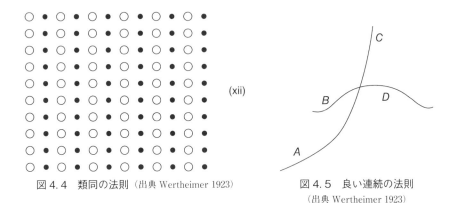

図 4.4 類同の法則（出典 Wertheimer 1923）　　図 4.5 良い連続の法則
　　　　　　　　　　　　　　　　　　　　　　　（出典 Wertheimer 1923）

　図 4.3(iii)を見てみよう。ヴェルトハイマーは「きわめて明白なことだが、abc / def / ghi という布置は ceg / fhj / ikm よりもずっと優位である」と書いている。ヴェルトハイマーはまた、種類によって要素を取りまとめる類同の法則（図 4.4、Wertheimer 1923 所収）、方向性に応じて線をとりまとめる良い連続の法則（図 4.5、Wertheimer 1923 所収）など、他にも多くのものを特定している。これらすべての形態の法則を示すさいのヴェルトハイマーの論点は、知覚とは、彼が「連接的加算」と呼ぶものにそって単純な要素を全体へと束ねること、すなわち要素を結びつけて恣意的な全体にすることではない、ということである。知覚の形態もしくはゲシュタルトは、知覚において与えられるのであって、認知において創られるのではない。これが意味するのは、束仮説がまちがっているということである。ゲシュタルト心理学者にとって、知覚される全体は、部分の総和以上のものなのである。
　他のゲシュタルト思想家たちは、この種の推論を、たんに対象を全体として知覚する以上のことに拡大した。ケーラーがチンパンジーにかんする有名な研究のなかで示したのは、問題解決の洞察が、少なくとも人間以外の霊長類では、知覚において与えられるということである（Köhler 1917）。ケーラーが第一次世界大戦中にテネリフェ島で実施した実験では、チンパンジーは何らかのしかたで目標を妨げられる状況に置かれているが、目標に達する間接的な手段は与えられた。ある実験例では、チンパンジーが見慣れたフルーツかごを、遊び場の天井からロープで降ろし、手の届かないところに吊るす。ロープは天井のフ

ックを通って、遊び場の木の幹に結ばれている。オスのチンパンジー、スルタンがこの状況に直面したときのことをケーラーは記述している。最初は興奮し、次に他のチンパンジーたち（遊び場の外にいる）に目をやり、そして援助をもとめて実験者を見たが無駄だった。

　しばらく経つと、突然スルタンは木のほうへ向かい結び目へと素早く登っていく。一瞬止まってからかごを見つめ、ひもをかごまで引っ張って輪（と天井）にぶつける。もう一度繰り返し、かごがひっくり返ってバナナが落ちてくるよう、二度目はもっと強く引っ張る。彼は降りてきて果物を取り、また登る。今度はあまりに強く引っ張るのでひもが切れ、かご全体が落ちてくる。彼は這い降りてきてバスケットをつかみ、果物を食べるため立ち去る。
　（Köhler 1917，ケーラー訳 1925，p. 9）

ケーラーは類似する多くの実験を報告している。実験のなかでチンパンジーは、自分と食事のあいだで障害物に直面し、木箱を登ったり、リーチング用の道具を使ったり、物を重ねて踏み台を作ったりする。どの事例でも、当初は興奮し、そして援助をもとめ、最後に問題の解決に至る。

　いくつかの理由で、これらの実験は注目に値する。第一に、これらは、ケーラーと同時代の行動主義者らが主張したようなたんなる試行錯誤ではなく、動物の知能と問題解決を示す明白な証拠である。明らかに、これは問題解決を試し、結果として洞察を得たものである。というのも、後日類似する状況に直面すると、チンパンジーは興奮したり援助をもとめたりすることなく、果物に至る間接的な経路をすぐにたどり始めるからである。第二に、チンパンジーはいつも問題を解決できるわけではなく、そこには個体差があって、ある個体は他の個体より安定して問題解決ができる、ということに注意しなければならない。第三に、目下の目的にとっては最も重要なことだが、チンパンジーがこれらの問題を解決できるのは、問題とその解決手段をすべて同時に見られる場合だけなのである。たとえば、数匹のチンパンジーは、重ねた箱が一個の箱より高く、より高いものに登れば果物かごがリーチの範囲に入るという洞察を得ることができた。しかし、箱とぶら下がったかごが一度に見えるまでは、一頭もこの問

第4章　ゲシュタルト心理学　　99

題を解決できなかった。果物かごから遠いところに箱が散らばっていると、何の洞察も生じなかったのである。

　ここで実施された実験の現場では、チンパンジーによる洞察はそれ自体、主として状況の視覚的な把握によって決まることが示された。時としてチンパンジーは過度に視覚的な観点から問題解決を始めようとすることさえある。また、チンパンジーが洞察とともに行為するのを止めてしまう場合の多くは、単純に状況の構造がチンパンジーの視覚的把握にとって過大である（相対的に「形態の知覚が弱まる」）のかもしれない。それゆえ、形態（ゲシュタルト）にかんする詳細な理論が基礎として据えられていなければ、チンパンジーの全能力について十分な説明を与えるのは難しいのである。洞察を示す問題解決は、この種の知能の分野では状況とともに調整された力動的な過程のうちで生じるものである限りにおいて、状況の構造と必ず同じ性質のものである。この点を思い起こすとき、そうした理論の必要がより一層痛感される。
（Köhler 1917，ケーラー訳 1925, p. 268）

問題解決への洞察はすなわち、知覚的現象であって認知的現象ではない。チンパンジーは何をすべきかについて思考はしない。その代わり、問題を解決するべく、適切な形態がみずからの知覚に与えられるまでチンパンジーは環境を探索するのである。洞察が生じるのは、必要な要素がそれぞれ文字通り視野に入っているときだけである。ヴェルトハイマーの形態の法則と同様、問題の解決は知覚で手に入るものであって、認知が知覚に追加するものではない。

4.2.2　レヴィンと動機づけ
　もう一人のゲシュタルト理論家クルト・レヴィンは、この論点を敷衍する。レヴィンの方程式として知られるようになったもののなかで、彼は、観察される行動がひとと環境との関数であると論じている（Lewin 1936）。この定式化を用いてレヴィンが論じているのは、性格特性や行動傾向のように個人の特性と考えられてきた多くの心理学的現象が、実際には個人と状況とのあいだの複雑な関係だということである。たとえば、誰かが外向的だという場合、私たち

はたんに彼女の性格について何かを述べているのではない。居合わせている人々や、物質的、社会的、文化的特徴まで含めた全体的状況に対する彼女のかかわり方について、何かを述べているのである。状況はひとつのゲシュタルトである。しかも、部分的にはそれを知覚しているひとによって決定されるゲシュタルトである。この点を理解するため、レヴィンの動機づけの理論を考えてみよう〔以下では motivation を訳し分け、motivation の概念全体を指す広い文脈では「動機づけ」、個別の心的作用を指す狭義の場面では「動機」とした〕。レヴィンの同時代、行動主義者たちは、動機とは動物の行為を引き起こす内的な力だと理解していた。レヴィンは、動機をベクトル（方向づけられた力）として、すなわち、その大きさと方向の一部が状況によって決まるものとして概念化し直している。動機は、たんに動物を行為させているのではない。特定の状況に備わる特定の特徴に特定のしかたで反応させているのである。知覚される状況は、部分的には知覚者の動機によって決定されており、また、誘発性（valences）または誘引特性（独 Aufforderungscharaktere）の観点から知覚される。誘発性は行為にとりかかる機会のことで、動機づけられたひとの状況の知覚と、それに続くそのひとの行為を構造化する。サンドイッチは、空腹に動機づけられたひとにとって――それが手の届く範囲にあって、誰か他のひとのものでない限り――満腹のひとに対しては持たないような誘発性を持つ。鍵は、誘発性が人々の動機づけの関数として環境の中に現われ、逆に動機も誘発性の関数として現われるということだ。誘発性は、人々の状態の機能であると同時に環境の特性でもあるような、知覚される形態なのである。

　図4.3におけるまとまりのように、諸要因の関係の知覚において与えられる形態を、個人の動機づけと環境との関係にまで拡大しようとする意欲によって、レヴィンは社会心理学において影響力のある人物になった。これらの形態がたんに部分の総和ではなく、それ自身において成り立つ全体だとすると、それは個人の集まったグループでも同様であろう。レヴィンの仕事はギブソンにも影響を与えている。彼は「誘引特性」の概念と名称を、自身のアフォーダンスの理論に導入したのだった。

第4章　ゲシュタルト心理学　　101

4.3　ゲシュタルト心理学の影響

　20世紀前半を通じてゲシュタルト心理学者たちが繰り返し示したのは、認知的と考えられていた能力が実際には知覚的であって、知覚に与えられる適切な形態もしくはゲシュタルトを見出すことに関わっている、ということだった。彼らが提示した多くの証拠には説得力があったにもかかわらず、心理学主流派の考えに対してゲシュタルト心理学は限られた影響しか与えなかった。これには多くの理由があるが、最も重要なのは社会学的なものである。ヒトラーが政権を握ったさい、ゲシュタルト心理学者たちはドイツから英米へと亡命した。米国では、レヴィンは例外だったものの、主要なゲシュタルト主義者は博士課程のプログラムがない機関に職を得ている。ヴェルトハイマーはニュー・スクール・フォー・ソーシャル・リサーチ、コフカはスミス・カレッジ、ケーラーはスワースモア・カレッジである。自分の研究室を運営するための大学院生がいないなかでゲシュタルト心理学の新世代を担っていくことは、ヴェルトハイマー、コフカ、ケーラーの影響力を確実に低下させた。レヴィンはどちらの面でも例外である。彼は米国に移って、アイオワ州立大学、後にコーネル大学で大学院生と協働したし、MITにグループ・ダイナミックス研究所を創設している。他のゲシュタルト主義者とは違って、レヴィンの仕事は後続の心理学、とくに社会心理学に大きな影響を与えた。

　第7章で見るように、レヴィンの思想はジェームズ・ギブソンにも影響を与えている。ギブソンはスミス・カレッジでコフカの同僚としてキャリアを開始したが、彼の「アフォーダンス」の概念はレヴィンの「誘引特性（Aufforderungscharakter）」をはっきり取り入れたものである。ギブソンが論じているのは、アフォーダンスが知覚の一次的対象であるということだ。

　ゲシュタルト心理学者たちが心理学に与えた影響は限定的だったが、ギブソンと初期のメルロ゠ポンティには影響を与えており、その影響を介して、彼らは現象学と現象学的認知科学にとっては重要である。レスター・エンブリー（Embree 1980）が記しているが、メルロ゠ポンティは1933年にゲシュタルト心理学を研究するため助成金を申請している。彼はこの助成金を使って「現象

102

学およびゲシュタルト心理学における知覚の問題」という論文を1934年に完成させた。メルロ゠ポンティの最初の著作『行動の構造』(1942)でもゲシュタルト心理学はその土台となっており、行動はそれ自体ひとつの形態であるというレヴィンの主張を彼は繰り返している。

　(…) 行動は即自 (en soi, 物理的) の秩序を離れて、有機体の内部にある可能性の外部への投企となる。生物を宿している限り、世界は並列した部分で構成される物質的充満であることを止める。それは行動が現れる場所として開かれるのである。(Merleau-Ponty 1942, p. 125)

またこうも述べる。

　行動は事物でもなければ観念でもない。行動は純粋意識の外皮ではないし、行動の観察者としての私も純粋意識ではない。行動がひとつの形態であると主張したときに私たちが言いたかったのもまさにこのことである。(1942, p. 127)

メルロ゠ポンティは『行動の構造』において、みずからの現象学を行動の形態 (form) に根づかせる。英語の「form」はフランス語では「forme」で、ドイツ語の「Gestalt」に当たる。メルロ゠ポンティにとって、行動はゲシュタルトなのである。行動は、物質的なものでもないし、心的なものでもない。それは時間における一連の系列以上のものである（すなわち、時間的な部分の総和以上のものである）。世界とは行動が生じる場所のことである。以上に加えて、メルロ゠ポンティもゲシュタルト主義者と同様、認知ではなく知覚に焦点を当てる。私たちがそこで行動している世界は、認知が生み出したものではなく、知覚に与えられているものなのである。

　ゲシュタルト心理学が現象学に対して与える重要な影響は、部分的には、その自己像と方法に応じて変わってくる。大半のゲシュタルト主義者は、因果的で、自然主義的な知覚と認知の理論をみずからの目標と考えた。しかし、アロン・グールヴィッチを始めとする現象学者の考えによると、この点は最終的に

第4章　ゲシュタルト心理学　　103

矛盾をはらんでおり、ゲシュタルト理論は現象学として解釈されるべきである。ゲシュタルト理論家が詳細に記述している現象そのものが、知覚を説明するうえで因果論を不適切な枠組みにしてしまう。メルロ＝ポンティも記しているが、因果論に代えてゲシュタルト理論がもとめているのは「悟性の全変革」（PP, p.50〔1-99頁〕）である。実際、メルロ＝ポンティの考えでは、ゲシュタルト理論にとって最も良いのは、「純粋記述」（PP, p.17〔1-50頁〕）以上のものを目指さないでいることだ。サルトルも同様で、誘発性についてのゲシュタルト的記述は、人間的経験の存在論についての再定式化を要すると考えている。ゲシュタルト主義者とギブソンの見解の相違は異なる性質のものだった。メルロ＝ポンティやサルトルと異なり、ゲシュタルト主義者と同じくギブソンは科学的心理学者であり、それゆえ、自然主義者であった。ただし、ギブソンの自然主義は、彼の心理学理論が因果的または機械論的であることを必ずしも意味しない。

用語解説

形態の法則（laws of form）：全体は知覚において与えられるもので認知において創られるものではないとするゲシュタルト心理学の主張。ヴェルトハイマーは、全体が経験されるしかたを支配する一連の法則を特定した。

ゲシュタルト（Gestalt）：「形態（form）」に該当するドイツ語。ゲシュタルトは、ある全体について知覚可能な特徴だが、部分のたんなる総和と同じものではない。

恒常仮説（constancy hypothesis）：同一の刺激がつねに同一の要素的感覚を生じさせるという仮定。恒常仮説は、ケーラーが批判したヴント心理学の仮定である。

行動の場（behavioral field）：ある環境のなかで特定の行動をするようひとを惹きつけたり、行動しないようひとを拒絶したりする誘発性の集合を意味するコフカの用語。行動の場を構成する誘発性は、環境がどのようなものであるかと、個人の動機の両方によって決まる。このような誘発性の集合をレヴィ

ンは「生活空間（life space）」と呼んだ。

生活空間（life space）：行動の場を指すのにレヴィンが用いた名称。

束仮説（bundle hypothesis）：経験は恣意的な感覚の組み合わせで構成されて
いるとする仮定。束仮説は、ヴェルトハイマーが批判したヴント心理学の仮
定である。

誘発性（valences，独 Aufforderungscharaktere）：ある状況のなかで行動する
さいに知覚される機会を指すレヴィンの用語。誘発性は、部分的には動物の
動機によって決定され、また部分的には状況によって決定される。

文献案内

ゲシュタルト関連の原著の多くは、クリストファー・グリーンが編集する「Psych
Classics」のウェブサイトで入手可能である（http://psychclassics.yorku.ca/）。

Koffka, K. (1923). "Perception: An introduction to the Gestalt-Theorie." *Psychological Bulletin*, 19: 531-85.

Köhler, W. (1959). "Gestalt psychology today." *American Psychologist*, 14: 727-34.

Wertheimer, M. (1938). "Laws of organization in perceptual forms," in W. Ellis (ed. and trans.), *A Source Book of Gestalt Psychology* (pp. 71-88).

本文中に登場する文献の邦訳

Merleau-Ponty, M. (1942/1963). 滝浦静雄・木田元（訳）『行動の構造上・下』みす
ず書房（2014 年）

―― (1945/2012, cited as PP). 竹内芳郎・小木貞孝（訳）『知覚の現象学 1』みすず
書房（1967 年），竹内芳郎・木田元・宮本忠雄（訳）『知覚の現象学 2』みすず書
房（1974 年）

第5章

モーリス・メルロ＝ポンティ ── 身体と知覚

　メルロ＝ポンティは、その記念碑的著作『知覚の現象学』の序論において、「私たちが何を見ているのかを正確に知ることほど難しいことはない」（PP, p. 59〔1-113頁〕）と書いている。ある意味で、この発言は明らかにまちがっている。窓の外を眺めて、家や庭や遠くのほうの山を見るとき、私は何の苦労もなく、自分が何を見ているかを正確に分かっている。この主張の意味を理解するために、直接知覚と間接知覚を区別することができる。たとえば、私が直接に見ているのはセンスデータ、すなわち色や形で、家や山など、まずはセンスデータから「構築」しなければならないものは間接的にしか見えていない、といえるかもしれない。そして、センスデータは完全な対象にかんする意識に覆い隠されているため、自分がどのようなセンスデータを見ているのかを知るのは難しいのだ、といえるかもしれない。しかし、メルロ＝ポンティはセンスデータや構築主義の見方を主張するわけではない。かりにメルロ＝ポンティを直接知覚／間接知覚という二分法に押し込めてもよいのだとすると、メルロ＝ポンティは直接知覚説をとっている。私たちは山を直接に知覚しており、何らかの媒介的なデータや過程を通じて間接的に知覚しているのではない。しかし、より正確にいうと、メルロ＝ポンティの知覚理論はセンスデータと知覚経験という区別そのものを突き崩し、それゆえまた、直接知覚理論と間接知覚理論という区別を廃れさせる。

　メルロ＝ポンティの懸念を理解するためには、私たちがどのように知覚しているのかを問うほうがよい。私が家々の向こうの遠くのほうの山を見ていることは明白かもしれないが、私がそれをどのようにして見ているかをいうのは難

しい。「知覚経験に注意を払うかわりに、知覚対象に気をとられて、この経験は無視されるのだ」（PP, p.4〔1-31頁〕）。この例には後で立ち戻るが、メルロ゠ポンティは、山までの知覚される距離は手前にある家が見えていることに依存している、と指摘する。私が自分と山とのあいだの領域を視界から隠したり、あるいは、自分と山とのあいだに湖とか、何もない野原とか、どちらかというと特徴のない空間が広がっていたりしたら、山はより近くにあるように見えるのだ。つまり、私たちがそちらに注意を向けていなくても、家は山までの距離の知覚において何らかの役割を果たしている。メルロ゠ポンティがいうところのこの「周縁的知覚」がどのようにして私たちが見るものに影響するのかは明らかではない。現象学は知覚のこうした特徴に説明を与えることを目指す。

　これは現象学の創設者フッサールが問題に取り組んだ方法と似ている。フッサールは、私たちが目に映るよりも多くのものを見ていることを指摘する。たとえば、裏側は自分に対して現前していないにもかかわらず、私たちは木や家を堅固で三次元的なものとして見る。フッサールは「地平」という言葉によって、こうした構造を解き明かす。知覚作用の地平とは、それに対して知覚対象が浮かび上がる意味的な背景である。こうした背景的な構造は、それ自身が個々の知覚作用において明確であるわけではないが、知覚作用を理解可能なものにしている。現象学の仕事は、知覚対象を理解可能にする背景的構造を詳細に分析することにある。『知覚の現象学』において、メルロ゠ポンティはこの基本的なアプローチにしたがう。

　メルロ゠ポンティはハイデガーにも影響されていた。フッサールが知覚の例——通常は視覚だが、ときに聴覚もある——を自分の現象学の基盤にすえるのに対して、ハイデガーの中核的な例は、何らかの目的を達成するなかで道具や用具と活動的に関わり合うことにかんするものである。ハイデガーによれば、そのようにして「手がかりをえている」ことは理解可能性の基本的な形式である。彼はこれを「世界内存在」と呼ぶ。メルロ゠ポンティはハイデガーからこの見方を引き継ぐ。「手元にある」道具をつかんでいることにかんするハイデガーの見方は、私たちがそれを通じて世界を理解する技能や熟練の身体的本性についての主張を暗に含んでいる。しかし、ハイデガーが身体に触れることはほとんどなく、それに対して、メルロ゠ポンティは身体を理論の中心にすえる。

メルロ゠ポンティは、私たちが世界に向けられている仕方、つまり、私たちの志向性は、本質的には、私たちの身体的能力に基盤をもつ「運動志向性（motor-intentionality）」なのだと主張する。

　メルロ゠ポンティの仕事を要約するひとつの方法は、フッサールとハイデガーの一番よいところの組み合わせだと見ることである。メルロ゠ポンティは、フッサールのように知覚の地平構造に焦点をあて、ハイデガーのように世界のなかでの技能的な交渉の根本的な役割を真剣に受けとめる。ある意味で、メルロ゠ポンティは、私たちの基礎的な志向性の実践的で技能的な本性にかんするハイデガーの洞察をフッサールの知覚の分析に合流させるのだ。知覚と行為は別個のものではない。『知覚の現象学』の三年だけ前の 1942 年にメルロ゠ポンティは『行動の構造』を上梓した。本書は、行動主義的なアプローチに対する批判を延々と続けるなかで、行為の目的的な構造を分析している。行動と知覚にかんするこの二冊の本の主要な見方は連続的なしかたでひとつの全体をなしている。メルロ゠ポンティにとって、何かを見ることは、その物へとみずからを適合させることなのである。この二人の哲学者に加えて、知覚にかんするメルロ゠ポンティの思想は、ゲシュタルト心理学を研究したことにも大いに影響されている。

5.1　『知覚の現象学』

　『知覚の現象学』の中心的なテーゼは、知覚は本質的に身体的な過程だというものである。しかし、本書は野心的であり、知覚のみならず広範な主題を扱っている。メルロ゠ポンティは、身体性が知覚にとどまるものではなく、人間の心が一般的に必然的に身体的である、あるいは「受肉している」と主張する。彼は言語、自己意識、人間の自由、芸術にかんする主張をおこなう。彼の知覚にかんする議論は、人間経験を探究するときの伝統的な哲学的および科学的方法のパラダイムに対するより包括的な批判のうちに埋め込まれているのだ。十分に理解されたならば、知覚にかんするメルロ゠ポンティの見方は人間にかんする存在論となる。言い換えると、世界に対する私たちの知覚的な開かれの本性への彼の洞察の根底には、私たちがどのようなタイプの存在者であるかにつ

いてのひとつの見方がある。このような大きな存在論的な野心のために、ときに本書は抽象的でもどかしく見えることもある。メルロ＝ポンティは、彼が二つの主要な伝統的な選択肢として提示するもの、すなわち、彼が経験主義そして主知主義と呼ぶものを論駁することによって、みずからの現象学的方法および身体性の存在論の基盤を確立しようとする。そのさい、彼は二つの立場の一方に対する批判を提示し、次に手のひらを返して、いままさに提示された批判を退けるような論理展開をとる。それゆえ、彼自身が何を正しい見方と考えているのかをめぐって、いくらか混乱が生じるのだ。

　すでに見たように、メルロ＝ポンティは「私たちが何を見ているのかを正確に知ることほど難しいことはない」（PP, p.59〔1-113頁〕）と主張することによって、自分の仕事への導入とする。彼は次のように説明を続ける。「意識の本質がそれ自身の現象を忘却し、そうすることで「物事」の構成を可能にすることにあるのだとすると、この忘却はたんなる不在ではない」（PP, p.59〔1-113頁〕）。しかし、どうすれば構成する現象という忘却されたものを明示化できるのだろうか。メルロ＝ポンティはさまざまな方法を用いる。彼は現象学、心理学（とくにゲシュタルト心理学）、精神医学、神経学の文献を幅広く活用する。彼は、先に言及した距離の錯覚のような視覚的錯覚の例を分析する。また視覚芸術家の洞察にも目を向ける。とりわけ、彼はセザンヌの絵画と文章は視覚の本性を理解するのに役立つと考える。また、知覚能力に障害を被った患者の事例研究を利用するのも有名である。臨床的な事例研究からさまざまな例や観察を提示し、みずからの結論と結びつけるのだ。ときにこのアプローチは、彼の見方が臨床心理学からの逸話を基盤にしている印象を与え、そのために抽象的な哲学はすべて不必要であるように見える。しかし、その論理展開は逆の方向に機能している。メルロ＝ポンティは、実験結果や臨床的観察を説明するための新たな強力な枠組みを提供するために、自分の哲学的洞察を利用しているのだ。

　本書の二面的な性格（哲学的反省と経験的観察の組み合わせ）は、現代の現象学の展開における本書の広範な影響とメルロ＝ポンティの仕事の重要性を部分的に説明している。心と知覚を探究するためのメルロ＝ポンティの枠組みは、認知科学者、心理学者、哲学者によってとりあげられ、これらの分野のあいだ

の有意義な対話のための基礎を築いている。これが人工知能に対するヒューバート・ドレイファスの批判、そして、人間の心を探究するための認知主義的アプローチに対するその後の批判に影響を与えた。伝聞によれば、生態心理学の創始者ジェームズ・ギブソンは大学院の学生に『知覚の現象学』を読むように勧めていたという。彼は『生態学的視覚論（The Ecological Approach to Visual Perception）』に取り組んでいるあいだ、メルロ゠ポンティにかんするセミナーを教えていた。

5.2　現象学、心理学、現象野

　哲学と心理学の区別は、比較的、最近のものであり、現象学は二つのあいだの線引きをあいまいにする。当初、フッサールは自分のアプローチを「記述的心理学」と呼んでいたし、同じくブレンターノの教え子で、ゲシュタルト心理学の開拓者でありまた自身の教授資格論文を指導したカール・シュトゥンプフにも影響を受けていた。フッサール自身は『算術の哲学』のなかでゲシュタルト的な考えを展開した。その一方で、心理学者や精神医学者のなかにも現象学が自分たちの分野にふさわしい方法だと考える人たちがいた。哲学と心理学と現象学はみな知覚にかんする説明を与えようとする。メルロ゠ポンティも、これらの分野のあいだに実質的な区別があるという考えに懐疑的であった。『知覚の現象学』は充実した内容の序論で始まるが、そのなかで彼はこう主張する。正しく理解されたならば、現象学とゲシュタルト心理学は――メルロ゠ポンティの考えでは、両者は知覚に対する最も有望かつ巧妙な二つのアプローチである――同様の方法と考え方へと向かっている、と。

　ゲシュタルト心理学者たちは恒常仮説に反対する。恒常仮説とは、他の条件が同じならば、同じ感覚刺激はつねに同じ知覚経験を生じさせる、という主張である。この仮説はデカルト以降の知覚にかんする伝統的な説の多くの根底にある。それが表現しているのは、次のような基本的な考え方である。知覚器官は、入ってくる刺激を厳密な因果的経路にそって変換して、結果的に心的表象を生じさせる。その機構と因果的経路は同じであり続けるので、同一の感覚刺激は同じ表象を生み出す。

第5章　モーリス・メルロ゠ポンティ　　111

もちろん、知覚経験は多様である。知覚的誤謬の場合を考えてみよう。あなたが林のなかで切り株を見て、私がそれを熊と見まちがえたとすると、私たちは感覚刺激は同じだが、異なる視覚経験をえている。恒常仮説は、二次的な心的要因に言及して、それが表象を変化および歪曲しているのだということで、そのような事例に説明をつける。私は熊を怖がっていて、そのとき熊に遭遇することをとくに心配していたのかもしれない。こうした心配とか、連想とか、それに続く判断とかが経験を変えるのだが、そのような二次的要因を別にすると、他の条件が同じならば、同じ刺激は同じ経験を生み出すのだ、と。すると、恒常仮説は（他の条件が同じならばという）*ceteris paribus* 条項に決定的に依存していることになる。感覚的データのほかにも多くのものが知覚経験に影響するため、恒常性からの逸脱に見えるものはつねに何らかの要因に言及することで説明することができる。それゆえ、恒常仮説は実質的に反証不可能であり、したがって、実のところ科学的仮説ではなく、むしろ、知覚について考えるための基本的な枠組みを特徴づけるものなのである。

　恒常仮説を攻撃するとき、ゲシュタルト心理学はこの枠組み全体を突き崩そうとしている。私たちはゲシュタルトを知覚しており、ゲシュタルトとは刺激から関数的に確定されるものではない、というのがゲシュタルト主義者の基本的な考え方である。異なる楽器で異なる音程で演奏されたときでも、私たちには同じメロディが聞こえる。私たちは点の配置のうちに四角形や三角形を知覚し、色を塗った二つの領域の境界にマッハの帯を知覚する。より一般的にいうと、ゲシュタルト主義者たちは、知覚対象は典型的には感覚刺激によって与えられる以上のものなのだと主張する。それにもかかわらず、ゲシュタルトは私たちが直接に経験する実在的な対象なのである。連合による誤謬とか、媒介的な判断の産物ではないのだ。

　このようなゲシュタルト主義者の立場は、ゲシュタルトとは何であるか、すなわち、私たちの知覚経験の内容は何なのかという点にかんする重大な問題を提起する。あなたが見ているマッハの帯や三角形は、刺激から直接に生み出されたものでも、上から押しつけられた判断でもないとすると、何なのだろうか。刺激を生み出している物質的対象はないので、物理的存在者ではないように思われる。直接に知覚されるので、心的な存在者でもありえない。このことがゲ

シュタルトをデカルト的な存在論に合わないものにしている。メルロ゠ポンティは『行動の構造』においてこの問題に取り組み、知覚対象の世界が「物質の充満した空間」ではなく、「行動が現れる場」（1942, p. 125）であることを主張している。言い換えると、知覚の世界は本来、刺激の物質的な源泉でも、知的判断の産物でもなく、私たちが行為を行い、行動をかたちづくる場ないし環境なのだ。そうすると、知覚的なゲシュタルトは、刺激や思考ではなく、それが私たちの行動を支配するときに果たす役割によって構成されているのである。

　ゲシュタルト心理学そのものは、知覚対象をめぐる存在論的な難問を解決しないどころか、それに真正面から向き合うこともしない。たいていの場合、ゲシュタルト心理学は説明的心理学の姿勢を保って、原因という観点から知覚を説明しようとする。それゆえ、たとえば、ヴェルトハイマーの対称性や近接性などの形態の法則は、刺激に特定のゲシュタルトの知覚を生じさせる原因となる法則として解釈される。これは恒常仮説は回避しているが、それにもかかわらず、心理学における自然主義を維持している。

　メルロ゠ポンティは、恒常仮説に対するゲシュタルト主義者の異議はより根本的な論点を含意する、と主張する。知覚の地位と、刺激と知覚対象のあいだを媒介する法則や地平の役割とを十全に理解するためには、自然主義への普段の信頼を中断する必要がある。この中断はフッサールによって唱えられた還元の方法と類似している。メルロ゠ポンティはこう書いている。

　　ゲシュタルト心理学は……現象を正確に表現したければ悟性というものをまるごと刷新しなければならないことに気づいていなかった。すなわち、現象を正確に表現するという目標を達成するためには、論理学と古典的な哲学の「客観的思考」に異議を唱え、世界にかかわるカテゴリーを中断し、実在論を証する事実とされるものに（デカルト的な意味での）懐疑を向け、真正の「現象学的還元」へと進まなければならないのだ。（PP, p. 50〔1-98〜9頁〕）

ヴェルトハイマーの知覚経験の記述がフッサールの論述と似ていることは、指摘する価値があるだろう。どちらも経験そのものにおいて現れているものに集中しようとして、その一方で、何らかの理論に基づいて自分が知覚している

ずだと考えているものを基礎にした要素を記述から遠ざけようとしている。メルロ゠ポンティは 1930 年代にパリでゲシュタルト心理学にかんするアロン・グールヴィッチの講義に出ていたが、そのグールヴィッチも同じように、ゲシュタルト心理学の基本的な主張はフッサール的な現象学的還元を含意すると主張した。『知覚の現象学』の序論において、メルロ゠ポンティは本質的にこれと同じ主張をしている。

　メルロ゠ポンティは、ゲシュタルト主義者のアプローチに含意されている還元を具体的に示すために、彼らの例のひとつを用いる。彼はこう書いている。鐘楼は「自分と鐘楼を隔てている丘や野原の細部がよく見えるようになったとたんに、より小さく、より遠くにあるように現れる」(PP, p. 50〔1-98 頁〕)。しかし、その丘や野原を自分の視野から隠してしまうと、その同じ鐘楼は、私の網膜には同じ像を投射しているにもかかわらず、より大きく、より近くにあるように現れる。湖の向こう岸とか、晴れた日に海に浮かぶ船を見るとき、私たちは同じような経験をする。湖の表面には細部がほとんどないため、向こう岸にある対象は実際よりも近くに現れる。この例における知覚される距離の変化は、尖塔からの同じ刺激が異なる知覚経験を生じさせることを示しており、このことは恒常仮説に対するゲシュタルト心理学の批判を支持している。しかし、メルロ゠ポンティが強調したいのはその先にある問題である。私と鐘楼のあいだの細部は、はっきりと知覚の対象であるわけではないが、それがなくなると距離の知覚が変わるのだから、知覚経験の一部であることは明らかである。メルロ゠ポンティは、どのようにしてそのような「周縁的知覚」が私たちの知覚経験に影響するかを知りたいのだ。周縁的知覚の影響を判断とか、もっというと推測の結果として解釈するのはまちがっているように思われる。私たちは間におかれた対象の周縁的知覚に基づいて、尖塔はもっと遠くにあるのだと推測ないし推理するわけではない。その一方で、ゲシュタルト心理学者たちは、野原や斜面が見えていることを距離の知覚の原因として扱う因果的説明を与える傾向にあるが、しかし、そのような取り扱いもまちがいであるように思われる。メルロ゠ポンティにとって哲学的に興味深いのは、知覚の重要な要素が推理と判断に訴える主知主義者の説明パラダイムに適合せず、また経験主義者の因果的ないし機械論的なパラダイムにも適合しないことである。彼が主張する

114

には、知覚は伝統的なパラダイムのどちらにも還元できない別の分析を要求する。このような意味で、メルロ゠ポンティは「「恒常仮説」の批判に潜在するひとつの哲学全体」（PP, p. 509n〔1-101 頁〕）があると書いている。

メルロ゠ポンティはこの批判から生じる哲学とは現象学だと主張する。「周縁的知覚」に注意を払うのは現象学的還元を遂行するのと似ている。メルロ゠ポンティは、私たちの知覚経験のそのような隠れた側面を「現象野」と呼ぶ。フッサールが私たちの意識作用の構成的な意味に集中するために現象学的還元を開発したことを思い出そう。たとえば、裏側はセンスデータのうちに与えられていないにもかかわらず、私たちは日常的な対象を裏側のあるものとして見る。フッサールは、堅固さ、立体性、固体性、時間的な広がりなどが知覚作用の構成的意味の一部なのだということによって、このことを説明する。事物を裏側があり、時間を通じて持続するものとして見ていなかったら、私たちの経験はそもそも事物を見ている経験にはならないのである。それと同じように、メルロ゠ポンティは知覚の構成的意味にかんする説明を追求する。「視覚にはすでに一定の意味が宿っており、その意味によって、視覚は世界の光景と私たちの存在のなかで一定の機能を与えられている」（PP, p. 52〔1-103 頁〕）。知覚のこうした構成的意味にはセンスデータのうちに与えられていない側面もあるため、知覚の現象学の目標のひとつは知覚のこの隠れた側面を明らかにすることなのである。

5.3　生きられた身体

私たちは自分の身体でもって知覚する。ドイツ語には人間の身体を表す言葉が二つある。Körper と Leib である。フッサールはこれらの言葉を使って哲学的な区別を立て、メルロ゠ポンティはそれを詳しく展開した。フッサールは、Körper という言葉を物理的な存在者としての身体、つまり、生命のない物理的な物体と同じように重さ、広がり、浮力などの客観的特徴をもつものとしての身体を表すためだけに使った。「固体」や「天体」などの言葉に表されるように、物理学はこの意味での「体」を探究する。メルロ゠ポンティは通常、この意味での身体には「客観的身体（objective body）」という言い方で言及する。

Leib は、とくに人間のものである身体、私たちが一人称的に経験するがままの身体、私たちがそれでもって触ったり感じたり動いたりする身体を意味する。フッサールの用法での Leib は通常「生きられた身体（lived body）」と翻訳される。私たちはみずからの身体でもって知覚し、みずからの身体によって意識的であるという、メルロ＝ポンティの大きな主張は、まさにこの生きられた身体の概念に言及しており、彼の仕事の多くはこれと関連する現象を分析し、この概念を正確に仕上げることに集中している。したがって、メルロ＝ポンティが「身体」という言葉を使うとき、彼が意味するのは Leib である。ときに、彼は「習慣的身体」や「現象的身体」などの語句を使って、彼の身体という考え方の特定の一面を強調することもある。

　生きられた身体という概念には、それが誰かによって一人称的に経験されていることが含まれている。ハイデガーの用語でいうと、各自性（jemeinig）、「そのつど私のものであること」である。メルロ＝ポンティがいうように、「私が生きた身体の機能を理解できるのは、それを遂行することによって、そして、私が世界に向けて立ち上がる身体である限りにおいてでしかない」（PP, p. 78〔1-137 頁〕）。生きられた身体はつねに経験されているため、メルロ＝ポンティは、どのようにしてそのような経験が可能なのか、という問題に取り組む必要がある。言い換えると、彼は意識と身体のあいだの相互作用というデカルト的な問題にかんする一定の立場をとらなければならないのである。彼の答えは、ハイデガーにしたがって、二つのデカルト的実体の基本的な対立というのは現象の正しい記述ではなく、みずからの基本的なパラドクスを解決できない哲学を導くものであると主張する。メルロ＝ポンティは、この伝統的なカテゴリーを突き崩し、新たな存在論を提供するために、身体的経験への鋭い洞察を用いる。意識とは、何やら謎めいたしかたで機械的な身体と相互作用する別個の実体ではない。意識は本質的に受肉しているのだ。意識的であるとは身体的であることである。「魂と身体の合一は、主観と客観という二つの外的な項を統一する恣意的な天命を通じて打ち立てられているのではない。この合一はそのつど実存の運動において達成されるのだ」（PP, p. 91〔1-158 頁〕）。

　ここでは実存と世界というハイデガー的な概念が重要である。ハイデガーにとって、実存とは人間に特有の存在様式であり、「世界内存在」、すなわち、道

具をつかんでいることから成り立っている。メルロ=ポンティは、私たちの存在様式は対象の存在様式とは異なっており、世界に対する開かれをその一部に含んでいる、というハイデガーの存在論的主張を受け入れる。客観的身体とちがって、生きられた身体は、多くのもののうちのひとつ、ないし、他の部分の外側にある別の部分（partes extra partes）ではない。生きられた身体は、対象のように空間のなかに出来するのではなく、独自の空間性をもっている。「私たちの身体は空間のなかにあるとか、もっというと時間のなかにあるとかいってはならない。身体は空間と時間に住み着いているのだ」（PP, p. 140〔1-235 頁〕）。生きられた身体は、知覚対象や自然的対象と外的な機械的関係ではなく、志向的関係を通して関係する。言い換えると、生きられた身体は理解可能な対象に向かっていることによって、フッサール的な志向性の基礎を構成している。これをメルロ=ポンティは運動志向性と規定している。このように世界に向かっていることは、生きられた身体をもつということの意味の一部をなしている。

　メルロ=ポンティは、幻肢の事例を通じて、志向性としての身体という自分の考え方を導入する。この事例には哲学のなかで長い歴史がある。ひとは自分がもっていない手足において感覚を経験することがある。切断患者にこうしたことが起きるのは珍しいことではなく、患者たちは失くしてしまった脚や腕に痛みやくすぐったい感覚を感じるのだ。その手足を使うことへと駆り立てられるのを感じて、実際にそうしようとすることもある。たとえば、欠損した脚で歩いたり立ったりするための動作を始めてしまうのだ。そのような手足は一度もなかったのにそれを経験するとか、実際にある手足を経験しているのだけれども、それを実際よりも長いものとして、あるいは短いものとして経験するといった珍しい事例もある。この経験には心理学的な要素と生理学的な要素の両方がある。生理学の側でいうと、欠損した手足における感覚は、残った断端内の神経終末を刺激することで生成されうる。心理学の側でいうと、幻肢経験は、切断を引き起こした出来事にかんする情動のともなった記憶によって強化されたり、さらにはそれによって作り出されたりすることもある。したがって、幻肢を説明する戦略には二つのものがある。そのうちのひとつ目は、メルロ=ポンティが使う言葉の広い意味において「経験主義的」であり、これは幻肢経験

第5章　モーリス・メルロ=ポンティ　117

を神経終末における刺激の産物として扱い、この刺激は欠損した手足における神経の刺激に似ているのだという。二つ目の戦略は「主知主義的」であり、幻肢経験を誤表象、幻想、偽なる判断として説明する。この二つの戦略を組み合わせることもできる。たとえば、デカルトは、心は断端内の神経終末の近位刺激を手足における遠位刺激と区別できず、それゆえ、神経インパルス（ないし生の飛躍（élan vital））は誤った判断を生み出すのだと主張することによって、幻肢経験を説明する。彼が主張するには、幻肢の経験は、身体における機械的なインパルスに基づいたまちがった判断なのである。

　メルロ＝ポンティは、どちらの種類の説明も現象を歪曲していると指摘する。最も決定的なのは、二つの説明枠組みがどのようにつながるのかを示すのが困難であること、あるいは、おそらく不可能であることである。言い換えると、どのようにして幻肢経験が生理現象と心理現象の両方として構成されうるのかを説明するのが難しいのである。デカルトは、身体における純粋に機械的な出来事と心的表象をむすぶ謎めいた接続部を松果腺において措定することによって、二つを組み合わせる。このような困難に加えて、現象に細心の注意を払うと、生理学的対象と心理学的対象のいずれに対して期待されることも、うまく当てはまらないことが分かる。幻肢が明示的な判断の産物でないことは明らかである。というのも、本人はその手足が存在しないことにはっきりと気づいているが、その気づきによって感覚が消えるわけではないからである。しかし、〔「判断」という言葉を〕それより弱い意味でとったとしても、幻肢は判断の対象ではないように見える。メルロ＝ポンティは、「切断された腕が現前しているという経験が……「私は何々だと考える」という種類のものではない」限りにおいて、そもそも幻肢は手足の表象ではないと書いている。それはむしろ「両価的な現前」（PP, p.83〔1-147 頁〕）なのである。これは患者が幻肢をあいまいなところなく経験しているわけではないことを意味する。患者はむしろ手足と手足の不在の両方を含む経験をえているのだ。メルロ＝ポンティは、運動機能にかんする病態失認という関連した事例を用いて、経験の両価性を具体的に説明する。病態失認において、患者は手足に障害があるのだが、その障害を認めない。「じつは病態失認患者は、ただ麻痺した手足を無視しているのではない。患者は、自分の欠陥に出会う危険がどこにあるのかを知っているからこ

そ、自分の欠陥に背を向けていられるのだ」（PP, p. 84〔1-145〜6頁〕）。同様に、「私がここで目の前にいるわけではなくても友人の存在を鮮明に感じられるのと同じように、切断患者は自分の脚を感じている。患者は、脚をあいかわらず勘定に入れており、それゆえ、脚を失わないでいるのである」（PP, p. 83〔1-146〜7頁〕）。

これは心理学と生理学が無関係だということではない。現象が歪曲されるのは、説明を構築するために、その現象をこの二つの科学の自然主義的な枠組みに押し込めようとするからである。どちらも身体を客観的身体として扱い、そのために経験を根本的にまちがったしかたで理解することになる。それに対して、メルロ゠ポンティは、たとえば、患者が脚が欠損していることを知っている場合の脚の存在を「勘定に入れる」ということが何を意味するのかを分析することによって、幻肢の経験を説明することを提案する。この現象の意味が分かるのは、人が気づいたらそのなかにいるような世界の観点から理解する場合だけである。客観的身体の内部の働きを見るのでは十分ではない。生きられた身体が世界に対して開かれる、ないし、世界に「向けて立ち上がる」仕方を説明する必要があるのだ。「この現象は、生理学的説明と心理学的説明によって等しく歪曲されているが、それでも世界内存在の観点から理解できるのである」（PP, p. 83〔1-147頁〕）。この説明における基本用語——行為への開かれ、世界内存在、環境に巻き込まれていること——は、ハイデガーの意味での実存的な用語である。

世界にかんする実存的な考え方に接近するために、メルロ゠ポンティは昆虫の行動からとってきた例をとりあげる。昆虫が脚を切断されると、ほとんど何の躊躇もなく残りの脚を使ってその行為を継続する。昆虫の脚ないし身体の使い方は、昆虫がみずからの行動を引き出してくる環境のうちに浸り込んでいることによって説明される。昆虫はこちらの脚の代わりにこちらの脚を使おうと決めるわけではない。昆虫の身体はただその生命力を構成する本能的な目的に適合しているのである。

人間と昆虫は違うけれども、人間もまたその身体を通じて目的をもった環境に適合している。私たちの歩く、走る、つかむなどの能力、および、そうしたことをする習慣は、そのなかで行為をおこなうことができる世界を開く。その

第5章　モーリス・メルロ゠ポンティ　119

ようにして開かれた世界は私たちの身体的な可能性に訴えてくる。対象は、それを扱うための私たちの技能にしたがって、手ごろなものとしてみずからを現前させ、表面は、その上を歩くための私たちの技能にしたがって、歩行可能なものとしてみずからを現前させる。これらの技能が環境内に現前する可能性に合わないとき、人々は幻肢を経験することがある。「幻肢をもつというのは、その腕にしかできない行為のすべてに開かれたままでいること、切断の前にあった実践の領野を手放さずにいることなのである。身体は世界内存在の媒体であり、生きているものにとって、身体をもつというのは一定の環境と結びつき、一定の企てとひとつになり、その企てにたえず関与していることを意味する」（PP, p. 84〔1-147〜8頁〕）。習慣的な可能性と実際の可能性のあいだに一種の齟齬があるのだ。「私たちの身体に二つの異なる層、つまり、習慣的身体の層と現在の身体の層が含まれているかのようなのである」（PP, p. 84〔1-148頁〕）。歩いたりつかんだりするための新たな習慣を獲得すると、古い可能性からの誘引が小さくなり、幻肢経験はおさまる。

　この実存的な説明が幻肢の両価的な現前の経験と合っていることに注意しよう。世界がある対象を欠損した腕でつかむことを誘いかけてくると、切断は、その誘引とつかもうという意図においては忘れられているが、行為を遂行できないことにおいて現前している。「患者は、まさに自分の障害を無視している限りにおいて障害のことを知っており、まさにそれを知っている限りにおいて無視しているのだ」（PP, p. 84〔1-148頁〕）。しかし、メルロ＝ポンティのより大きなポイントは、幻肢を説明するための適切な枠組みは、可能性を提供する世界に対する身体的技能のカップリングによってもたらされる、ということである。心理学的説明と生理学的説明は、このより大きな、より基礎的な布陣のうちに位置づけられる必要がある。幻肢だけでなく、世界内の可能性に対する身体的能力の関係は、メルロ＝ポンティが知覚を説明しようとするときの枠組みをなしている。彼によるハイデガー的な用語でいうと、生きている身体は「世界内存在の媒体」なのである。

5.3.1　身体図式
　生きられた身体という考え方を、私たちがそのなかで存在している世界と切

り離すことはできない。生きられた身体が客観的身体ではないように、世界は空間内に配置された対象ではない。メルロ゠ポンティはこの考え方をハイデガーから引き継ぐのだが、実存的な意味において、世界とは可能性の空間である。つまり、私たちがそのなかで自分の目標を追求できる身近な環境である。生きられた身体は、世界を構成する可能性を開く。私たちは、まず最初にこれらの可能性をそれについて考えたり想像したりするようなしかたで心に浮かべるわけではない。そうではなくて、メルロ゠ポンティが主張するには、私たちは生きられた身体の技能と習慣を通じて、これらの可能性に開かれている。これらの技能を動員するための恒常的な準備体制こそ、メルロ゠ポンティが「身体図式」と呼ぶものである。身体図式が世界を理解可能にし、それゆえまた、世界内の対象や領域に関係する可能性を構成する。したがって、「身体図式の理論は暗黙的には知覚の理論なのである」(PP, p. 213〔2-8 頁〕)。

　身体や世界の場合と同じように、客観的な空間概念——大まかにいって、物理学と幾何学で採用されている空間概念——と実存的な空間概念がありうる。メルロ゠ポンティは知覚にかんする主要な議論を実存的な空間の分析から始める。彼のおもな主張は「私にとって私の身体はたんに空間の一部分であるわけではまったくなく、もし身体をもっていなければ、私にとって空間のようなものはなかっただろう」(PP, p. 104〔1-179 頁〕) というものである。これは超越論的な議論であり、「人間の観点の外側では、……空間の表象は何ものも意味しない」(B42) という『純粋理性批判』の超越論的感性論におけるカントの主張を思わせるところがある。これはまた実存的な主張であり、つまり、私たちが分離的で知的な認知ではなく、生きられた身体を通じて空間に開かれていることを意味している。

　生きられた身体は「身体図式」(schéma corporel。残念ながら、しばしば「身体像」(body image) という誤訳がなされる) を通じて空間を開く。この用語は、私たちが自分自身の身体についてもっている膨大な知識の蓄えの呼称として 20 世紀の初頭に精神医学者たちが使っていた「Körperschema」というドイツ語をメルロ゠ポンティが転用したものである。たとえば、私たちは立っているのではなく寝転がっているときに物がどのように見えるか、あるいは、ある表面がさまざまな姿勢において私たちの身体にどのような圧力を与えるかを知っ

ている。私たちは経験と連合によってえられたそのような知識をいつでも直接に手に入れることができる。メルロ゠ポンティは、オーストリアの精神医学者・精神分析家であるパウル・シルダーと、ドイツの神経学者・精神医学者であるクラウス・コンラートを引用する。二人は自分自身の身体にかんするこの知識が、連合を通じて結びついた多くの異なる認知によって成り立っている（シルダー）のか、ひとつの全体ないしゲシュタルトという形式をしている（コンラート）のか、という論争の主要な参加者であった。論争のどちらの側も、そのような知識があるという考えをおもに精神病理を診断し説明するために用いている。精神病理とは、たとえば、幻肢や病態失認、それに、患者たちが自分自身の身体部位の所在を示したり、身体部位の空間内での位置を認識したりできないという症状を示す身体部位失認などである。現在の身体像という概念は、人々が自分の身体の外見的な現れにかんしてもっている印象を指しており、これは鬱、過食症、拒食症に関係しているとする説もあるが、この概念もシルダーの仕事に起源を遡ることができる。しかし、これはメルロ゠ポンティの身体図式の概念とはまったく違うものである。

　これらの精神医学者たちと同じように、メルロ゠ポンティは幻肢と病態失認を説明するために身体図式を用い、また彼も身体図式を全体的なゲシュタルトにかんする知識の一種とみなす。しかし、メルロ゠ポンティは、身体図式を実存的な概念に変えることによって、それまでの論争の観点をこえて、この概念により深い意味を与えた。身体図式とは第一に可能性を開く仕方である。「「身体図式」というのは、最終的には、私の身体が世界内にあり、世界に向かっていることを表現するひとつの方法なのである」（PP, p. 103〔1-176頁〕）。メルロ゠ポンティの分析を、カントの超越論的図式という考えと比較するのが有益である。カントにとって、超越論的図式とは、心が時間のなかで生じる出来事や対象の理解可能なパターンをあらかじめ素描するときにしたがうアプリオリな規則のことである。超越論的図式は任意の知覚内容を抽象的でアプリオリな範疇、すなわち、すべての理解を構造化する基礎的な概念のもとに包摂することを可能にする。たとえば、必然性という範疇にはあらゆる時間における存在という図式が対応するのに対して、現実性という範疇にはいくらかの時間における存在という図式が対応し、また、因果性という範疇には時間内での規則にし

たがった継起という図式が対応する。私たちが任意の出来事を因果的なものとして、あるいは、任意の事態を必然的なものとして考えられるだけでなく、実際に経験できるのは、世界にかんするこれらの経験の時間的構造が私たちの心のなかであらかじめ素描されているからなのである。メルロ゠ポンティによると、身体図式はそれと同じように私たちの周囲の世界にかんする可能な経験をあらかじめ素描している。身体図式は、身体がいつでもそれぞれの可能な状況でみずからの習慣や技能を動員できる体制にあり、それによって状況に意味を与えるような可能性を開いていることによって成り立つ。それゆえ、たとえば、手を伸ばしてつかむ技能は、私たちが出会う対象に自分の手の届く範囲にあってつかむことができるものとしての形式を与える。また、同じような技能によって、空間は上下、高低、前後という有意味な区別に構造化される。

　私たちの基礎的な運動的技能、そして、より環境に巻き込まれた文化的な抑揚のついた習慣が、私たちをやるべきことや扱うべき対象からなる環境に位置づける。世界はたんに感覚刺激の源泉なのではない。私たちは身体で世界に住み着き、身体図式を作り上げている能力を通じて世界を知る。メルロ゠ポンティがいうように、身体図式の理論は「運動や視覚の背景が、感覚的な質の蓄積ではなく、周囲を分節化ないし構造化する一定の仕方によって規定される」（PP, p. 117〔1-197 頁〕）ことを示してくれる。言い換えると、私たちが見るのは色のついた断片や感覚の広がりでは決してない。私たちは行為や運動の機会を見ているのだ。私たちはつねに何かに取り組んでおり、目的にそくした仕方で世界をつかんでいる。私たちの「企ては世界を分極化して、行為を導く何千もの標識をそこに魔法のように出現させるのである」（PP, p. 115〔1-193 頁〕）。

　つまり、私たちは、まず見て、次に行為をするわけではない。むしろ、私たちに可能な運動や可能な行為はすでに私たちに視覚的に現れるものをあらかじめ素描している。「世界のさまざまな領域にかんする力としての私たちの身体は、すでに対象に向かって立ち上がり、それをつかんだり知覚したりしようとする」（PP, p. 108〔1-184 頁〕）。私たちの身体が知覚するのであり、身体は何をなしうるか、何をやるべきかという観点から知覚する。幼児は、世界を分離した態度において見たり知覚したりすることを学ぶわけではない。幼児は、世界に対処するための技能を学ぶなかで見ることを学び、「その習慣によってみず

からのまわりに人間的環境を素描する」(PP, p. 341〔2-181頁〕)身体を手に入れるなかで知覚世界を作り上げる。この習慣的身体による投企なしには、見るということも成り立たなければ、見えるものも何もないのだ。

カント的な図式とちがって、メルロ゠ポンティの身体図式は、心的なものではなく、概念とは関係がない。しかし、カント的な図式と同様、身体図式は経験の可能性を構成する。身体的技能はあらゆる可能な状況に形式を与える準備ができており、その意味で身体図式は図式的なのである。身体図式はすでに経験された環境に制限されていない。それは私たちが一般的にどのような形式を知覚できるのかをあらかじめ素描している。それというのも、私たちは自分の技能を無限に多くの異なる状況において動員するからである。「人間的生は、何らかの限定された環境だけではなく、無限に多くの可能な環境を「理解する」」(PP, p. 341〔2-181頁〕)。カップをつかんだり、一歩踏み出したりするとき、条件はそのつどすこしずつ違っているが、それはすでに私たちの身体的技能によって理解されている。カップは、ちょっと重かったり、右や左のほうに離れていたり、手に対して高いところにあったりする。私たちが歩く地面は、かなり滑りやすかったりそうでもなかったり、傾いていたり、よく光に照らされていたりする。身体は、ただ適切な調整をおこなって、その技能を行使する。つかむことができるものとしてのカップや歩行可能なものとしての歩道の知覚は、技能の適応力に導かれているのである。

身体図式の超越論的な機能は、背景から図を区別する私たちの能力のうちに見て取れる。図地構造は知覚一般にとって構成的である（ただし、メルロ゠ポンティは、視覚に議論を集中させるのだが）。彼は図地構造が「まさに知覚現象の定義、ないし、それなしにはいかなる現象も知覚とは呼びえないもの」(PP, p. 4〔1-30頁〕)だと書いている。そして、それにもかかわらず、それはもうすでに複雑なものである。図を見ることには、縁や輪郭だけでなく、図のうしろに続いているものと知覚される背景を見ることが含まれる。図に覆い隠されたこの「見えない」背景は、知覚が単純に感覚として与えられていない内容を含むことを示唆する。同じように「奇妙な存在様式」(PP, p. 26〔1-63頁〕)は、視野の端ないし視野の端をこえたところにある対象や領域にもついてまわる。「視野を囲む領域を記述するのは簡単ではない。……この領域には未規定な視

覚、何だか分からないものの視覚があり、極端にいうならば、私の背後にある
ものには視覚的現前がないわけではない」(PP, p. 6〔1-33頁〕)。また、「私た
ちは、物に対する視線の把握が及ぶところまで見ている——それは明瞭な視覚
の範囲はゆうに超えて、自分自身の背後にさえ及ぶ。視野の限界に到達したと
き、私たちは視覚から非視覚に移るわけではない」(PP, p. 289〔2-109頁〕)。背
景、輪郭、縁、そして、背後にある物や明瞭な視覚の範囲外の物の両義的な現
前は、任意の時点で現れている「現在与えられている質よりもずっと多くのも
のを含んで」(PP, p. 13〔1-45頁〕)おり、そのような質に還元できるものでは
ない。

　このことは感覚を知覚の唯一の基礎だとする説を突き崩す。感覚はそれ自体
で図と地が生じることを説明しない。ヴェルトハイマーはこれを説明するため
に形態の法則を考案した。たとえば、断片の隣接、近接、類似によって、私た
ちはそれらの断片をともに単一の全体に属すものとして見やすくなる。しかし、
メルロ゠ポンティは「刺激の隣接と類似は全体の構成に先行するものではな
い」(PP, p. 17〔1-50頁〕)のであり、これらの原理は事後的にあてはまるもの
でしかない、と主張する。知覚においては、「緊張」、ある「不明確な期待」な
いし「あいまいな不安」があり、統一された対象全体はその緊張を解決する体
制化として突然生じる(PP, p. 18〔1-51頁〕)。全体が生じる前には、部分のあ
いだの類似性の知覚はない。そのような類似性は事後的に知覚に入手可能にな
るにすぎない。たんなる感覚や連合よりも基礎的なレベルにおいて、メルロ゠
ポンティは、「普通の人にとって世界の隠れた側面を見えている側面と同じく
らい確実であるようにする原初的な構造」(PP, p. 26〔1-63頁〕)を指し示して
いる。

　身体図式〔の概念〕では可能な行為が強調されているが、私たちがどのよう
にして対象に覆い隠された背景を知覚できるのかは、このことによって容易に
説明される。私の机の向こうの床は、移動できる場所であり、それゆえ、私は
それをそのようなものとして見る。カップの裏側は、摑むという行為において、
指で包み込むことのできる表面である。これらの「見えていない」領域、空間、
対象は、可能な行為のうちに書き込まれている限りにおいて、私に知覚的に入
手可能なのである。身体図式は同様に、私たちがどのようにして図を作る縁や

第5章　モーリス・メルロ゠ポンティ　125

輪郭を知覚するのかを説明する。カップや机が単一の対象として、図として現れるのは、カップのどの一部を持ち上げることもそのすべてを持ち上げることであり、机のどの一部の向こうに回るためにもそのすべての向こうに回らなければならないからである。言い換えると、世界の行為誘導的な特徴を見えるようにする身体的技能は、図と地の区別を引き出すことによって、そうするのである。これがメルロ゠ポンティが「分極化」ということで意味することである。あるいは、彼はこういう言い方もする。「私の〔生きられた〕身体は、図地構造につねに含意されているだけの第三項であり、それぞれの図は外的空間と身体的空間という二重の地平に対して射映的に現れる」(PP, p. 103〔1-176 頁〕)、と。身体図式が図地構造を説明するのは、身体図式が知覚一般の可能性を説明するからなのである。

5.3.2　シュナイダー事例

　もちろん、自分が一度もつかむことのないカップや、一度も歩くことのない歩道もたくさんある。私たちを囲む世界は、自分がそれに「向かって立ち上がる」わけではない可能な行為の機会であふれている。さらに、私たちが理解する世界や状況には、現在目の前にないものや、一度も見たことのないものもある。「通常の主体の身体は、みずからをそのうちへと引き込む現実の状況によって動員されうるだけでなく、世界に背を向けて……潜在的なもののうちに状況づけられることもできる」(PP, p. 111〔1 188 頁〕)。身体図式は、現在の実際の状況にかんする私たちの経験だけでなく、可能な状況にかんする経験も構造化するのだ。メルロ゠ポンティは、身体図式の破綻に由来する知覚障害および運動障害をもった患者シュナイダーの臨床事例を分析することによって、身体図式にかんする議論のこの部分を展開する。

　シュナイダーは、戦争退役軍人の脳損傷の研究に特化したフランクフルトの神経学の研究機関の患者であった。研究機関を創設し、主導したのは神経学者のクルト・ゴールドシュタインであった。ゴールドシュタインは、カール・シュトゥンプフのもとで学んだ同僚の心理学者アデマール・ゲルプと共同で、シュナイダーの協力をえておこなった研究に基づいて、視覚失認にかんする一連の革新的な論文を発表した。若いころ、第一次世界大戦において、シュナイダ

ーは地雷の破片によって負傷した。破片のいくつかが頭蓋骨の後部を貫通し、脳の後部にある後頭葉に損傷を引き起こした。これらの損傷によって、彼は一連の知覚障害をもち続けることになり、視覚失認の一種である「精神盲（Seelenblindheit）」となった。シュナイダーは、色の断片を見ることはできるが、対象を視覚的に認識できなかった。それにもかかわらず、彼は対象を手で扱って、それを使って複雑な課題をこなすことができた。彼は財布の製造に雇われて、普通の健康な労働者たちとほとんど変わらない速さで革を裁縫できた。しかし、シュナイダーは、直近の具体的な課題と関係がない抽象的な行為を実行することに困難があり、演技をしたり、目の前にない対象を想像したりできないようであった。おそらく、最も際立っていたのは、シュナイダーが自分でつかんだり、触ったり、叩いたりできる自分の身体の領域も含めて、物を指差すこと全般ができないことであった。

　メルロ゠ポンティは、直接にシュナイダーと協力して研究したわけではなく、シュナイダーの障害にかんする観察と説明についてはゴールドシュタインとゲルプの研究に依拠している。彼の狙いは、シュナイダーの障害を診断することではなく、むしろ、この事例を普通の健康な人々における知覚を理解するために利用することであった。彼は、シュナイダーは普通の人のもつ何かが「欠損している」わけではないと主張する。「患者に欠けており、患者が回復しようとしているものを、ただ普通の人に移し替えるだけの問題ではありえない」（PP, p.110〔1-186頁〕）。むしろ、シュナイダーのような患者がみずからの障害に対処するために展開するさまざまな戦略は「それが置き換わろうとする根本的な機能を示唆するものであり、その直接的な像を与えてくれるものではない」（PP, p.110〔1-187頁〕）。メルロ゠ポンティの目標は、知覚を支配するこの根本的な機能を記述することだった。これらの現象を用いて、メルロ゠ポンティは、身体的な技能や能力や習慣によって、知覚と自然的世界のなかの対象を結びつける基礎的な構造を掘り起こす。すなわち、身体図式である。身体図式は、対象が私たちを目的のある行為へと引き込む意義の観点から知覚される世界を露呈させる。メルロ゠ポンティはこのことを詳しく説明するにあたって、フッサールと、世界内存在というハイデガーの概念を利用する。シュナイダーの状態は、理解可能な世界を開示するときの身体図式の構成的な役割を際立た

第5章　モーリス・メルロ゠ポンティ　　127

せており、その限りにおいて、彼の事例は「経験主義と主知主義、ないし、説明と反省という古典的な二者択一を乗り越えた新たな分析様式——実存的分析——を視界にとらえることを可能にする」（PP, p. 138〔1-230頁〕）。

シュナイダーは「生活に必要な運動は、それが習慣的な運動であれば、尋常でない速さで自信をもって実行する」（PP, p. 105〔1-180頁〕）。彼は、マッチを使ってランプを灯し、ハンカチで鼻をかみ、仕事では財布を製造する。身近な道具に技能的に対処する機能はほとんど無傷のままなのだ。しかし、これらの広範な技能は、もはや世界一般を彼にとって理解可能なものにするという図式的機能を果たしておらず、その結果として、知覚は損なわれている。シュナイダーは、ゴールドシュタインに会うときは彼の家に歩いていくのだが、そこに行く意図をもたずに同じ家を通り過ぎるときは、その家を認識しない。自分の身体の蚊に刺されたところを叩くのだが、定規でつつかれて、その箇所を指差すようにいわれると、それはできない。兵役についていたので敬礼の仕方を知っているのだが、脈絡なしに敬礼するように頼まれても、その単純な動作を実行できない。ゴールドシュタインにしたがって、メルロ゠ポンティは、これらの広範にわたる症状を指示と把握の区別、あるいは、「抽象的」運動と「具体的」運動の区別のうちでとらえる。シュナイダーは、つかむことはできるが、指差すことはできない。具体的運動は問題ないが、抽象的運動は遂行できないのである。

メルロ゠ポンティは、このようなしかたで能力が失われていることにかんする二つの点を身体図式の理論の観点から説明する。一点目は、把握と具体的運動は、シュナイダーとその他の小脳疾患患者において抽象的運動ほど深刻に損なわれていない限りにおいて、抽象的運動に対して特権的な立場にあるということである。メルロ゠ポンティが主張するには、現象的証拠が示すところでは、具体的運動においては、私たちが直接の環境のなかで扱う対象は自分自身の身体と同じくらい密接に私たちの能力のうちに統合されている。

私は自分の身体を直接に動かす。私は空間内の別の客観的な点に導くために、身体を空間内のひとつの客観的な点で発見するわけではない。私は身体を探しもとめる必要がない。身体はつねに私とともにあるのだ。身体を運動の目

標に向かって誘導する必要もない。ある意味で、身体は一番最初から目標に
触れており、そこに向かってみずからを投げ出している。運動における私の
決断と私の身体の関係は魔法のようなのである。(PP, p. 97〔1-167頁〕)

マッチを擦るとか、ハンカチを握るとか、ハンマーを振るうといった具体的運
動は、自分の身体を動かすようなものである。習慣的行為を遂行するにあたっ
て、これらの対象に技能的に関与するとき、私たちはまず対象を空間内に位置
づけなければならないわけではない。身体を動かすのと同じように「把握運動
は一番最初から魔法のように完了している」(PP, p. 106〔1-181頁〕)。
　この分析は、客観的空間と身体的空間のあいだの区別、あるいは、より正確
には、客観的空間を理解して表象する能力と身体的空間に対する理解のあいだ
の区別を含意する。私たちは身体的空間を一定の広がりないし一組の座標とし
て理解していない。身体的空間は「習慣的行為を包み込むものであって、客観
的環境ではない」(PP, p. 106〔1-181～2頁〕)のであり、「それゆえ、私は──
一定数の身近な行為の力としての自分の身体によって──扱いうるものたち
(manipulanda)の全体としての自分の周囲に身を落ち着かせることができる」
(PP, p. 107〔1-183頁〕)。重要なことに、身体的空間と客観的空間のあいだの区
別は、自分の身体と他の対象のあいだの区別と一致しない。私たちが身近な行
為で扱う対象は身体的空間に含まれている。「私は自分のパイプの位置にかん
する絶対的知識をもっており、そこから自分の手がどこにあり、自分の身体が
どこにあるかを知っている」(PP, p. 102〔1-175頁〕)。この点についてはこうい
う言い方もできる。技能的に行為をするとき、私たちが技能的に用いる対象は
自分自身の身体の延長となる、あるいは、身体とその道具は同じシステムの一
部となるのだ、と。
　シュナイダーは、環境にかんするこの直接的で技能に基づいた理解を保持し
ており、「自分のハサミ、自分の針、そして、自分の馴染みの課題の前におか
れたとき、[彼には]自分の手や自分の指を探す必要はない。というのも、こ
れらは客観的空間のなかで見つかるような対象ではないからである」(PP,
p. 108〔1-184頁〕)。道具にかんしても同様である。

作業台、ハサミ、革きれは、主観に対して行為の極として現れている。……
これらのものは、一定の様式の解決、つまり、一定の労働を要求するような
特定の開かれたままの状況を定める。身体は主体とその世界というシステム
内の一要素にすぎず、課題がある種の遠位的な引力を通じて彼から必要な運
動をえている。……具体的な運動において、患者は……ごく単純に彼の身体
であり、彼の身体は一定の世界に対する力なのである。(PP, p. 108f.〔1-184
〜5頁〕)

道具は直接に行為を引き出すのであり、見つけられたり、位置を特定されたり
する必要も、他の反省や認知が介在する必要もないのである。
　その技能とともにシュナイダーは、その他の私たちのような人々と同じよう
に「行為を導く標識」でいっぱいの状況のうちにみずからを見出す。しかし、
彼の事例について特筆すべき事実は、彼は判明に見ることができないにもかか
わらず、気づいたら習慣となった仕事からの要求に開かれており、道具に誘引
されていることである。彼の運動障害はその視覚失認と関係している。そうい
うわけで、メルロ゠ポンティが二つ目に説明しようとするのは、どうしてシュ
ナイダーの事例および彼と同様の事例においては、見ることができないことが
具体的な行為をおこなえないことは含意せずに、しかし、抽象的な行為は制限
するのか、ということになる。
　シュナイダーの知覚世界にはメルロ゠ポンティが「相貌（physiognomy）」
と呼ぶもの、すなわち、私たちの周囲の空間領域に行為の機会という観点から
知覚的現前をもたらす形式がない。私たちは、「できる」の弱い意味において、
自分ができることの観点から環境を知覚する。私には机のまわりを歩く計画も
意図もない。私は直近の課題に完全に没入して、キーボードに打ち込んでいる。
それにもかかわらず、机の向こうの床は、そちらへ歩いたり、そこに立ったり、
そこから観察したりできる場所として、私に知覚的に現前している。先に見た
ように、「通常の主観の身体は、みずからをそのうちへと引き込む現実の状況
によって動員される準備ができているだけでなく、世界に背を向けて……潜在
的なもののうちに状況づけられることもできる」(PP, p. 111〔1-188頁〕)。シュ
ナイダーは、このように「可能なものを相手にする」(PP, p. 112〔1-189頁〕)

能力を失くしてしまったのである。それゆえ、彼の欠陥は、何らかのしかたで十分な感覚がないといった意味で、単純に視覚的なものではない。シュナイダーの失認の不可解な本性は、まさに色の断片は見えるが、そこに事物を認識できないことなのである。彼に欠けているのは、潜在的な行為や可能な運動を投企する能力である。彼にとって周囲の世界は、みずからの身体的技能に含意される広範な潜在的行為によって成り立っていない。そして、視野の周縁が私たちにとって知覚可能なのは、歩いていくことが・で・き・る・場所とか、扱うことが・で・き・る・対象とか、集中して注意を向けることが・で・き・る・図形などとしてなので、可能なものを相手にできないシュナイダーは、そのためにこうした知覚可能なものたちと断絶させられている。彼はすぐ目の前にある身近な対象によって誘発された具体的な行為にしか開かれていないのである。

　そのように相手にするというのは、明示的に計画を立てるとか、推論や演繹をするとかの問題ではないことに注意しよう。シュナイダーは、そうした高次の知的操作はできるのであり、実際、知覚できないことを補うためにそのような戦略に訴える。彼は万年筆を見せられたとき、それをただちに万年筆として認識しないが、仲立ちとなるような記述を連ねていくことを通して、このような認識に到達する。これは長くて、光沢がある。棒状の形をしている。道具だ。鉛筆か、ペンだ。「認識の各段階で実際に見られているものに可能な意味を提供するのに言語が介在しており、認識が言語の結びつきにしたがって前進していることが明らかに見てとれる。……感覚的な所与は、事実が物理学者に仮説を示唆するようなしかたで、こうした意味を示唆するにとどまっている」（PP, p. 132f.〔1-221〜2 頁〕）。最終的に、自分の胸ポケットに手をかけて、「ここに入るものだ、何かを書くために」といったとき、彼は万年筆を万年筆として認識する。感覚と言語的記述を行き来することを通して、彼は何とか対象を自分の身体的空間のうちに位置づけることができ、それが何をするためのものであるかが分かる。言い換えると、彼が知覚に成功するのは、対象を行為の機会と結びつけたときなのである。通常の知覚者はこの〔対象を行為の機会と結びつける〕工程をただちに成し遂げる。メモをとることをアフォードしていることが、そのペンの潜在的な行為としての知覚的現前に一定の相貌を与えるのである。

シュナイダーの状態は、彼を現在の活動から離れられないようにしている。彼は自分の環境からの直接の誘引には開かれているが、より広い空間的および時間的な地平がない。彼はフリができないし、演技もできない。彼は虚構に入り込むことができない、あるいは、虚構の状況を現実の状況に変えることによってしか、そうすることができない。彼は夏には、冬の寒さが好きかどうかをいうことができない。「シュナイダーは現在に「縛られて」おり、「自由がない」、つまり、自分自身を状況のうちに位置づける一般的な力を本質とする具体的な自由がないのである」(PP, p. 137〔1-228頁〕)。シュナイダーにこれができない原因は、感覚や運動機能ではなく、「自分のまわりに自分の過去、自分の未来、自分の人間的環境、自分の物理的状況、自分のイデオロギー的な状況、自分の道徳的状況を投企する」(PP, p. 137〔1-229頁〕)、より根本的な機能にある。このメルロ゠ポンティがいうところの「志向弓 (intentional arc)」がシュナイダーの病気においては「緩んでいる」のである。

5.3.3　運動志向性

志向性とは、何かについてのものであるとか、何かに向けられているという意識の特徴である。ブレンターノはこの言葉をスコラ哲学の伝統から甦らせた。フッサールはこれを取り入れて、みずからの現象学の礎へと変えた。フッサールの超越論的現象学の課題は、私たちがどのようにして世界内の超越的な対象に有意味なしかたで向けられうるのか、つまり、私たちがどのようにして自分の意識に内在的ではない対象を意識できるのかを説明することであった。たしかに、表象や観念によって、私たちの意識がどのようにして対象に向けられうるのかを説明することはできる。しかし、メルロ゠ポンティは、表象の問題ではない「もっと深い志向性」を発見した功績もフッサールに認めている (PP, p. 520〔1-209頁〕)。ハイデガーは、意識の特徴としての志向性から焦点を逸らし、前認知的な技能に基づいた世界内存在の説明へと焦点を向けかえた。彼の説によると、私たちは自分の目標を追求しながら対象と技能的に交渉することによって、世界のなかの対象に向けられている。ほとんどの関連する技能は前認知的なので、私たちは対象を認知することなく志向する。この違いを明らかにするために、ハイデガーは「志向性」という言葉を完全に排除する。彼は

「超越」という言葉を使って、私たちがどのようにして世界内の対象にかんする有意味な経験をもちうるのかを論じている。

　メルロ゠ポンティの身体図式の理論も志向性の理論である。ハイデガーの指針にしたがって、メルロ゠ポンティは、対象に有意味なしかたで向けられるというのが身体的な技能と習慣の問題であると主張する。「運動性をはっきりと原初的志向性として理解する」必要がある。「意識は原初的には「私は思う」ではなく、むしろ「私はできる」なのである」(PP, p.139〔1-232 頁〕)。身近な対象を技能的につかんで扱う能力は、私たちがそれを凝視したり、それが「客観的」空間のなかのどこにあるかを知ったりすることを要求しないように思われる。私自身の身体、そして、コーヒーカップやキーボード上のキーなどの手近な対象は、私の技能的・習慣的な行為への利用可能性からなるようなしかたで現前している。私はタイピングの仕方を知っており、私の指はキーを見つけてくる。また私は顔を上げずにカップを摑むやり方を知っている。しかし、その一方で、私にはキーボード上のキーの位置やコーヒーカップの位置にかんする明瞭な心的地図はない可能性がある。具体的な運動はうまくいくのに、ただその位置を思考のなかで決定しようとしたり、これらの対象に向かって何らかの「抽象的な」運動において行動をとろうとしたりすると、失敗するかもしれない。たとえば、自分のキーボード上の「s」という文字をただ指で差してみてほしい。この二つの異なる種類の行動は、それぞれ世界の中の対象に向けられており、それゆえ、それぞれある種の志向性をもっている。「身体的空間は、認識的な志向に与えられることなく、つかもうという志向に与えられうる」(PP, p.106〔1-181 頁〕)。たとえば、シュナイダーは対象をつかめるが、それを指差すことはできない。メルロ゠ポンティが主張するには、そして、シュナイダーの事例が示すように、技能の志向性は認知的な志向性よりも根本的なのである。

　メルロ゠ポンティは、対象に対してそれを理解可能にすべく向けられていることの基礎的な種類のために「運動志向性」という用語を導入する。現象野の他の構造と同じように、運動志向性はみずからの有効性によって覆い隠されてしまう傾向にある。「純粋な運動志向性を明るみにもたらすのは難しい。というのも、運動志向性はみずからがその構成に寄与する客観的世界の背後に隠れ

てしまうからである」（PP, p.523n.〔1-234 頁〕）。客観的世界とは、私たちが分離的な構えから知覚したり知ったりする対象からなる世界である。これらの対象には確定的な特徴や確定的な位置があり、私たちはこうした特徴を知覚し認知する。メルロ＝ポンティが主張するように、この世界が私たちにとって理解可能なのは、私たちが自分の生きられた身体によって世界に住み着いているからである。それにもかかわらず、生きられた身体を作り上げる技能や習慣は客観的世界のなかにはっきりと見てとれるものではない。というのも、これらの技能は対象の規定的な性質に向けられていないからである。これらは対象の使用可能性に向けられているのだ。世界に対する分離的な構えをとることによって、私たちはみずからが運動的技能によって志向する種類の特徴を見えにくくしているのである。

　メルロ＝ポンティは運動志向性を次のように記述する。「対象に向かって伸ばされる手の動作のうちには、その対象への指示が含まれる。つまり、表象としての対象ではなく、私たちがみずからをそれに向けて投企し、予期を通じてそのそばにおり、とりついている、この十全に規定された物としての対象への指示が含まれている」（PP, p.140〔1-233 頁〕）。運動志向性において、私たちは対象を表象することなく、対象に向けられている。対象にかんする観念や判断を心に抱いたり、対象をその規定的性質の観点から明示的に認知したりするのでなく、私たちは「みずからをそれに向けて投企すること」によって、あるいは、それに「とりつくこと」によって、「手の動作のうち」で対象を指示している。

　コーヒーカップの例を考えてみてほしい。手の行為は、コーヒーをすするために手を伸ばしてコーヒーカップをつかむという具体的運動である。上で見たように、そのように摑むことはすでに「魔法のように完了している」。運動はその終点を予期しており、カップを手に取ることを禁じると、行為全体が抑制される（PP, p.106〔1-181 頁〕）。したがって、行為全体が前認知的に生じており、私たちはカップの大きさや形や位置を明示的な意識において表象しているわけではないにしても、世界のなかのつかまれるべき対象としてのカップは、すでに手によって志向されている。身体全体の姿勢、手の軌跡、握る手の広がり方は、最初からカップをつかむという目標に合わせられており、これらにお

いて〔カップへの〕志向ははっきりと見てとれる。しかし、手の形がカップを志向するというだけでは十分ではない。むしろ、手の形は対象を志向する運動全体の一部なのである。私たちの身体は、それが運動全体として習得した技能と習慣を通して、対象からなる世界を開く。「運動が学ばれたことになるのは、身体がそれを理解したとき、すなわち、その運動をみずからの「世界」のうちに取り込んだときであり、自分の身体を動かすとはそれを通して物事を目指すことなのである」（PP, p. 140〔1-233頁〕）。

　最後に、運動志向性は世界のなかの対象が提示する行為への機会に対する受容力の問題でもある。「それは、いかなる表象もなしに身体へと及ぶ対象からの誘引に、みずからの身体を応答させることなのである」（PP, p. 140〔1-233頁〕）。運動志向的な行為は、行為の終点がその始まりにおいてすでに予期されているというしかたで、その目標に向けられている。そのような技能的で習慣的な行為は、対象によって身体から引き出されている、と記述することができる。カップをつかもうとしている手の行為は、カップによって引き出されている、ないし、誘引されている。私たちが対象に対してもっている志向的関係とは、私たちがそのような誘引に開かれており、みずからを「対象からの誘引に応答」させることなのである。したがって、運動志向性の概念によって、メルロ＝ポンティは、志向性とは対象に向けられていることだという主張を精緻化すると同時に異議も唱えている。対象は私たちを誘引する限りにおいて、対象が私たちに向けられているといっても、同じくらい正確なのである。ハイデガーの超越と同じように、運動志向性において、主観と世界は互いを含意していると見られており、それゆえ、「世界をもたない主観というものは考えることができない」（PP, p. 343〔2-183頁〕）。

5.3.4　いくつかの例

　運動志向性が私たちの世界への開かれを作り上げる。私たちは世界をそのなかで行為をおこなう有意味な環境として経験する。開示された状況の意味は、概念的表象やノエマ的表象を通して、心的に構成されるのではない。そうではなくて、「私の身体は「表象」の媒介を必要とせずに、すなわち、「象徴機能」ないし「客観化機能」に従属することなく、みずからの世界をもっている、あ

るいは、みずからの世界を理解している」（PP, p. 141〔1-237 頁〕）。また「習慣
の習得とは、たしかに意義を把握することではあるが、それは運動的意義を運
動的に把握することなのである」（PP, p. 144〔1-240 頁〕）。多くの場合、この運
動的意義は、有意味な身体的行為と世界内部の誘引という区別が現象において
見られなくなるようなしかたで、誘引に対する直接的な応答から成り立ってい
る。メルロ＝ポンティは運動志向性にかんする議論を一連の具体例で仕上げて
おり、これは概観しておく価値が十分にある。これらの例は、有意味な状況を
開く具体的な身体的ないし運動的な「理解」、および、自分の身体が世界内部
の道具と溶け合う、ないし、ひとつになる経験を具体的に描き出している。

　いかなる明示的な計算もなしに、女性は帽子の羽根とそれを傷つけるかもし
　れない対象のあいだに安全な距離を保つ。私たちに自分の手の場所の感覚が
　あるのと同じように、女性には羽根の場所の感覚があるのだ。車を運転する
　習慣があれば、私はドアの幅を自分の体の幅と比べることなくドアを通り抜
　けるのと同じように、車線の幅をバンパーの幅と比べることなく、車線に入
　って「通り抜けられる」のが見えるようになる。（PP, p. 144〔1-240 頁〕）

メルロ＝ポンティの盲人の杖と熟練したタイピストの例はすでに見た。

　盲人の杖は彼にとっては対象ではなくなっている。それはもはやそれ自身と
　して知覚されていない。むしろ、杖の先端が感覚的な領域に変容し、触ると
　いう作用の射程と範囲を増大させ、視線に類するものとなっている。……杖
　に慣れたければ、私はそれを試してみる。いくつかの対象を触ってみるのだ。
　そして、しばらくすると、杖は私の「手元に」ある。私はどの対象が自分の
　杖の「手の届く範囲内」にあり、あるいは、手の届かないところにあるかが
　見えるようになる。（PP, p. 144〔1-240～1 頁〕）

　［タイピング］は私たちの手のなかにある知識である。この知識は、身体的
　な取り組みにたずさわるだけのものであり、客観的な指示によって翻訳する
　ことができない。主体は、私たちが自分の手足のひとつがどこにあるのかを

知っているのと同じように、客観的空間のなかでの位置を与えてはくれない慣れによる知識によって、文字がキーボードのどこにあるかを知っている。（PP, p. 145〔1-241頁〕）

　これらの例は、私たちが自分自身の身体にかんして得ている熟達や直接的理解が、私たちを包む衣服や私たちが使用する道具・機械まで拡張することを示している。メルロ゠ポンティは、「習慣は、私たちがもつ、みずからの世界内存在を膨張させる力、あるいは、新たな道具を取り込むことを通じて、みずからの実存を変化させる力を表している」（PP, p. 145〔1-241頁〕）という。第9章で見ることになるが、このような経験の記述を超えて、道具の取り込みは計測可能なものでもある。人間の行為者をダイナミカルシステムとして分析すると、しなやかに進行中の道具使用においては、道具の運動と行為者の運動が単一のダイナミカルシステムを形成しているのが見られるのである。
　世界への身体的理解のこのような「膨張」ないし拡張は、道具が変わったときにも生じる。明らかに、タイプの打ち方を知っているということは、多くの異なるキーボードに対して可能性を開く。まさにこの意味において、メルロ゠ポンティは、私たちの習慣や技能を通して打ち立てられた身体図式について語る。世界にかんする私たちの運動志向的理解は、いくつかの個別的な道具や個別的な空間に制限されていない。私たちの身体は、すでに無限に多くの可能な状況を理解しており、それゆえ、無限に多くの可能な状況の意義を開く。そうすると、私たちの運動的習慣の決定的な特徴は、たんに私たちが道具とひとつになれることではなく、私たちの身体が特定の類型の存在として、特定の側面が顕著になっており、特定の種類の運動的応答を要求するような状況のうちに侵入するものであることにある。メルロ゠ポンティがいうように、「理解するとは、自分が目指すものと与えられるものとの一致、志向と実行の一致を経験することである——そして、身体は世界に対する私たちの投錨なのである」（PP, p. 146〔1-242頁〕）。たとえば、

　熟練したオルガニストは、弾いたことのないオルガンで、鍵盤の数が多かったり、少なかったり、ストップが自分の一般的なオルガンとは違うしかたで

第5章　モーリス・メルロ゠ポンティ　　137

配置されていたりしても、演奏することができる。演目を演奏する準備ができるまで、彼には一時間の練習で十分である。……彼はイスに腰掛け、ペダルを動かし、ストップを引き、自分の身体で楽器の大きさをつかみ、その向きや寸法を取り込み、人が家に身を落ち着けるように楽器に身を落ち着ける。彼は、それぞれのストップやそれぞれのペダルについて、客観的空間のなかでの位置を学んだり、そうした位置を「記憶」に預けたりするわけではない。（PP, p. 146〔1-243〜4 頁〕）

5.4　知覚の恒常性と自然的対象

　メルロ゠ポンティは、ハイデガーの世界内存在という考え方にそって、知覚は実存的な現象だと主張する。私たちは、みずからの身体的技能を通して開かれる可能性の世界に現れる限りにおいて、対象を知覚する。私たちは知覚対象をまずは行為の可能性の観点から理解する。それにもかかわらず、私たちは対象と世界をみずからの技能や企てと独立に存在するものとしても理解する。私たちの身体的空間の根底には「外的な」ないし「客観的な」空間があるのだ。私たちを行為へと誘引するだけでなく、対象にはそれ自身の存在があり、その存在において、対象はじっと動かずに一定の客観的性質を備えているにとどまる。メルロ゠ポンティは、このような対象の概念を「自然的対象」と呼ぶ。自然的対象とは、分離的な視点から、いわば「それ自体として」考えられた対象である。しかし、このカント的な言い回しを使うことによってメルロ゠ポンティが主張するのは、分離的な観点から考えられたときでさえ、「物がそれを知覚する誰かから切り離されることは決してなく、また、物の分節化はまさに私たちの存在の分節化にほかならないので、物が実際にそれ自体としてあることは決してない」（PP, p. 334〔2-171 頁〕）ということである。最終的に、メルロ゠ポンティは、カント的な超越論的観念論と経験的実在論の流れに属す見方を擁護する。私たちは、対象の主観的な現れを超えた実在的な対象にかんする経験的知識を得ることができる。しかし、経験的な対象の実在的な特徴は、私たちの有限な実存の基礎的な特徴によって構造化されている。もちろん、カントとちがって、メルロ゠ポンティは、こうした基礎的な特徴を概念や表象ではな

く、私たちの身体的な習慣のうちに見出す。自然的世界にかんするメルロ＝ポンティの見方は、実存主義の枠組みに移しかえられたカント的な経験的実在論なのである。

　メルロ＝ポンティの現象学にとっての問題は、どのようにして自然的対象は私たちに理解可能なのか、すなわち、「私たちは、何に基づいて、ある形や大きさが対象の形や大きさだと判断するのか」（PP, p. 312〔2-141 頁〕）、である。フッサールの言葉でいうと、どうして私たちは対象を超越的なものとして、すなわち、自分の意識への現れを超えた存在様式をもつものとして理解するのだろうか。大きさ、形、色、重さ、固さなどは対象の性質であり、私たちはそれが私たちにもたらす影響や、それが私たちにどう現れるかとは無関係に、自然的対象をこうした性質をもつものとして理解している。

　メルロ＝ポンティは、自然的対象のこのような独立性と超越性を説明するために、そうした性質の恒常性の知覚を検討する。知覚の恒常性は身近でありふれた現象である。友人に向かって道を歩いていくと、私の視野における友人の像はどんどん大きくなっていく。もちろん、私は友人が大きくなるのを知覚するわけではなく、彼は同じ大きさのままに見える。同じように、円盤やコインを回転させたとき、任意の観点から見える形は正円から楕円に変わるが、私たちは変化する形を見るわけではなく、変化する現れのうちに恒常的な形を見る。照明に応じて、白い壁は暗いところや明るいところ、そして、さまざまな色合いの黄色や灰色や青色を見せるが、私たちが見るのは一様に白い表面である。これが大きさ、形、色の恒常性の現象であり、これらの現象はそもそも私たちが対象を知覚できるために不可欠である。メルロ＝ポンティは、音の恒常性や重さの恒常性にも注意を向ける。

　重さの知覚は、知覚に寄与する筋肉とか、こうした筋肉の最初の位置とか、……手が追加の重りによって引き下げられているかどうかとか、……手が自由に動くのか指だけが使えるような仕方で縛られているのかとか──課題が指一本で遂行されているのか何本かの指で遂行されているのかとか──対象を持ち上げているのが手なのか頭や足や歯なのかとか──しまいには、それが持ち上げられているのが空中なのか水中なのかといったことによらずに同

じであり続ける。(PP, p. 327〔2-162 頁〕)

知覚の恒常性は自然的対象を示唆するが、直接に示すわけではない。私たちが恒常的なものとして知覚する性質が自然的対象の実在的な性質だというわけではないのだ。私たちはまちがえているかもしれない。たとえば、メルロ゠ポンティは「恒常性は、水平方向のほうが、垂直方向よりも、ずっと正確である」(PP, p. 547〔2-148 頁〕) と指摘する。高層ビルの高さから下のほうに見える車は、道の向こうのほうの同じ距離のところに見える車よりも、小さく、あるいは、遠くにあるように見える。大きさ―重さの錯覚においては、大きい対象のほうが小さいほうよりもかなり重いのに、私たちは前者と後者が同じ重さだと感じる。それゆえ、対象がもっているように感じられる恒常的な大きさや重さは、その実在的な大きさや重さではない可能性がある。重要なのは、知覚の恒常性が知覚対象の超越的な性質が何であるかではなく、むしろ、知覚対象に超越的な性質がある・・・・・ということを示している点である。もっというと、色、重さ、形の恒常性は、物そのものの恒常性の知覚という、いっそう基礎的なものの反映でしかないのである。

　色の恒常性は物の恒常性のたんなる抽象的な契機であり、物の恒常性は私たちのあらゆる経験の地平としての世界にかんする根源的な意識に基づけられている。それゆえ、私が物の存在を信じるのは、多様な照明の下に恒常的な色を知覚するからではなく、また、物は恒常的な性格の総和ではない。むしろ、私は自分の知覚がそれ自身においてひとつの世界と物に開かれている限りにおいて、恒常的な色を発見する。(PP, p. 326f.〔2-161 頁〕)

色やその他の感覚可能な性質は「抽象的な」要素である。というのも、対象は「相互感覚的」だからである。明らかに、対象は見られたり、触られたり、聞かれたりすることができるが、ここでメルロ゠ポンティはより強い主張をおこなっている。たとえば、色は肌理と独立ではない。「色は、単純に色であることが決してなく、むしろ、特定の対象の色であり、カーペットの青色はもこもこした青色でなかったら同じ青色ではないことになる」(PP, p. 326〔2-161 頁〕)。

私たちが見る対象に備わる色はたんに現れるだけの色であることは決してなく、それはむしろ、私たちの行為や運動をその対象のまわりで導く目標ないし規範である。対象の色を見るというのは、視野全体を分節化することによって、何が照明で何が色なのかを決着させる過程である。領野全体を理解したとき、その領野に精通したとき、私たちは色を見ることになる。視野をさえぎり、色の一部だけをスクリーンを通して見ると、私たちは全体に対するこの手がかりを失い、それゆえ、知覚された色をつかんでいられなくなる。私たちは、通常、難なく壁の色をさまざまな照明条件で見分けられるが、壁の一部のほかはすべて隠してしまうと、照明から色を区別することができない。これは適切な絵の具を選ぼうとしている画家には便利なやり方だが、まさに物の色は露呈させない。画家は白い表面を塗るのに紫色を選ぶかもしれない。同じように、私たちはカーペットの肌理を分かりにくくするために、その小さな一部や〔目を細めて眺めることで〕ぼんやりさせた一部に焦点を当てることができる。しかし、これは私たちに本当の色を見えなくさせるだけである。他の感覚的性質にかんしても同様である。感覚的性質はすべて一体となっており、それはたんに外的に並び合っていることを通じてそうなのではなく、各性質が他の性質と一緒になって初めてその性質であるからなのである。「グラスの脆さ、硬さ、透明性、透き通るような音は、単一の存在の仕方を表出している」(PP, p. 333〔2-170頁〕)。私たちが見ているのは、恒常的な色というよりも恒常的な物であり、色はその一側面でしかないのだ。

　この相互感覚的な統一は私たちの身体の統一に由来する。対象を知覚するというのは、それを自分の身体的な熟練を通じて開かれた世界のうちに見出すことであり、このような熟練を習得するとき、私たちは感覚を区別しない。身体は統一体として機能する。「私の視線、私による接触、私のその他すべての感覚が、一緒になって、単一の行為へと統合した単一の身体の力となっているのと同じように、ある物の感覚的な「性質」は一緒になって単一の物を構成する」(PP, p. 331〔2-168頁〕)。身体的運動の知覚的な目標は、たんに色や大きさなどの情報を得ることでは決してなく、むしろ、世界のなかでの行為の可能性を開くことにある。それゆえ、感覚的性質の恒常性と物の恒常性の背景には、メルロ゠ポンティが世界の恒常性と呼ぶものが控えている。私たちは、それが

対象の側面である限りにおいて、色や形や大きさを恒常的なものとして知覚する。そして私たちは、気づいたら自分がそのなかにいる可能性の世界に現れる限りにおいて、対象を恒常的なものとして知覚する。すると、自然的対象の理解可能性は、統一した環境としての世界にかんする私たちの理解から生じていることになる。しかし、世界のこの統一は、感覚的性質の統一よりも広く行き渡り、基礎的である。上で見たように、メルロ゠ポンティはそれを「私たちのすべての経験の地平」と呼び、また、それを「私の個人的生および歴史的生のあらゆる断絶の下で、私の経験に意志された統一ではなく、与えられた統一があることを保証する」（PP, p. 345〔2-186 頁〕）スタイルだと表現する。私たちは、この世界をどう生きればよいかを分かっていることによって、つまり、行為の機会を技能的に見分けることによって、そのなかに居場所をえており、その限りにおいて、知覚者なのである。熟練した仕方で、身体的に、目的にそくした仕方で巻き込まれていることは、「いっそう深い機能」であり、「それなしでは知覚された対象も実在性のしるしを欠くことになる」し、これが「私たちを主観性を超えたところまで運び、〔また〕世界のうちに落ち着かせてくれる」（PP, p. 359〔2-203〜4 頁〕）のである。

用語解説

生きられた身体（lived body，仏 le corps propre，独 Leib）：あなたの身体。これによって、あなたは一人称的な視点からの経験をえている。

運動志向性（motor intentionality，仏 l'intentionnalité motrice）：有意味な仕方で対象に向けられているというのは、身体的な技能や習慣の働きである。

客観的思考（objective thought，仏 la pensée objective）：知覚の世界は感覚的性質から構成されており、それぞれの感覚的性質は他の感覚的性質および知覚者とは独立に特定できる、という近代に支配的な偏見。客観的思考は、経験主義と主知主義の両方の理論的な見通しに枠組みを与えている。

具体的運動（concrete movement）：たとえば、つかむこと。技能的で目標指向的な行為から生じる運動。

142

経験主義（empiricism）：感覚的性質を処理する因果的機構を措定することで、知覚を説明しようとする理論。経験主義には科学的心理学が含まれ、ゲシュタルト心理学の多くもそのなかに入る。メルロ＝ポンティの二つの大きな標的のうちの一つ目である。

主知主義（intellectualism）：感覚から知覚にいたる推論過程を措定することで、知覚を説明しようとする理論。主知主義にはデカルトやカントが含まれる。メルロ＝ポンティの二つの大きな標的のうちの二つ目である。

身体図式（body schema, 仏 le schéma corporel）：身体的な技能や習慣の恒常的な準備体制。世界がどのように私たちを誘引しうるかをあらかじめ素描する。

相貌（physiognomy）：私たちの周囲の空間的領域が行為の機会という観点から知覚的に現前するときの形式。

知覚の恒常性（perceptual constancy）：私たちは対象の現れ方の変化（たとえば、距離、角度、照明条件の変化）を通じて、不変の性質（たとえば、対象の大きさや色）を識別する、という知覚の特徴。

抽象的運動（abstract movement）：たとえば、指差し。習慣的行為から生じてこない運動。

物体的身体（body, 仏 le corps objectif, 独 Körper）：物理学や客観的思考によって、広がりをもった塊として考えられた身体。

文献案内

Carman, T. (2008). *Merleau-Ponty*. London: Routledge.

Carman, T., and M. Hansen, eds. (2005). *The Cambridge Companion to Merleau-Ponty*. Cambridge: Cambridge University Press.

Kelly, S. D. (2005). "Seeing things in Merleau-Ponty," in T. Carman and M. Hansen (eds.).

Romdenh-Romluc, K. (2011). *Merleau-Ponty and Phenomenology of Perception*. London: Routledge.

本文中に登場する文献の邦訳

Merleau-Ponty, M.（1945/2012, cited as PP）．竹内芳郎・小木貞孝（訳）『知覚の現象学 1』みすず書房（1967 年），竹内芳郎・木田元・宮本忠雄（訳）『知覚の現象学 2』みすず書房（1974 年）

第 6 章

ジャン゠ポール・サルトル ── 現象学的実存主義

　ジャン゠ポール・サルトルは、20 世紀の文学および哲学における巨人の一人であり、現象学の歴史と現代的意義を概説するときに、彼の 1943 年の記念碑的著作『存在と無』を論じないで終わることはできない。私たちが論じてきた他の現象学者たちよりもさらに図抜けて、サルトルの興味と功績は尋常でなく広範におよぶ。彼はノーベル賞に選出された小説や素晴らしい戯曲を執筆し、フランスのレジスタンス活動に参加し、第一級のインテリ雑誌を創刊および編集し、政治哲学と文学批評の著述に多くを費やした。サルトルの哲学的業績の多くは現象学的であるが、その現象学は実存主義の中核的問題および倫理的帰結に支配されていた。後期の著述では、おもにはマルクス主義の政治思想の分析に、最終的にはギュスターヴ・フローベールの長大な伝記に心血を注いだ。

　サルトルは、メルロ゠ポンティとシモーヌ・ド・ボーヴォワールのまさに同時代人であった。三人は、同時期にフランスの高等師範学校に学生として在籍し、のちには頻繁に会って互いの仕事について議論していた。戦後は、自分たちの政治思想および哲学思想を広めるために創刊した雑誌『レ・タン・モデルヌ』にかんして協力した。1930 年代には、サルトルは、フッサールや初期のドイツ観念論者に見出される超越論的自我の概念を批判する試論を発表した（『自我の超越』）。情動にかんする単著と想像にかんする試論も発表した。彼の重要な哲学的著作『存在と無』は、メルロ゠ポンティの『行動の構造』の翌年、『知覚の現象学』の二年前に刊行された。

　『存在と無』は含蓄の多い充実した作品である。私たちはサルトルの仕事のなかで、これまで論じてきたフッサール、ハイデガー、メルロ゠ポンティの理

145

論に直接に関係する側面に焦点をあてる。厳密な時代順でいうと、普通、サルトルにかんする章はメルロ゠ポンティの章より先に来ることになる。私たちはこの順序を逆転させる。メルロ゠ポンティの『知覚の現象学』を参照するほうが、実存的現象学へのこの二つのアプローチの一致点と決定的な違いの両方を強調しやすくなるのである。結局のところ、サルトルの現象学は、人間の条件にかんする観察は豊かだが、私たちが本書でその起源を追っているテーマ、すなわち、現象学に触発された認知科学における現代の研究に対しては、いくぶん限定的な影響しかもたない。

6.1　サルトルによる自己の存在論

6.1.1　サルトルの超越論的実存的現象学

　サルトルは『存在と無』の冒頭で次のように書いている。「現代思想は、存在するものをそれをあらわにする現われの系列に還元することによって、著しい進歩をとげた。その狙いは、哲学を悩ませてきた数々の二元論を克服して、現象の一元論に取り替えることであった」(BN, p.3〔1-17 頁〕)。ここでサルトルは「現代思想」によってフッサールとハイデガーを意味しており、サルトルが彼らの現象学の発展のうちに見出す進歩とは、彼らが哲学の基本的な問いを実在と現れ、ないし、現実性と可能性、ないし、本質と偶然といった用語で表現されたものから変更したことである。サルトルの議論によると、彼らはフッサールの志向性にかんする詳細な考え方を通じて、つまり、意識のうちで志向されるままの対象の意味の構成に焦点をあてるべく、意識対象の現実存在にかんする問いをカッコに入れる考え方を通じて、それを成し遂げたのである。フッサール的現象学は、「実在」にかんする哲学的問題のかわりに、志向された対象の超越を通じて、その客観性を主題化する。第 2 章で論じたように、フッサールは志向的対象の超越を詳細に分析する。私たちは志向的対象をそれにかんする意識を超え出たものとして意識している。志向的対象には、それがそこから知覚されうる可能なパースペクティヴが無限にあり、探索されるべきさらなる射映が無限にある。これは外的世界やカント的な物自体にかんする主張ではなく、意識の意味構成的な特徴だと解釈されなければならない。

サルトルは、志向性にかんするフッサールの分析の基本的な特徴がそれ自体、可能なパースペクティヴの無限性とそこに含意される意識の視点の有限性のあいだの二元論的な区別に依存していると考える。『存在と無』における彼の狙いは、この志向的意識の概念のなかの二元論を理解し、それが意識と志向性の本性について何を含意するかを分析することである。本書の副題は「現象学的存在論の試み」である。サルトルが視界に収めていたのは、意識とその超越的な志向的対象の存在論なのである。

　サルトルの理論は、単純な公式でとらえられる限りでいうと、有限なものと無限なものの両立可能性ないし緊張は、それ自体が意識の存在論にとって本質的だというものである。言い換えると、『存在と無』は、意識はより単純な概念的な構成要素に還元されえないという主張に対する賛成論を粘り強く唱えている。この点にかんする彼自身の特徴的な言い回しでいうと、意識にはパラドクスが内属している。「私たちは、それがあらぬところのものであり、それがあるところのものであらぬようなひとつの存在としての人間的現実を構成しなければならないのである」（BN, p. 100 〔1-197 頁〕）。私たちの意識は本質的に、完全に意識のうちに取り込まれることが決してできない対象に向けられている。フッサールは、そのような超越性を知覚意識の積極的な特徴として分析した。サルトルはそれを存在論的な主張に仕立て、それゆえ、この構造が人間の意識のあらゆる領域で繰り返されるのを見出したのだが、最も興味深いのは、それが人間の自己同一性の問題においても見出されることである。したがって、『存在と無』は、知覚の問題をはるかに超える射程をもっており、自由、自己欺瞞、私たちの他者への従属の問題をとりわけ切迫した調子で論じる。

　この素描からも明らかなように、サルトルにおける現象学は、フッサールにおける現象学を非常に重視している。第2章で、私たちは超越論的現象学を実存的現象学と区別した。おそらくサルトルは最も有名な実存主義の著作家であるが、『存在と無』はおおむね超越論的現象学の枠組みに収まっている。この点は次のように表現することもできる。ハイデガーとメルロ゠ポンティは、現象学的探究の出発点をフッサール的な構成する意識から技能的で身体的で調整された主体に変更する。人間の理解可能性は技能的行為に基盤があるという彼らの主張は、現象学への実存的アプローチを規定する。それに対して、サルト

ルはフッサールと共通の出発点をとり、そこから気分の重要性、身体の役割、不安の開示的な可能性などについての実存主義的なテーゼを引き出す。

サルトルがこれよりも直接にフッサールに恩を受けているのは意識に注目する姿勢においてである。もっというと、『存在と無』は世界の理解可能性は世界にかんする意識によって成り立つものだと実質的に取り決めている。これにより、没入した技能的対処や運動志向性の現象を取り込むのが非常に難しくなっている。サルトルはそうした現象を記述しないわけではなく、その観察力と記述力のおかげで彼の分析は啓蒙的で大いに学ぶところがある。しかし、結局のところ、彼はハイデガーとメルロ＝ポンティがこれらの現象のうちに見出す実存主義的な存在論を採用するにはいたらない。その代わりに、サルトルは非定立的そして前反省的とよばれる非常に興味深いタイプの意識について語るものの、これらの現象を構成する意識という枠組みのうちに刻み込む。これについては後で、知覚における身体の役割にかんするサルトルの説を論じるときに見ることにしよう。サルトルがハイデガーによる現存在の最も基本的な特徴づけのひとつ——現存在には実存すること以外に本質はない——をとってきて、それを彼自身の意識の概念に応用することができたこと、しかもハイデガーが現存在を主題化したのはまさに意識に焦点があたるのを避けるためだったことを完全に承知したうえでそれをなしえたということは、多くを物語っている（BN, p. 15〔1-40 頁〕）。

6.1.2 即自存在、対自存在、無

サルトルは、彼の基本的語彙の一部をヘーゲルから引いてくる。彼は二つの基本的な存在様式を区別して、それを「即自存在（being in-itself）」と「対自存在（being for-itself）」と呼ぶ——これはヘーゲルの Ansichsein と Fürsichsein から取られている。『存在と無』の議論の展開は、ほとんどすべて、この二つのあいだの緊張関係の内的ダイナミクスを発展させたものである。しばしば、このヘーゲル的な語法は、折衷主義的な部分もある文体上の選択であり、サルトルの世代の哲学徒たちが1930年代のアレクサンドル・コジェーヴによるヘーゲルの『精神現象学』にかんする講義に触発されたことから来ているとみなされる（しかし、サルトルはこの講義に出ていない。メルロ＝ポンティは出

ていた）。これは正しいのかもしれないが、サルトルがヘーゲルの概念により
かかることを選んだはっきりとした主題的な理由もある。第一に、ヘーゲルの
『大論理学』は、推論の形式的構造の分析ではなく、ひとつの概念的存在論と
して意図されており、そこでは存在論の三つの基礎的名辞が存在、無、生成で
あり、すべての個別的な存在者のあいだの差異はここから導出できると仮定さ
れている。ヘーゲルは、存在と無が一種の豊饒な緊張関係に立っており、それ
が意識の対象となりうるもののすべてを生むものだと考える。サルトルは、ヘー
ゲルの「無の弁証法的な概念」をとりあげ、その形式性によって現象学的内容
が流れ出てしまっていることを批判する（BN, pp. 44f.〔1-92 頁以下〕）。しかし、
彼の意識の理論は〔ヘーゲルにおけるのと〕同じ基礎的な緊張関係の生成力を
反映しているのである。第二に、ヘーゲルの『精神現象学』は「不幸な意識」
と呼ばれる意識の初期段階を記述する。不幸な意識は、それ自身の二つの面の
あいだの対立にはっきりと気づいている。それをヘーゲルは「可変的なもの」
と「不変的なもの」と呼び、前者は不幸な意識の時間的で偶然的な自己を表し、
後者はその恒常的で本質的な自己を表す。この二つの面を調停できないため、
不幸な意識は一時的に安定的な自己否定モードに切り替わり、そこではみずか
らの本質的な一面を自分自身の外部のものに帰属させたうえで、たえずみずか
らをそれに関係づけることを狙うが、いつもそれを達成しようとしては頓挫し
ている。これは初期のキリスト教的意識にかんするヘーゲルの分析であり、最
終的に文化的変化によってこの段階は克服できたのだと彼は考える。しかし、
厳格に無神論的なサルトルは、これをすべての意識の本性そのものの記述とし
て採用する。「人間的現実の存在は苦悩である。というのも、人間的現実は、
まさに対自存在としての自己を喪失することなく即自存在に到達することがで
きないという理由によって、みずからがそれでありながらそれであることがで
きない全体性に永遠につきまとわれたものとして存在をえるからである。した
がって、人間的現実はその本性からして不幸な意識であり、その不幸な状態を
超出する可能性をもたない」（BN, p. 140〔1-272 頁〕）。第三に、私たちが他者
とのあいだにもつ関係についてのサルトルの分析は、ヘーゲルの『精神現象
学』からの有名な主人 - 奴隷の弁証法の中心的な考えを練り上げている。ヘー
ゲルと同じように、サルトルは反省的自己意識が他者による承認を必要とする

と主張する。私たちは他者の敵意に満ちた眼差しには隷属させられるように感じざるをえず、他者による承認がなければ、私たちが私たち自身の意識の対象となることはできないのである。

「即自存在」は、岩とか、インク壺とか、日常的な非意識的な存在者の存在様式を指す。サルトルは、まずは複雑な哲学理論を避けたいと望むのだが、そうした哲学理論なしには、これらの存在者の存在様式にかんしていえることはあまりない。もちろん、そうした存在者がもつ性質についていえることはたくさんある。これは物理学や化学などの実証科学の領域である。こうした科学はすべて、まさにその存在者たちが存在するという基礎的な真理を共有し、前提する。言い換えると、存在者の存在に対する存在論的なコミットメントを共有する。この存在論的コミットメントを表現しようとするなら、こういえば十分である。「存在はある。存在はそれ自体においてある。存在はそれであるところのものである」（BN, p. 29〔1-68 頁〕）。この岩は岩であるところのものであり、それを出現させたり、持続させたり、たえず創造したりするのに別のものが必要だということがない。

この即自存在にかんする最初の記述は同語反復のようにみえる。しかし、サルトルはこれが表すのは、存在のひとつの様式ないし「領域」だけであると指摘する。存在の第二の領域は彼が「対自存在」と呼ぶものであり、これによってサルトルが意味するのは意識の存在様式である。意識については、意識はそれであるところのものであるとはいえない。もっというと、上で述べたように、その正反対のことをいわなければならない。即自存在があるのに対して、対自存在はあるべきである。そして、即自存在がそれであるところのものであるのに対して、対自存在はそれがあらぬところのものである（BN, p. 28〔1-65 頁〕）。これはパラドキシカルに聞こえる。この区別をもっともらしいものにするひとつの簡単な方法は、意識がつねに志向的対象に向けられているというフッサールの基本的な洞察を思い起こすことである。それゆえ、意識の存在が「それ自体において」あることは決してない。というのも、意識はつねに「それ自身に対して」対象を構成する限りにおいて存在するものでしかないからである。

サルトルの存在論的関心は、この二つの存在の領域の目録を作成し、それらを隣り合わせに並べることに尽きるものではない。意識はつねに対象に向けら

れているので、その「対自的」な存在は対象、つまり、「即自的」な存在に何らかのしかたで関係していることに依存する。サルトルの目標は、どのようにして二つの領域の存在が互いと関係し合うのかを説明し、それによって、意識にかんするより完全な説明を与えることにある。フッサール的な用語でいうと、これは意識がどのようにしてその志向的対象を構成するかを説明するプロジェクトである。サルトルは、この説明には無の概念が含まれていなければならないと考える。これもパラドキシカルに響くが、これは実際には古代哲学におけるある問題の変形版である。パルメニデス以来、哲学者たちは、どのようにして私たちが成り立っていないこと、あるいは存在しないものについて理解可能なしかたで考えることができるのか、あれこれ思いめぐらせてきた。サルトルは、否定と対照させることによって、彼の無の概念を導入する。ひとつの見方として、私たちは判断の否定を通じて、成り立っていないことについて考えることができるのだというものがある。私たちは「ピエールはここにいない」「車が出発しない」「私のポケットには 15 ドルも入っていない」などと、さまざまな形式の否定的な判断をおこなう。このようにして、不在や欠如や不満は、否定的判断において表現されうる。しかし、サルトルは、そのような否定的判断は、それよりも根源的な無の経験を表現していると主張する。サルトルはこう書いている。車が出発しないとき、訝しむようにしてキャブレターなどを見ることができる。つまり、いかなる判断もおこなうことなく、私たちは「非存在が暴露される可能性〔たとえば、キャブレターが正常に機能していない可能性〕を覚悟をしている」(BN, p. 39〔1-82 頁〕)。世界に対する私たちの前判断的な態度には、のちに否定的判断が表現することになるような可能性が含まれているのだ。

　ゲシュタルト心理学に触発された知覚の分析には、より具体的な例がある。サルトルは友人のピエールを探しながらカフェに入り、ピエールがそこにいないのを見出す。その判断をおこなう前、カフェを見渡しているあいだ、すでにピエールの不在が空間の知覚をかたちづくっている。すべての知覚が地に対して図を見分けるという構造をもつ。あるものが図であるか地であるかは、対象の何らかの内在的特徴に依存するものでは決してなく、むしろ、知覚者の注意によって決まる。ときに壺が見えることもあるし、ときに二つの横顔が見える

こともある。サルトルがピエールを探してカフェをざっと見渡すとき、そのカフェ全体、カフェの調度品、壁、そして、客や店員たちは、可能な図に対する地となっている。「カフェの中のすべての対象による総合的な体制が形態化されており、それを地にして、ピエールが現れようとしているものとして与えられる」（BN, p. 41〔1-87頁〕）。知覚的なゲシュタルトはいかなる判断よりも基礎的であり、すでにピエールの不在を含んでいる。それゆえ、「非存在は否定的判断によって物事に到来するわけではない。むしろ反対に、否定的判断のほうが非存在によって条件づけられ、支えられているのである」（BN, p. 42〔1-89頁〕）。

　無は否定という論理的作用の産物ではないとしつつ、サルトルは無の起源を人間存在の存在論のうちに位置づける。対象が不在のもの、欠けているもの、破壊されたものとして現れることができるのは、人間の目的が世界を体制化しているからでしかない。彼がどこかに行く必要があるから、壊れたキャブレターは彼の計画を阻むのであり、彼がピエールを探しているから、ピエールの不在は知覚的に顕著なのである。同様に、サルトルは人間の目的が都市を貴重なものにしており、それゆえ、「破壊が本質的に人間的なものであり、地震の働きを通じて、あるいは、〔戦争を通じて〕直接に、都市を破壊するのは人間であることを認識する必要がある」（BN, p. 40〔1-85頁〕）と指摘する。私たちが世界のいたるところで経験する無は、私たちが即自の単純な存在をこえた可能性をたえず投企し、また、そうせざるをえないという事実の結果である。「人間を「とりまく」存在のただなかでの人間の出現によって、ひとつの世界が暴露されることになる。しかし、この出現における本質的で根源的な契機は否定である。……人間は世界に無を到来させる存在なのである」（BN, p. 59〔1-120頁〕）。

6.2　不安、前反省的自己、自己欺瞞

6.2.1　不安、自由、眩暈

　ここからサルトルは、人間の存在論、すなわち、人間に可能性を投企させ、無に満ちた世界を発見させる構造を分析することへと導かれる。フッサール的

現象学に触発された人間の存在論である。しかし、サルトルの議論はたいてい、すぐに現象学的な観点から実存的な観点に転換する。彼は志向的対象の構成を問うのではなく、人間的現実を自由として、また自由にかんする私たちの意識を不安として記述するのである。

　無の起源は人々である。というのも、人々は無を通じてみずからに関係するからである。先に見たように、サルトルは人間の意識、つまり「対自」は、それがあらぬところのものであると述べる。サルトルは、無の本質的な役割を人間存在の時間的構造を通じて記述する。「人間的現実は、その現在をそのすべての過去〔および、そのすべての未来〕から切り離す何ものでもないものとしての無をみずからのうちに抱える」(BN, p. 64〔1-129 頁〕)。サルトルは、「もうギャンブルはしないと自由にまた真摯に決断したが、賭博台に近づくと、たちまち自分の決心がすべて溶けて失くなってしまうのを見るギャンブラー」(BN, p. 69〔1-139 頁〕)の例をあげる。その瞬間、そのギャンブラーは「過去の決心が全面的に無効だということ」、そして「自分がギャンブルするのを止めるものは何もない」(BN, p. 70〔1-140～1 頁〕)ことを認識する。要するに、過去の決心にかかわるいかなることも、彼の過去の歴史にかんするいかなる事実も、ギャンブラーの次の行為を決定することができない。もちろん、彼は過去の彼と同じ人であり、彼の過去の決心は本当に彼の決心なのである。そうした決心をするとき、彼は「違う人」になっていたのだと主張するならば、私たちは状況を誤って記述することになる。サルトルの趣旨は、まさにギャンブラーは心変わりしたわけではないという点にある。また、これは誰かが自分の意思に反して、自分では制御できない中毒や強迫性衝動に打ち負かされるという事例ではない。そうではなくて、ギャンブラーが経験するのは、過去の決心に問題をきっぱりと決着させることはできないということである。彼は「それらをその存在のうちに支え」なければならず、「自己を作り直すという義務がたえず更新される」(BN, p. 72〔1-144 頁〕)のを経験する。自分自身であるというのは、つねに選択し、コミットメントをもち続けるという課題であり、この課題は自分自身の外部の何ものに割り振ることも、すでに決まった過去に委ねることもできないのである。

　ギャンブラーの状況は、すべての人間的現実の本質的特徴を描き出しており、

サルトルはそれを「自由（freedom）」と呼ぶ。私たちの自由とは、サルトルによれば、自分自身を作り直す継続的な可能性と義務である。それも私たちは、つねに可能性を投企し、それゆえ、何が図で何が地か、何が顕著なものとして際立って何が二次的か、何が私たちに注意を要求し何は要求しないかといったことにそくして、気づいたら自分がそのなかにいる状況を体制化することによって、自分自身を作り直す。これは対自の本質的な構造である。即自存在はただそれであるところのものであり、それゆえ、自由ではない。インク壺はみずからが何であるかを選択できないし、また、そうする必要もない。たえず自由であるとはいえ、私たちの生活において、この自由が明示的に意識されるのは例外的なことであって普通ではない。ギャンブラーが賭博台に近づいたときに、状況に対する通常の安定した把握が溶けて失くなり、それゆえ、自分をかこむ知覚や誘引のすべてを新たに体制化しなければならなくなったように、私たちはときどきこの自由をむき出しでじかに経験する。サルトルは、キルケゴールから言葉を借りて、この経験を「不安（anguish）」と呼ぶ。「人はまさに「不安」において、その自由を意識する。あるいはこう言ってよければ、不安は存在にかんする意識としての自由の存在様式である。まさに不安においてこそ、自由はその存在において、自由それ自体にとっての問題となる」（BN, p. 65〔1-131 頁〕）。

　サルトルは、眩暈、すなわち、高所恐怖の経験にかんする有名な分析のなかで、自由と不安のさらに劇的な具体例を与える。眩暈は、一般的には、塔の上や崖の近くにいるときに自分に何かが起きることに対する、おそらく理不尽な恐怖として説明される。ある人が崖のふちに沿った狭い道のうえに立っている。道そのものは平坦で安定しているとすると、すべて崖のふちから落ちてしまう可能性はほとんどない。道を慎重に歩いて、途上の岩につまずいたりしないように、きちんとした注意を確実に払うようにしていれば、それでよい。それにもかかわらず、強烈な感覚が経験される。落ちるかもしれないという恐怖に似た感覚である。この経験にかんするサルトルの説明は、これが不安、すなわち、自分の自由にかんする意識のひとつのかたちだという。この感覚は、崖にも、岩にも、他のいかなる外的な存在にも向けられていない。自分自身に向けられているのである。というのも、その状況において、彼女は自分が慎重に歩

くだろうと確信はできないからである。〔道の〕向こう側まで行きたいという動機、崖を「避けるべきもの」とする知覚は、行為を決定するには十分でないのである。これらの現在の動機と知覚、そして、道の先のほうに立っている未来の自己のあいだに、無がこっそりと滑り込んでくる。そうすると、サルトルにすると、「私は断崖から落ちてしまうことではなく、自分で身を投げてしまうことを恐れている限りにおいて、眩暈は不安なのである。私の生命と存在を外部から変えるおそれがあると、状況は恐怖をひきおこす。私が自分自身とその状況における自分自身の反応を信用しない限りにおいて、私の存在は不安をひきおこす」(BN, p. 65〔1-132 頁〕)。

6.2.2　前反省的自己意識

　眩暈とは自分で崖の向こうに身を投げてしまうことにかんする不安だというサルトルの主張は、さしあたり、無意識の動機の心理学を示唆する。道を安全に進みたいという明示的な欲求があるのであれば、崖の向こうに自分の身を投げることにかんするいかなる動機も、私の心理の隠れた部分に根ざしているのでなければならないように思われる。抑圧された欲求が不安を誘発しているのかもしれない。しかし、それは安全でありたいという明示的に意識的な私の欲求と矛盾するので、無意識的にとどまっているに違いない。

　しかし、サルトルは、無意識に訴えるのはまちがった説明にほかならないと論じる。彼は、無意識の動機という概念そのものが維持できないと考える。フッサールと同じく、サルトルは、私たちはすべての心的内容に自己意識的に気づくことができるという意味での意識の透明性にコミットしている（彼はそれを「半透性」と呼ぶ）。彼は、「意識の存在は存在の意識である」(BN, p. 89〔1-177 頁〕) ために、この透明性は存在論的特徴なのだという。無意識の概念は、構造的に、ないし体系的に、自己意識的な反省によってとらえることができない心的内容を仮定するものであり、それゆえ、この存在論的特徴と矛盾する。それに加えて、サルトルは、無意識の動機にかんするフロイト的説明が現象にかんする一貫性を欠いた説明を利用していると主張する。一方で、無意識の動機は意識によってとらえることができないといわれる。だが他方で、それは治療となる会話のなかでは、セラピストの問いに対する「抵抗」として出現する。

そのような抵抗は、サルトルがいうには、問題となる欲求が決して無意識的ではないことの現象学的証拠である。それは少なくとも、セラピストに気づかれるのと同じしかたでは、患者自身の意識にもとらえることができる。それと同じように、これらの抑圧されたと想定される欲求から生じる実際の経験、たとえば、眩暈を構成する不安などは、それ自体がこうした欲求を反省によってとらえられるようにする意識経験である。もっというと、サルトルは、これらの欲求が無意識なのだすると、その動機としての実効性を理解することができなくなると考える。彼はこう書いている。「フロイトは、障害をこえて遠隔現象を結びつける魔術的統一を、あらゆるところに前提せざるをえなくなっている」（BN, p. 95〔1-186 頁〕）。

　無意識の理論のひとつの動機は、意識における見かけ上の矛盾を回避できることである。統合された合理的な意識が直接に対立した動機を持続させられるというのは不条理なので、無意識の理論は対立した動機をそれぞれ意識の異なる部分に割り当てるのである。つまり、精神の統一を諦めることによって、〔動機の〕二元性を守る。サルトルは、現象を適切に記述すれば、この二元性は単一の統一された透明な意識のうちにあることが示されると考える。彼が主張するには、このことを理解するために無意識の概念は必要なく、むしろ、それとはまったく違った二つの概念が必要となる。つまり、非反省的ないし前反省的な自己意識（unreflected, or pre-reflective self-consciousness）と非定立的ないし非措定的な意識（non-positional, or non-thetic consciousness）である。

　サルトルは、『存在と無』の数年前に、『自我の超越』においてこれらの概念について論じている。意識的活動に没入している状態から、その活動にかんする自分の意識に注意を向けることへの切り替えについて考えてみよう。たとえば、サルトルはこう書いている。「読書のあいだ、本にかんする意識や小説の登場人物にかんする意識はあったが、私というものはこの意識のうちになかった。……非反省的な意識のうちに私はなかったのである」（1962, pp. 46f.）。ここでは、意識の志向的対象は本あるいは物語である。もちろん、物語への没入を中断して、自分がそれを楽しんでいることを反省することも可能である。これは別の意識作用であり、その志向的対象は私の自己、あるいは、より正確には、私がその本を楽しんでいることである。たいていの場合、私たちは対象に

かんする意識に非反省的に没入している。しかし、自己意識的な反省というのは、重要な哲学的役割をはたす際立った可能性である。フッサールの超越論的還元とデカルトのコギトは、どちらも際立って哲学的な反省的自己意識の例である。サルトルは、こう指摘する。「反省を可能にするのは、非反省的意識である。前反省的なコギトというものがあり、それがデカルト的なコギトの条件なのである」（BN, p. 13〔1-37 頁〕）。

「私」ないし「コギト」は非反省的な意識の志向的対象ではないが、しかし、意識経験の一部ではある。私は小説を私の志向的対象として意識している。したがって、この経験には二つの面がある。第一に、この経験はその対象としての小説に向けられている。サルトルは、この経験が物語にかんする定立的ないし措定的な意識だということで、このことを表す。第二に、経験の私有性、すなわち、私がその物語を経験する視点もまた、志向的対象としてではないにしても、意識の一部である。サルトルによれば、私には私自身にかんする非措定的ないし非定立的な意識があるのだという。「対象についてのあらゆる定立的意識が、同時に、それ自身についての非定立的意識である」（BN, p. 13〔1-36 頁〕）。実際、同じ区別が反省的な作用にも当てはまる。私が志向的対象としての私自身の意識に向けられているとき、私はひとつの視点からそう向けられているのであり、したがって、反省された自己についての措定的意識に加えて、反省する自己についての非措定的意識ももっている。「それゆえ、われ思うと言い立てる意識は、思っている意識ではまったくない。あるいはむしろ、われ思うと言い立てる意識がこの措定的作用によって定立するのは、それ自身の思考ではない。……意識がそれ自身について意識的であるために、反省する意識はまったく必要ない。端的に、意識はそれ自身をひとつの対象として定立するものではないのだ」（1962, p. 45）。

ほとんどの場合、私たちは自分の活動や世界のなかの対象に没入しているため、私たちの意識経験は反省されていない。したがって、ほとんどの場合、私たちは自分自身について非措定的な意識しかもたない。

私が路面電車を追いかけるとき、私が時間を確認するとき、私が肖像画の鑑賞に没入しているとき、そこに私はない。「追いつかれなければならない路

第 6 章　ジャン＝ポール・サルトル　157

面電車」などについての意識と意識についての非定立的意識がある。もっというと、このとき私は対象の世界に投げこまれている。まさに対象が私の意識の統一を構成する。まさに対象が価値とともに、魅力的な性質や嫌悪感を抱かせるような性質とともに、みずからを現前させる——だが、私はどうかというと、私は消えてしまっている。……これは注意が一時的に失われていることからくる偶然的な問題ではなく、こうしたことが起きるのは意識の構造そのもののためなのである。(Sartre 1962, p. 49)

自己についてのこの前反省的、非措定的な意識は、サルトルが眩暈において経験される動機の対立とか、さまざまなかたちの自己欺瞞のような見かけ上の二元的な現象を説明するときの枠組みを提供する。彼はその名高い「自己欺瞞」の議論において、後者の現象に取り組むのである。

6.2.3　自己欺瞞

　サルトルの「自己欺瞞 (bad faith)」の概念は、自分をごまかすという現象の一定範囲に適用される。彼があげるひとつの例は、ウィーンの精神医学者ヴィルヘルム・シュテーケルからとられたもので、セックスの最中に快感を感じるが、そんなことはないと固く信じる不感症の女性である。サルトルの他の例のひとつは、浮気をしているのにそんなことはしていないと信じる女性である。サルトルは、無意識に訴えるのではなく、快楽や浮気の経験は非措定的意識のうちにあり、そのあいだ、その反対の経験、つまり、不感症や浮気に対する抵抗が措定的意識のうちにあるのだといって、こうした現象を説明する。

　浮気をしている女性について考えてみよう。彼女は初めて一緒に出かける男性と会話をしている。この状況にはそのあいまいさと先が決まっていないことからくる魅惑がある。その時、男は彼女の手を握る。「相手のこの行為は、即座の決断をうながすことによって、状況を一変させる危険がある」(BN, p. 97〔1-191頁〕)。しかし、彼女はこの即座の決断をしたくない。それゆえ、彼女は手をそのままにしておいて、そこからいかなる意義も取り去ろうとする。彼女はいっそう会話に没頭して、いっときのあいだ「精神そのもの」になって、彼女の手は「惰性的に置かれて、……同意もせず、抵抗もしない」(BN, p. 97

〔1-191 頁〕)。このとき、サルトルの記述によれば、男が手をにぎったことを意識しており、その行動の意義を意識しており、それを楽しんでさえいるのに、その行動には何の意義もないのだと信じることを可能にするような措定的意識を状況に対してとっている限りにおいて、彼女は自己欺瞞に陥っている。それゆえ、彼女の行為に含まれる矛盾ないし自分へのごまかしは、隠れてもいないし、無意識的でもない。何かのフリをするとか、何かを〔想像のなかで〕シミュレートするとか、何かから気をそらすことと同種のことなのである。このような矛盾ないし自分へのごまかしは「それ自身のうちで、ある観念とその観念の否定を統合する矛盾した概念を形成するある種の技術である。こうして生み出される基礎的な概念は、事実性であるとともに超越性であるという人間の二重の性質を利用する」(BN, p. 98〔1-192 頁〕)とサルトルは書いている。事実性 (facticity) は、状況の文脈、背景、所与から構成される。彼女はデートをしており、男は彼女の手をにぎっている。超越性は、その状況の意味構成的な投企から構成される。彼女は会話の知的な側面に完全にのめりこんでいる。事実性と超越性は、たいてい一致して互いを強化する。「しかし自己欺瞞は、両者を調和させたり、両者を総合において克服したりすることを望まない」(BN, p. 98〔1-192 頁〕)。もちろん、決断は先送りされているだけ、あいまいさはひきのばされているだけで、〔事実性と超越性の〕二重性についての十全な意識に対する堅牢な障壁があるわけではない。遅かれ早かれ、彼女は自分の手を取り戻し、それに意味を付与することになる。サルトルは、このような自己欺瞞を「準安定的 (metastable)」と呼ぶ。自己欺瞞は、しばらくは続くが定着してはいないのである。

　私たちはみな自分の事実性と超越性をもっている。私たちはみな措定的意識と非措定的意識をもっている。それゆえ、自己欺瞞は私たち全員に起こりうることなのである。この最初の例は、女性があいまいさを何とか維持しようとすることによってかたちづくられている点において、いくらか例外的な状況における自己欺瞞を示している。サルトルが主張するには、これよりもありふれたかたちの自己欺瞞があり、これにはほとんどの人がほとんどいつも陥っている。これを彼はカフェのウェイターの有名な例によって描き出す。

第 6 章　ジャン゠ポール・サルトル　　159

彼のきびきびした大げさな動きは、やや正確すぎるし、やや素早すぎる。彼
はややきびきびしすぎた足取りで客のほうにやってくる。彼はやや丁寧にす
ぎるくらいにお辞儀をする。彼の声や眼は、客の注文に対して、やや気配り
がききすぎているくらいの関心を表している。最終的に、その歩みにおいて、
ある種のオートマトンの柔軟性のないぎこちなさを模倣しようとつつ、一方
で軽業師のように大胆にお盆を運びながら、向こうに戻っていく。お盆はた
えず不安定で均衡の破れた状態に置かれるが、彼は腕と手を軽く動かすこと
で、たえずお盆の均衡を取り戻す。彼のふるまいはすべて私たちにはゲーム
のように見える。彼は自分の各運動を相互に制御し合うメカニズムであるか
のように連結することに熱中している。彼の身振りや彼の声までもメカニズ
ムのように見える。彼は事物の敏捷さと情け容赦ない素早さをわがものにす
る。彼は遊んでいる。彼は楽しんでいるのだ。しかし、何をして遊んでいる
のだろうか。それを理解するために、彼を長々と観察する必要はない。彼は
カフェのウェイターで・あ・る・こ・と・をして遊んでいるのである。（BN, pp. 101f.
〔1-199 頁〕）

もちろん、ウェイターは本当にウェイターである。ウェイターがウェイターで
あ・ることをして遊んでいると書くことによってサルトルが強調するのは、彼が
インク壺がインク壺であるのと同じしかたでウェイターであろうとしているの
だということである。機械的で敏捷な動きや声の装いはすべて、彼がウェイタ
ーであることを選択するためにたえずおこなわなければならない決断を飛ばし
てしまう。わざとらしいふるまいは、彼を根底において規定している自由を避
ける戦略なのである。「私が実現しようとするのはカフェのウェイターという
即自存在である……つまり、毎朝 5 時に起きるか、それがクビになることを意
味するのだとしてもベッドにとどまるのかが、あたかも私の自由な選択ではな
いかのように」（BN, p. 103〔1-202 頁〕）。このウェイターは、そのつどの自分
の選択に対する責任が自分にはないかのようにふるまうことによって、自己欺
瞞に陥っている。彼の意識は対自的であるが、即自的であるかのようにふるま
う。そのような自己欺瞞は至るところにある。自己欺瞞は、みずからの自由に
かんする意識を構成する不安から逃亡するためのありふれた戦略なのである。

6.3 身体と知覚にかんするサルトルの見解

次に、知覚における身体の役割についてのサルトルの分析に移ろう。サルトルが中心的な手がかりにするのは、彼なりに解釈したゲシュタルト心理学、とりわけ、動機づけにかんするレヴィンの分析である。サルトルは世界が「ホドロジー空間（hodological space）」だという。ホドロジー空間とは、一定の引力や抵抗が与えられたときの道のりの容易さにしたがって、環境における距離を考えるためのレヴィンの用語である。私たちは自分の周囲を「なされるべき行為を示すもの」（BN, p. 424〔2-266 頁〕）の観点から知覚する。サルトルは、レヴィンだけではなく、存在者が他の存在者を「指示」し、道具のような存在様式をもつというハイデガーの分析にも影響されている。

サルトルのホドロジー空間についての議論は、身体、とりわけ、自分自身の身体についての経験にかんする章に登場する。ここでの議論はサルトルとメルロ゠ポンティがどのようにして互いの思想の発展を促したのかをいくらか示している。メルロ゠ポンティの『知覚の現象学』を先取りしつつ、サルトルは『存在と無』において、「知覚と行為が区別不可能だ」（BN, p. 424〔2-266 頁〕）と主張する。それでいてしかし、サルトルの構成する意識への基本的なコミットメントは、まさにこの合流地点においてその本性を表す。というのも、知覚と行為が区別不可能なのは、世界を道具や道のりとしてみる経験の観点からでしかないからである。この観点からは区別不可能だが、知覚と行為は同一ではなく、その違いは容易に特徴づけられる。というのも、サルトルは「それでも行為は、純粋で単純に知覚されたものを超出し超越する未来における効力として知覚される」（BN, p. 424〔2-266 頁〕）と主張するからである。きっとメルロ゠ポンティは、この「純粋で単純に知覚されたもの」があるという主張に嚙みつくだろう。公正を期するならば、ここでのサルトルの区別が表そうとしているのは、単純で一切の関心から自由な任意の知覚、可能な用途を上乗せすることもできるが、そうしなければいけないわけでもないような知覚ではない。むしろ、知覚されたものというのは、レヴィンの誘発性を備えた対象である。知覚されたものは「約束をしてくれて、軽く触れてきて、〔また〕未来の端緒を

第 6 章　ジャン゠ポール・サルトル　　161

開く」（BN, p. 424〔2-266～7頁〕）とサルトルは書いている。そのような知覚は「自然と行為へと超出され、〔そして〕行為の企てのなかでのみ、また行為の企てを通してのみ、現れることができる」（BN, p. 425〔2-267～8頁〕）。しかし、行為は「企て」として知覚のうちにあるだけであり、私たちはある種の無、すき間、ないし「空洞」によって行為から切り離されている。カップが摑めるものとして見えるのはまだそれを摑んでいない限りにおいてであり、私の知覚の事実性と私の行為の超越性のあいだには隔たりがある。サルトルの存在論によれば、まさにこの隔たりのなかで、私たちはみずからの存在を営んでいる。そして、経験のなかでは、この隔たりは選択をすることの必然性という鋭く苦悩に満ちたものを通して示されている。

　サルトルが知覚された誘発性と行為への誘引の違いを力説するのは、みずからの人間存在の存在論にとっての不安の重要性のためである。（ギブソンの理論をその注釈者たちが展開しようとするときに用いるアフォーダンスとインビテーションの区別と比べてみてほしい。）受け皿に置かれたカップには底面があり、「その底面はたしかにそこにあり、あらゆるものがそれを示しているが、私にはそれが見えない」（BN, p. 424〔2-267頁〕）。カップはその底面を視界に入れることになる行為を示しており、底面や背面は「私の企ての終着点にある」。これは、私たちの具体的行為が一番最初から「魔法のように完了している」というメルロ＝ポンティの主張と決定的に違っている。カップに手を伸ばすことができ、カップの背面の周囲でどのように指を閉じればよいかをすでに分かっているということは、カップの背面ないし底面がすでに知覚されており、未来にかんする約束として示されているだけではないことを意味する。私たちはそれらを運動志向性において志向するなかで身体によって知覚している。

　知覚における身体の役割にかんするサルトルとメルロ＝ポンティの見方のこのような違いは、私たちの身体と私たちが世界との交渉のなかで用いる道具や用具の関係を検討することによって、さらにはっきりと取り出してくることができる。サルトルにとっては、ホドロジー的に経験される世界は、世界における私の身体的現前を作り上げる基礎的な方位づけから、その道具的な存在者のあいだの指示をえている。「こうした指示は純粋に観想的な意識」ではなく、私の身体がそのうちで世界に適応する投企によってしか「とらえられない」と

サルトルは書いている。私の身体は、道具的な連関をそれに特有の指示、道の
り、方位とともに明らかにする「鍵」ないし「指示の中心」なのである（BN,
p. 425〔2-268頁〕）。私の手と腕はハンマーから釘、ペンから紙への指示を構成
する。ペンを使うというのは、それを握ることだからである。この方位づけの
役割によって、身体はそれ自体が道具的であるにもかかわらず、他のすべての
道具から区別される。「私たちはこの道具を用いない。というのも、私たちは
この道具であるからである。この道具は、世界の道具的秩序によって、ホドロ
ジー空間によって、機械のあいだの一義的で相互的な関係によって与えられ、
それ以外のしかたでは与えられないが、しかし、私の行為に与えられることは
ありえない。私がみずからを身体に適応させる必要はないし、別の道具を身体
に適応させる必要もない。むしろ、身体とは道具への私の適応そのものであり、
私がそれであるところの適応なのである」（BN, p. 427〔2-271頁〕）。

　この最後の主張は、幻肢にかんするメルロ゠ポンティの分析によって、確証
もされるし、弱められもする。メルロ゠ポンティは、患者は習慣的身体によっ
て構成される世界内の可能性によって誘引されるが、それらの可能性は実際の
生きられた身体には利用不可能であるというのが、幻肢現象の正しい現象学的
記述なのだと主張する。たとえば、患者は欠損した脚で立つことへと誘引され
ている限りにおいて、欠損した脚のあいまいな現前を経験することがある。そ
れゆえ、メルロ゠ポンティは、私たちの身体が「世界の道具的秩序によって与
えられ」ている点では、サルトルに同意する。身体はなしうることの全体論的
な複合体なのである。しかし、その同じ理由によって、サルトルがいうように
私たちが身体に適応する必要はないというのは真実ではない。幻肢患者は、ま
さに自分の身体に適応する必要があり、世界が自分にアフォードしてくる可能
性に適応することによってそうしている。

　サルトルにとって、身体は世界をかたちづくるが、道具と同じしかたで世界
のなかで出会われるものではない。

　私は書く行為のなかで自分の手はとらえておらず、書いているペンだけをと
　らえている。つまり、私は文字を書くためにペンを使うが、ペンを握るため
　に自分の手を使うわけではない。私は自分の手に対して、ペンに対するのと

同じ利用的な態度にはない。……手は、〔指示の〕系列の最後の道具が示す認識不可能で利用不可能な項である。……それを私は系列全体の永続的で消えゆく参照点としてとらえることしかできない。(BN, p. 426〔2-269～70頁〕)

それに対して、メルロ＝ポンティは、身体が世界に対する私たちの開かれにおいて道具とひとつになることを強調する。盲人の杖は身体の延長となる。それは「もはやそれ自身として知覚されていない。むしろ、杖の先端が感覚的な領域に変容し、触るという作用の射程と範囲を増している」(PP, p. 144〔1-167～8頁〕)。手は認識不可能で道具によって示されているだけだというサルトルの主張とはまったく違って、メルロ＝ポンティはタイピストが「私たちが自分の手足のひとつがどこにあるのかを知っているのと同じように、文字がキーボードのどこにあるかを知っている」という。言い換えると、私たちの身体的習慣は世界まであふれ出すようなたぐいの知識を構成する。

　そうすると、サルトルとメルロ＝ポンティは、知覚における行為の役割という同じ現象に注目し、どちらもその分析においてゲシュタルト心理学の影響を受けている。メルロ＝ポンティが運動志向性に内属する理解可能性の完全な説明を展開するのに対して、サルトルは知覚の意識と投企された行為のあいだの「空洞」ないし無に分析の基盤をおく。これは、サルトルの現象学が知覚と行為の混じり合いよりも、不安と選択の分析のほうにずっと深くのめりこんでいることを示す。サルトルの現象学が用意するのは、実存的現象学というよりも、実存主義者の倫理なのである。

6.4　その他の現象学――ボーヴォワール、ヤング、アルコフ

　サルトルの哲学的思想は、その協力者であり批判者でもあったシモーヌ・ド・ボーヴォワールの思想と複雑に絡み合っている。現象学を具体的な倫理とフェミニズムにとって実り多いものにしたのは、ボーヴォワールの1947年の『両義性の倫理』と1949年の『第二の性』であった。ボーヴォワールは、サルトルと同じく意味構成的な意識というフッサール的な概念から出発するが、その『両義性の倫理』はサルトルの抽象的な実存主義版の根本的自由を越えて、

まさに実存的な自由の概念こそ具体的な倫理の基盤をなすべきであり、その倫理において私たちにはその根本的自由を行使するための物質的条件を可能にする責任があるのだと主張する。『第二の性』は、倫理的主体の具体的な条件をさらにふみこんで分析する。ボーヴォワールは、いかに私たちの社会的・文化的な伝統が女性の劣等性という概念を創造し、それによって女性の実存的投企の可能性を制約してきたかを示す。ボーヴォワールは、こうした制約が身体的主体としての女性にかけられていることを示し、私たちの意味構成的な身体的投企がジェンダー化されていることを明らかにすることで突破口をひらく。アイリス・マリオン・ヤングとリンダ・マーティン・アルコフの研究は、この基本的な洞察を発展させた重要なものである。

　ヤングは、その1980年の重要論文「女子のように投げる」によって、現代のフェミニズム現象学を確立した。ヤングは、ボーヴォワールと同じく生物学的ないし遺伝的特質としての女性性の概念をすべて退ける。ヤングもまた、サルトルの意識への注目を退け、そのかわりにメルロ゠ポンティの生きられた身体への注目から出発する。ヤングのフェミニズム現象学は、生きられた女性の身体の現象学なのである。ヤングは、男子と女子の投球の仕方の違いを用いて、男性と女性の行動の違いを具体的に示す。ヤングが古い文献からとってくる記述が戯画化されたものであることは否定できない。その戯画化によると、こうなる。少年はたいてい投球するときに全身を使う。腰を回転させ、投げる腕を後方にひねり、投げる腕と同じ側の脚に体重を移動する。反対側の脚を上げて、前に踏み出し、そのあいだに体重を軸脚から移し戻し、腰を逆回転させ、自分の体重を使って投げる腕を前方にしならせる。それに対して、たいていの少女は、投げる腕を体側から前方に動かして、肩の高さと水平のところまで持ってくる。次に投げる肘を上後方に曲げてから、肘から腕を伸ばすことによって投げ手を前に放り出す。両足は揃ったままで、腰を回転させたり、体重を移動させたりすることはない。少女は腕だけを使って投げるのであり、しかも腕全体を使いもしない。この戯画化された記述の目的は、少年と少女が異なる仕方で自分の身体を使い、経験しうることを指摘することにある。少年たちは、目標を達成するために全身を使ったり、身体のまわりの空間を使ったりすることに何の抵抗もない。少女たちは、ためらいがちで、自分の技能に自信がない。ヤ

ングはメルロ゠ポンティにしたがって生きられた身体に超越論的な地位を与えるので、身体的行動における違いは存在論的な帰結をもつ。

ヤングによれば、男性と女性のあいだの鍵となる違いは、その生きられた身体の経験のうちにある。男性にとって、生きられた身体は行為の主体であり、世界のなかの客体ではない。女性にとって、生きられた身体は行為の主体でもあるし、世界のなかの客体でもある。とりわけ、女性はみずからを見られるひととして経験する。このことは「男性の視線」という広く論じられている考えからはっきりと分かる。この概念を導入するにあたって、マルヴィ（Mulvey 1975）が指摘するのは、映画における女性の表象の多くにおいて、カメラは男性が女性を「品定め」するときの男性の目線の動きと同じように女性の身体をなぞることによって、女性を性的対象として扱っているということである。映画のこの一般的な特徴は、女性が自分たちをどう見るかに影響しないわけにはいかない。それは女性に自分たちを性的対象として見ることを教えているのだ。女性が自分たちを見るしかた——男性が女性を見るように性的対象として見るしかた——は社会心理学者たちによって、とくに対象化理論（Fredrickson and Roberts 1997）と呼ばれるものにおいて確認されている。社会心理学者たちは、男性の視線が女性の自己評価に対して、実在的で測定可能な効果をもつことを学んでいる。さらにいうと、問題となっているのは男性の視線だけではない。女性も男性を見る以上に女性を見ており、女性が女性を見るときの視線のパターンはしばしば「男性の視線」を反映している（Hall 1984）。最後に、女性の自己対象化にかんする研究も多くあり、女性が観察者のようにみずからを眺めており、たえず自分の見え方を監視していることが発見された（Calogero, Tantleff-Dunn, and Thompson 2011）。女性の生きられた身体は、行為と経験の主体でもあるし、性化された観察対象でもあるのである。

ヤングは、主体でもあり客体でもあるという女性の地位の三つの帰結を突き止める。それぞれがメルロ゠ポンティによって記述される男性の生きられた身体と女性の生きられた身体の違いをなしている。第一に、男性の生きられた身体が経験の超越的主体なのに対して、女性は両義的な超越性を経験する。女性の身体は両義的に経験される。つまり、ときに経験の超越的主体、世界の中心として、ときに世界のなかのたんなる対象、（おもに男性の）他者によって見

られ働きかけられるものとして経験される。女性は自分の身体をたんなる物と
しても経験する限りにおいて、みずからを内在的なものとして経験するのであ
る。第二に、メルロ゠ポンティは、生きられた身体の志向性を技能的にふるま
う準備ができている感覚のうちにあるものとして、「私はできる」として記述
する。それに対して、女性の身体は抑制された志向性を示す。抑制された志向
性において、女性は何らかの技能的行為に取り組む可能性を見るが、それを自
分自身の可能性としては見ず、それゆえ、「私はできる」と「私はできない」
を同時に投企する。第三に、女性はその身体において非連続的な統一を経験す
る。この非連続的な統一は、上述の投球スタイルの違いにおいて、きわめて明
瞭に示されている。他の多くの行為のように、投球には全身を協調させた行為
がもとめられる。男性はその身体を統一したものとして経験し、行為を遂行す
るときは身体全体をそれに従事させる。その一方で、女性はその身体を部分の
寄せ集めとして経験し、しばしばその一部だけしか行為に従事させない。少女
は腕で投球して、身体の他の部分を動かないままにする。

　ここで鍵となるのは、メルロ゠ポンティの生きられた身体の現象学が実際の
ところは生きられた男性の身体の現象学だという点である。男性優位の性差別
主義的な世界に生きる女性は、それとは違うしかたでみずからを経験するよう
になる。女性の生きられた身体は、技能的行為の主体でもあるし、男性が見る
ための客体でもある。あるいは、超越的でもあるし、内在的でもある。ボーヴ
ォワールにしたがって、ヤングは男性と女性のこの違いが生物学的でも遺伝的
でもなく、私たちの性差別主義的な文化における女性の状況の特徴であると力
説する。

　ヤングのフェミニスト現象学は、その他の諸現象学の展開への扉を開いた。
ボーヴォワールとヤング以前の現象学者たちは男性であることによってのみ特
権的であったわけではない。これらの現象学者たちは白人でもあった。リン
ダ・マーティン・アルコフ（Alcoff 2006）は、とりわけ、スティグマを負わさ
れた人種的マイノリティの一員であることが目に見えて分かる人々にとっては、
性と同じように人種も生きられた身体の経験にとって構成的である、と主張す
る。心理学には、人種的なスティグマを負わせることの影響にかんする研究の
長い歴史がある。たとえば、1930 年代後半から 1940 年代における一連の研究

において、マミー・クラークとケネス・クラークはアフリカ系アメリカ人の子どもたちに色黒の人形と色白の人形で遊んでもらい、その人形にかんする一連の質問をたずねた。3歳から4歳のあいだに、子どもたちは人種というものに気づいて、色黒の人形を自分たちのようだと認めるようになった。これは子どもたち自身の肌の色合いが色白の人形のほうに近い場合にも当てはまった。より年長の9歳以下の子どもたちは、どちらの人形が良くて、どちらが悪くて、どちらで遊びたいかを問われた。たいていの場合、子どもたちは色白の人形を遊びたいほうの人形、そして良いほうの人形として認め、色黒の人形を悪いほうの人形、そして自分たちのような人形だと認めたのである（Clark and Clark 1947）。より最近では、ステレオタイプ脅威にかんする研究（Steele 1997）があり、それによれば、スティグマを負わされた集団の成員は、ステレオタイプについて気づかされると、成績に負の影響を受ける。とりわけ、ステレオタイプについて気づかされると、ステレオタイプを負わされている人々は、そのステレオタイプにしたがう傾向が強くなるようなのである。たとえば、アフリカ系アメリカ人の標準テストの成績が比較的よくないことを伝えられたアフリカ系アメリカ人の学生は、そのことを知らされていないアフリカ系アメリカ人の学生よりも成績が悪くなる。ステレオタイプは自己成就的な予言となりうるのである。人種の経験、そして、人種によってカテゴライズされる経験は明らかに重大な心理学的影響をもつ。

　アルコフは、生きられた身体、とりわけ習慣的身体にかんするメルロ゠ポンティの現象学に訴えて、経験に対する人種の影響を説明する。習慣的身体には文化的な抑揚がついており、人種が重要な知覚的カテゴリーである文化においては、習慣的身体には人種的な抑揚がつけられることになる。アルコフがいうように「あいさつ、握手、距離の近さ、声の調子はすべて、人種的な意識とか、他者に対する優位性の前提とか、人種差別の可能性や承認されない可能性に対して身を守るための防衛とかの影響を明らかにする」（Alcoff 2006, p. 184）。習慣的身体は人種化されている。アルコフが「可視的なマイノリティ」と呼ぶものに属す人々、つまり、その見た目に基づいて人種的にカテゴライズされうる人々にとっては、とりわけそうである。生きられた身体は、習慣的な装いのもとにある場合も含めて、経験の必要不可欠な基盤であり、そこには人種が組み

込まれているため、人種は経験の暗黙の土台の一部となる。可視的なマイノリティにとって、世界に向き合うための技能的な準備体制には、偏見や人種差別や誤解に対処するための準備体制が含まれることになる。可視的なマイノリティが経験する世界は、マジョリティに属す人々が経験する世界とは違っている。

　これらのオルタナティヴな現象学は、救いがたく暗澹としているように見えるかもしれない。これらの現象学が文化的な偏見がそれを経験する人々に及ぼしうる深刻な負の影響を記述しているのは、その通りである。しかし、それと同時に、それはこうした負の影響が偶然的であることを明らかにする。ヤングは性が生物学的特質ではなく、文化的な特質であると主張する。アルコフは人種について同じことをいう。まさに文化的な構築物であることによって、〔カテゴリーとしての〕性や人種は作り変えられる可能性があり、負の影響を示すことは必要な作り変えを実現する動機となりうるのである。

用語解説

事実性（facticity）：状況の文脈や背景。自分の過去の行為や決断など。

自己欺瞞（bad faith，仏 mauvaise foi）：矛盾した自己概念にかんする一時的に安定した意識を保持することによって不安を逃れること。これらの自己概念の一方は、たいてい非定立的自己意識のうちにある。

自由（freedom，仏 liberté）：みずからの企てを選択することによって自分自身を作り直さなければならないという継続的な義務。現在や将来の行為は事実性と過去の決意に制約されていないのである。

前反省的自己意識（pre-reflective self-consciousness）：自分自身にかんする非定立的意識。自分自身以外の対象に向けられた意識作用の背景にある。

即自存在（being in-itself，仏 être-en-soi）：意識的でない対象の存在様式。

措定的意識（positional consciousness）：定立的意識と同じ。

対自存在（being for-itself，仏 être-pour-soi）：意識の存在様式。

超越（transcendence）：将来の自己の意味構成的な投企。現在の状況の意味をかたちづくる。

定立的意識（thetic consciousness）：志向的対象にかんする意識。措定的意識と
　同じ。

非措定的意識（non-positional consciousness）：非定立的意識と同じ。

非定立的意識（non-thetic consciousness）：意識作用の焦点をなさない付随的な
　意識。すべての意識作用が非定立的な自己意識をともなう。

不安（anguish, 仏 angoisse）：自由の意識。

文献案内

Sartre, J-P. (1946/2007). *Existentialism is Humanism*, trans. C. Macomber. New Haven: Yale University Press.

Young, I. M. (1980/2005). "Throwing like a girl: A phenomenology of feminine body comportment, motility, and spatiality." *Human Studies*, 3: 137-56. Reprinted in U. M. Young (2005). *On Female Body Experience: Throwing Like a Girl and Other Essays*. New York: Oxford University Press.

本文中に登場する文献の邦訳

Merleau-Ponty, M. (1945/2012, cited as PP). 竹内芳郎・小木貞孝（訳）『知覚の現象学1』みすず書房（1967年），竹内芳郎・木田元・宮本忠雄（訳）『知覚の現象学2』みすず書房（1974年）

Sartre, J-P. (1943/1984, cited as BN). 松浪信三郎（訳）『存在と無――現象学的存在論の試み1〜3』筑摩書房（2007〜2008年）

第7章

ジェームズ・J・ギブソンと生態心理学

　前章から分かる通り、現象学は多くの方向で実り豊かな影響をおよぼした。〔しかし、〕他の分野での現象学の役割をとりあげるのではなく、このあとも現象学に根ざした知覚の説明、また、理解可能性を構成するさいの身体の役割に焦点を当てることにしよう。とくに、私たちはこれから、心理学者、神経科学者、認知科学者など、現象学者にならって経験の本質、さらには経験と存在論の関係をみずからの主題として把握しようとした科学者たちの仕事に目を向けることにする。大半の哲学とは異なり、現象学者のアイデアは科学的に探究するうえで十分に具体的かつ実質的なものであり、それらのアイデアは科学的に検討され、しばしば確証されてきた。

　心理学者でメルロ＝ポンティと同時代人だったジェームズ・J・ギブソンの仕事を考察することで、この新しいタイプの歴史をひもとくことにしよう。彼らは異なった伝統に出自を持っているが、ギブソンもメルロ＝ポンティもとくに初期の経歴においてゲシュタルト心理学から影響を受けている。実際、ギブソンの見方とメルロ＝ポンティの見方はいくつかの点で似通っており、ギブソンはメルロ＝ポンティの仕事に注意を払っていた。メルロ＝ポンティと同じく、ギブソンも自分が知覚を理解する新たな枠組みを一から徹底的に発展させつつあるとみなしており、カントによる概念と直観の区別に根本的な問題を見出してそれに取り組んだ。したがって、ギブソンのアイデアはメルロ＝ポンティや他の現象学者に由来するというよりも、むしろ、私たちの知覚経験に対して適用されてきた、数十年におよぶ心理学の機能主義（functionalism）の伝統に由来する。

171

7.1 ウィリアム・ジェームズ、機能主義、根本的経験論

ヴントが科学的心理学を発展させたのと同じ時期に、ウィリアム・ジェームズは、主としてダーウィンに影響を受け、大きく異なる見解に基づく〔心の〕科学を教えていた。ヴントにとって、科学的心理学とは、精神物理学の方法を用いて単純な感覚を研究することだった。ジェームズは、1890年の教科書『心理学原理』で書いているように、単純な感覚が存在するかどうかさえ疑っており、ヴントがそうしたものに焦点を当てることは科学にとって有害であると考えていた。

> 大半の教科書は、最も単純な事実としての感覚から始まり、下位のものから高次のものを構築するように、総合的に進んでいく。しかし、これは経験に基づく研究方法の放棄である。誰一人として、単純な感覚をそれ自体として経験した者はいない。意識は、生まれたときから対象と関係の豊かな多数性でできており、単純な感覚と私たちが呼ぶものは、弁別的な注意、それもしばしばかなり高度なものを押し付けた結果なのである。無垢に見えるが欠陥を抱えた仮説を最初に認めることによって、心理学においてもたらされた破壊は驚くべきものである。その悪い結果は、研究の組成全体に織り込まれ、その後も展開され、取り返しがつかないものになった。感覚は最も単純なものであり、心理学において最初にとりあげるべき事柄であるという考え方が、こうした仮説のひとつである。(James 1890, p. 225)

ジェームズの論じるところでは、単純な感覚に排他的に焦点を当てることで、心の科学が論じるべきことの大半が見逃されてしまう。

> 心理学は、心的生活の現象とその条件についての科学である。現象とは、私たちが感情、欲望、認知、推論、決断などと呼ぶもののことである。表面的に考察すると、これらはきわめて多様かつ複雑なもので、観察者に混沌とした印象を与える。(James 1890, p. 1)

それゆえ、ジェームズが構想した科学は、ライプツィヒのヴントの研究所で着手されていた感覚の研究よりもその射程において幅が広いものだった。この引用箇所では述べられていないが、習慣、情動、意識、本能、知覚、想像力、記憶、その他多くのものが、乳幼児や人間以外の動物の心的生活とともに、教科書のなかで明確に考察されている。もちろん、感覚を研究すべきであるとはジェームズも考えていて、それに一章を割いている。ただし、ヴントがしたように、感覚を唯一の、または基礎的な主題として考えてはいない。

　ジェームズはそのアプローチにおいて明確にダーウィン的であり、こうした心の各側面を環境への適応として理解するべく論じている。あなたの肺が酸素豊富な空気への生涯をかけた適応であるのと同じように、本を持っているというあなたの信念は、現状への暫定的な適応である。言葉を変えると、私たちの心的生活の諸相は、それが何のためなのかという観点から理解すべきなのである。渡米したヴント派の心理学者ティチェナーは、このことを理由に、ジェームズ派のアプローチを揶揄しつつ、その後定着する「機能主義」という名称でこれを呼んだ。心を適応の集合体とみなすことで、ヴント派心理学とのコントラストはより明確になった。特定の適応は、環境のコンテクスト、そして動物全体が持つコンテクストにおいて理解されねばならない。肺がその機能を果たすのは、酸素が豊富な環境においてのみであり、また、それが心臓や循環器系と結ばれているときだけである。しかも、適応は、発達論的および進化論的な時間のうえで、歴史的にしか理解できない。肺がいま備えている機能を持つに至った過程を理解するには、私たちの進化上の祖先において、肺がどのように発達し、機能していたかを理解することが必要である。ヴントとその弟子たちが瞬間的で単純な感覚だけに狭い焦点を当てているあいだ、機能主義心理学者たちは、発達論的および進化論的な時間の尺度のもとで、環境のコンテクストにおける心の諸相を研究した。

　ジェームズが彼の教科書を出版したのは、心理学が哲学から分岐してひとつの学問になり始めた時期だった。ジェームズは哲学にとどまり、彼自身の仕事はますます哲学的なものになっていった。彼は後の自分の哲学的見解を「根本的経験論（radical empiricism）」と呼んでいる。彼によると、根本的経験論は「最初に仮説、次に事実、そして最後に一般化された結論」（1911, p. xii）で構

第7章　ジェームズ・J・ギブソンと生態心理学　　173

成されるのが特徴である。彼の仮説は、経験されるすべてのものごとが、そしてそれだけが存在するというものである。彼のいう事実とは、関係が経験されるということである。それゆえ、当然のことながら、関係は存在する。彼が一般化する結論は、世界は直接に経験されるということである。この最後の点は、私たちが体験している経験的世界と、世界それ自体とを分けるカント的な区別に対する明確な拒否である。ジェームズが主張しているのは、「純粋経験」と彼が呼ぶものからなる世界のみが存在するということである。彼の見方は一種の中立的一元論（neutral monism）である——ひとつの世界だけが存在し、それは物的でも心的でもない。経験される世界と経験それ自体は、まったく同じものなのである。

「主観的なもの」としては経験は表象すると私たちはいう。〔だが〕経験は「客観的なもの」としては表象される。表象するものと表象されるものは、ここで絶対値においては同じである。私たちが忘れてはならないのは、経験それ自体のなかに表象されるものと表象するものの二元論は存在しないということである。経験の純粋な状態においては、あるいは経験を分離したときであっても、意識と、それ「によって」意識ができているところの何かが分裂して存在するわけではない。経験の主観性と客観性はたんに機能的な属性である。それは、経験が二度にわたって「とりあげ」られるとき、すなわち、経験が新たな回顧的経験によって、そのつど異なる二つのコンテクストにそって考察されて語られるときにのみ実現される。そうすると、過去の結びつきの全体が経験の新たな内容を作り上げることになるのである。現在という瞬間的な場所はどんなときも、私が「純粋」経験と呼ぶものである。それはいまだ、仮想的な意味で、あるいは潜在的な意味で、客観または主観であるにすぎない。さしあたり、それは素朴で、いまだ特定されていない現実または存在であって、たんにそれ（that）である。（James 1904a, p. 84）

この文章は「意識は存在するか？」（1904年）からのものである。この問いに対するジェームズの答えは、もしもあなたのいう意識が心のなかにあって外部世界を表象する何かを意味するのなら、それは存在しないということである。

E・B・ホルトはウィリアム・ジェームズの学生で、根本的経験論をその極限まで推し進め、それを心理学理論にしようと試みた。心理学史家によって最近まで無視されていたものの、ホルトの仕事はそれ自体で興味深い（Heft 2001; Charles 2012）。とはいえ、ここでの目的にとってホルトが果たした最重要の役割は、プリンストンでギブソンを教えたことである。1920年代初頭、ギブソンは学部生としてプリンストンで哲学を学び、心理学における大学院生の一期のメンバーとなった。ホルトは彼の先生の一人だった。別の先生にはハーバート・ラングフェルドもいて、彼はブレンターノに学んだのだった。ギブソンの論文は、コフカの学生だったゲシュタルト心理学者のヴルフによる形態の知覚の研究を実験によって論駁するものだった。ギブソンは自伝（Gibson 1967）でこのことについて書いている。「形態の知覚は学習されたものだ。でなければ、イマニュエル・カントの手中に落ちてしまう。私はホルトのような根本的経験論者だった。……セミナー・テーブルをはさんでコフカその人と毎週顔を合わせることになろうとは思いもよらなかった」。以下で見る通り、ジェームズ主義者のホルト、そしてコフカが、ギブソンの生態学的理論に影響を与えた二つの主要な力だった。

7.2　ギブソンの初期の仕事——二つの例

7.2.1　知覚される誘発性

ギブソンの同僚だったコフカ、そしてゲシュタルト心理学全般からの影響は、ギブソンとクルックスによる初期の論文（Gibson and Crooks 1938）では明白である。この論文で、ギブソンはエンジニアのローレンス・クルックスとともに、レヴィンとコフカが発展させた行動の場の理論の修正版を用いて運転行動を分析している。第4章を思い出してほしいのだが、行動の場は、私たちの行動を導くような、方向性をもった動機づけの集まりだった。子どもは調理台にあるクッキー瓶が気になってそれに引き寄せられるように感じるが、同時に、それを承認しない母親の様子を通じてクッキー瓶から遠ざけられるように感じる。ギブソンとクルックスは、車を運転する行動を理解するうえで、これが正しい一般的アプローチであると感じていた。ただし、これはあまりに静的であ

る。車に乗っていると、あなたは敏速に前へと進んでおり、街灯柱とガードレールのはじくような力だけでなく、ほぼつねに、あなたの車に相関してその位置を変える他の動いている車が存在する。運転手が経験すること、また、運転手の行動を決定するものは、ギブソンとクルックスが「安全な移動の場」と呼ぶものである。これは、「どの瞬間においても、車が邪魔されずに通れる可能性のある経路からなる場によって構成されている」(1938, p. 454)。この場についての彼らの定義は明らかに、レヴィンの誘発性、すなわち、肯定的なものであれ否定的なものであれ「その力を通じて、私たちをそれに向かわせたり遠ざけたりする対象の意味」(p. 455) という見地にそっている。安全な移動の場は、肯定的な誘発性を持つ経路であり、それが道路の縁、歩行者、他の車など、否定的な誘発性を持つものに囲まれている (図7.1 参照)。ギブソンとクルックスは、車の運転手の視点にそって読者がページを見るよう、ページを回転させることを推奨している。それを手助けするため、安全な移動の場を表示した車が図の底面に来るように、本書での図はあらかじめ回転させてある。ボンネットにかかる点線の弧は運転手の視野に入る空間のまとまりである。他の車が発

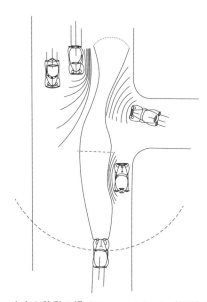

図7.1 安全な移動の場 (Gibson and Crooks (1938) に基づく)

していて経験される斥力は、車の前方に広がる安全な移動の場を限定する。この場は車の前からページ上方へ、つまり運転手の視点から見て地平線へと広がる。「現象的には、それは道路にそって突き出る舌のようなものである」（p. 454）。

　この論文はギブソンの経歴のなかでは初期に出版されたものだが、繰り返される主題、とくに彼の最後の著作『生態学的視覚論』（1979）において繰り返される主題を含んでいる。コフカとレヴィンからの影響はこれらの主題に見られる。第4章で記した通り、ゲシュタルト心理学者たちが論じたのは、行動の場が持つ誘発性を含め、形態とは、認知的操作の結果ではなく知覚を通じて与えられるものだということだった。この論文でギブソンはこの点をより先にと押し進め、安全な移動の場を構成する誘発性はたんに知覚を通じて与えられるだけでなく、客観的世界の構成要素であると主張している。

　　注意すべきなのは、安全な移動の場は、空間的な場ではあるが物理的空間に
　　固定されていないということである。車は動いており、車と一緒に場は空間
　　を通じて動いていく。その判断の基準は、環境内の静止した物体ではなく、
　　運転手自身である。ただし、それはたんに運転手の主観的経験なのではない。
　　安全な移動の場は、運転手がそれを自覚していてもいなくても、車が安全に
　　操作できる現実の場として客観的に存在している。それは、障害物がそれを
　　侵食して境界を制限するのに応じて、道路とともに曲がったりねじれたり、
　　また、伸びたり縮んだりしながら、継続的に切り替わりつつ変化している。
　（Gibson and Crooks 1938, pp. 455-6）

彼の師だったホルトと同様に、1930年代のギブソンはみずからを根本的経験論者であり、かつ（当時のアメリカの大半の心理学者と同様に）行動主義者であるとみなしていた。これらの一体化のどちらからでも、経験内容についてのギブソンの実在論を説明することができるだろう。根本的経験論者として、ギブソンは、私たちが経験する世界と世界それ自体との区別があるとは信じていなかった。安全な移動の場を車の前方に突き出る舌として私たちが経験するのなら、その舌は世界内における実在物なのである。行動主義者として、ギブソン

第7章　ジェームズ・J・ギブソンと生態心理学　　177

は、内面的で心的な原因について懐疑的であり、心理学は、学習理論と結びつくことで、公共的に観察可能な刺激と反応の観点から作られる必要があると考えていた。この観点からすると、それが非常に複雑なものであるとしても、安全な移動の場は公共的に観察可能な刺激であるはずであり、運転行動はそれに対する反応なのである。

これは、科学者かつ根本的経験論者であるギブソンと、現象学者とを対比する鍵になるポイントである。私たちの経験の内容について、ギブソンは実在論者である。ハイデガーもメルロ゠ポンティも、科学的研究の対象については経験論的実在論者であるが、世界の利用可能〔道具存在的〕な特徴と出来的〔事物存在的〕な特徴とを区別する。ハイデガーであれば、安全な移動の場を構成する誘発性は利用可能なものであって、世界の出来的な特徴ではないと主張するだろう。それと同様に、メルロ゠ポンティなら、誘発性は、私たちの身体を知覚的に最適な位置へと引き込む規範として直接に経験されるが、まさにその理由ゆえに、分離した観点から科学的に研究できる客観的世界の一部ではないと主張することだろう。しかしギブソンにとっては、場は「客観的に存在する」、すなわち、自然的世界に備わる目下の特徴として存在するのである。言い換えれば、ギブソンの分析は、ハイデガーとメルロ゠ポンティが提案した実存的存在論を採用することなく、実存的現象学を取り入れようとしているのである。

7.2.2 学習

ギブソンは最後まで根本的経験論者であり続けたが、経歴が進むにつれて行動主義者としては不満を募らせるようになった。実際、最後の著作（Gibson 1979）の時期には、刺激は行動の原因ではないとギブソンは論じている。ただし、ギブソンはそれよりずっと早い時期に、妻のエレノア・ジャック・ギブソンに背中を押されて、行動主義者は、彼らにとって鍵となる理論的概念である学習を誤解していると確信するに至っている（Gibson and Gibson 1955）。行動主義（behaviorism）の理論では、学習において、動物は刺激と反応のあいだに連合を形成すると考えられている。これらの連合は、動物が受ける強化や罰のために、刺激に付与されるのである。ギブソンとギブソンはこの点について、

刺激に対して心的に付与される連合があることで、刺激は学習においてより豊かなものになるという言い方をしている。この点で行動主義は、精神主義（mentalist）の見方と同じ立場にある。学習を可能にする観察不可能で無意識的な過程を信じている構成主義者（structuralist）の見方と同じなのである。ギブソンとギブソンは問うている。「学習とは、以前は貧しかった感覚が豊かになるという問題なのだろうか、それとも、以前は漠然としていた印象が弁別される過程なのだろうか？」（Gibson and Gibson 1955, p. 34）。

　この問いに答えるべくエレノアが企画して実施した実験では、参加者はターゲットとなる一枚の落書きを見せられ、その後で一連の他の図版を見せられる。そこには、ターゲットのコピーが 1 枚と、それとは異なる 29 枚——12 枚は大きく異なり、17 枚はわずかに異なる——が含まれている。参加者は、30 枚の図版のなかからターゲットを見つけなければならない。参加者は、矯正されたり、罰を与えられたり、強化されたりすることはない。実験者はたんに一連の図版を呈示し、参加者がターゲットを正しく特定できたかどうかを告げることもしない。大人は、30 枚の図版一組を平均してほぼ 3 回見終えると、他の図版からターゲットを識別することができた。いかなる強化も必要なしに、すなわち、矯正、罰、強化がなくても、ターゲットと「イエス」の回答のあいだに連合を引き起こすことができたのである。8 歳から 11 歳までの子どもは、平均して 4.7 回、図版一組を見る必要があった。ギブソン夫妻は、この実験によって、学習が、連合によって特定の刺激を補足する無意識的かつ心的な装飾を含まないことが示された、と論じている〔報酬や罰によって刺激を修飾しなくても、学習は自発的に生じるということ〕。そうではなくて、被験者は、他の図版からターゲットを区別する情報にたどり着くまで、刺激の集まりをすこしずつより細かく弁別していくのである。

　この結果は二つの理由で注目に値する。第一に、この実験は心理学における知覚的学習の研究を発足させたのであり、この分野においてエレノア・ギブソンは、知覚において彼女の夫がそうだったのと同様に、印象的かつ影響力のある生涯を送った。第二に、この実験は、知覚の内容について、ギブソンの根本的経験論と実在論をもういちど確認するものになっている。根本的経験論によると、存在するのは私たちが経験する世界だけである。ギブソンの実在論によ

第 7 章　ジェームズ・J・ギブソンと生態心理学　　179

ると、私たちの経験の内容は、この世界の実在的な特徴である。行動主義者の学習への理解において刺激に付与されると考えられてきた連合は、経験されるものでもなければ世界に備わる特徴でもないのである。ギブソンは当初、自分自身を行動主義者であると同時に根本的経験論者であると考えていた。行動主義と根本的経験論が葛藤を起こしたとき、彼は後者を選んだのである。

7.3 生態学的アプローチ

ギブソンの名を今日最もよく知らしめているのは、知覚研究、なかでも視知覚の研究への生態学的アプローチと呼ばれるものである。生態学的アプローチは、デカルト以来仮定されてきた推論的アプローチとは対照的である。知覚への推論的アプローチは知覚の誤謬というものがあること、つまり、私たちがときどき知覚においてまちがうという事実を説明するよう設計されている。私たちが誤謬をおかすのは、私たちが世界を正確に知覚できるほど環境のなかには十分な情報がないからである。たとえば、図7.2を見てみよう。これはデカル

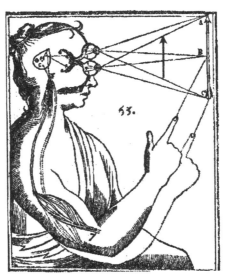

図7.2　デカルト『人間論』の図に小さな矢を加えたもの

トの『人間論』にある図を修正したものである。デカルトは、絵の右側にある矢をひとがどのように知覚するかを示しつつ、知覚のプロセスを図にしている。矢から伝わる光は眼球のレンズを透過し、上下さかさまで平面的な矢の像を網膜の表面に生じさせる。この図には、二本目の小さな矢を付け加えてある。どちらの矢も、網膜上では同じ大きさで同じ形の像を映し出す。推論的アプローチによると、あなたが見ているのが近くの小さな矢なのか遠くの大きな矢なのか判別するには、網膜像に対して記憶から得た情報を付け加えなくてはならない。一般化していうと、何かの大きさを知覚するには、記憶に基づく距離の推定が必要であり、その逆もまた同様である。網膜上に投影されたもののサイズから、何かが小さくて近くにあるのか、大きくて遠くにあるのか判別するのは不可能なのである。今日、この点はしばしば「刺激の貧困（poverty of the stimulus）」として言及される。すなわち、私たちが世界を知覚できたり、言語を習得できたりするうえで、十分な情報は存在しないとの主張である。刺激が乏しいために知覚は部分的には構築する過程でなければならず、感覚器の表面で入手できる情報に記憶からの情報が付与されるのである。知覚にとって入手可能な情報が十分にあるのなら、知覚の誤謬は生じないだろう。

　推論的な見方に対するギブソンの拒絶は、生涯を通じてより急進的なものになっていった。彼が書いた三冊の著作を見ていくとそのことが理解できる。彼の最初の著作『視覚ワールドの知覚』（Gibson 1950）は、第二次世界大戦中に従軍し、パイロットが航空機を離着陸させるさいに利用している情報を研究したことに触発されている。彼は「知覚の大地説（ground theory of perception）」を展開したが、それによると、空間中の対象の位置を知覚することは、大地との接触に基づいている。たとえば、大地のきめは、奥行きと距離についての情報を提供する。大地のきめの要素は、観察している地点から遠くなるほど小さく見えるし、距離における遠近の知覚は、大地との接触に依存する。本書でのギブソンの論点は、世界が現実にどう見えているかに注意を払うなら（すなわち、知覚の現象学に従事するなら）、当初そう考えられていたよりも実際にはより多くの入手可能な情報が存在するということである。本当のところ、刺激はそこまで乏しくはないのだ。

　ギブソンの第二の著作は『生態学的知覚システム』（Gibson 1966）である。

第7章　ジェームズ・J・ギブソンと生態心理学　　181

本書で彼は、知覚が感覚器官のみ（たとえば視覚なら眼球、聴覚なら耳）で完結すると考えるのはまちがいだと論じている。そうではなくて、動き回る身体の上にあり、首の上にあり、動く頭の前面にある動く眼球でもって私たちは見るのである。ギブソンの議論によると、知覚とは私たちが・する何かであり、だからそれには時間が必要である。私たちが何かを見るとき、それを見渡すために眼球を動かし、やや異なる角度を取るために首を持ち上げ、より近くから見るために歩いて近づく。知覚の最中に私たちが従事するこれらすべての行為は、私たちが知覚している世界についての情報を生み出す。そして、ギブソンが光・学的流動（optic flow）と呼ぶ、運動とともに生じる網膜上の情報の特徴的な変容パターンが存在する。腕を伸ばしてこのページを持ち、それを見てみよう。前かがみになったり本を引き寄せたりすると、網膜上の本の像は拡大する。頭を上げたり下げたりすると、本によって隠れている背景の部分が変化する。そして、その変化の比率は本からの距離に逆比例する〔本からの距離が遠いと背景の変化は小さく、距離が近いと背景の変化は大きい〕。さらに、眼球を左に動かすと網膜上の本の像は右に押し流される。こういったことである。動いている動物にとって入手可能な情報は膨大である。やはり、私たちが思っているほど刺激は乏しいわけではないのだ。

　ギブソンは、彼の第三の最も重要な著作で、死の直前に出版された『生態学的視覚論』において自身の生態学的アプローチを展開している。先に述べた通り、知覚への推論的アプローチは、刺激の貧困という理由から必要とされているように見える。しかしギブソンは、先行する二冊の著作において、現実には刺激が乏しいわけではないことを示している。このことに基づいて、『生態学的視覚論』で彼は推論的アプローチを拒否している。もっというと、ギブソンはさらに進んで、視覚の基礎としての網膜像も拒否している。私たちが知覚する対象との接触は、網膜像によって媒介されていないというのである。

　生態学的アプローチは、三つの原理から構成されるものとして紹介することができる。

　　第一原理：知覚は直接的である。知覚が直接的であると主張することは、
　　知覚は心の曲芸、すなわち感覚的表象に加えられた推論の結果ではない、と

182

主張することである。直接知覚（direct perception）の見方は、知覚についての反表象主義である。ある動物が何かを直接知覚しているとき、その動物は何かに媒介されることなくその物に接触している。もちろん、これが意味するのは、知覚することは動物の内部で生じているのではなく、動物と知覚対象をともに含むひとつのシステムの一部であるということだ。直接知覚の考え方は、環境中の情報についての理論と緊密に結ばれている。

　第二原理：知覚は行為のためにある。知覚の目的は、行為を生成し制御することにある。この点については通常、大半の行為もまた知覚もしくは認知のためにある、と補足される。知覚と行為の緊密で双方向的な結びつきには、それだけで進化論的に妥当な響きがある。

　第三原理：知覚されるのはアフォーダンスである。第三の原理は、実際のところ先の二つからの帰結である。知覚が直接的であり（すなわち非推論的であり）、行為を導くためのものならば、行為を導くのに十分な情報が環境において入手可能でなくてはならない。ギブソンはこの役割を果たすものとしてアフォーダンス（affordance）を導入する。アフォーダンスはしばしば誤解されており、その正確な性質については、生態心理学においてもより広い認知科学の世界においても重大な論争の的である。さしあたり、アフォーダンスとは行為のために環境が与える機会だと言っておけば十分である。というのも、アフォーダンスは環境の客観的特徴であるとともに、ある意味で動物に依存するものでもあるため、アフォーダンスがいかなる種類の事物であるのか厳密に述べることは難しいのである。この点についてはあとでさらに述べることにする。

これらの原理が実際に何を意味するのか、また、なぜこれらが正しいのかは、ギブソンの生態学的アプローチをより詳しく叙述することでさらに説得力をもつようになるだろう。

7.4　生態学的存在論

『生態学的視覚論』（Gibson 1979）はおそらく、動物が知覚している環境の本

第7章　ジェームズ・J・ギブソンと生態心理学　　183

性を記述するのにほぼ半分のページ数を割いている点で、知覚について論じた書物のなかでもユニークなものである。本書のこの半分は、視覚にとって利用可能な情報についてのギブソンの理論を論じており、これが彼の視知覚の理論と手をたずさえて進んでいく。知覚が直接的だとすると、心のなかで付与される情報はない。また、知覚が行動を導くのだとすると、動物がみずからの行動を探るうえで十分な情報が環境に含まれているのでなくてはならない。すなわち、環境には、行動の機会を特定する情報が含まれていなければならない。言い換えると、環境にはアフォーダンスを特定する情報が必ず含まれているのである。こうした見方は、ギブソンが提示しうる情報理論に重大な制約を課すことになる。第一に、情報は非推論的な知覚において用いられるものであるから、環境内のどこにでもあるのと同時におおよそ明瞭なものでなければならない。第二に、知覚が行動を導くのであるから、環境内の情報は行動の機会を特定する、すなわちアフォーダンスを特定するのでなければならない。こうした制約を満たすため、ギブソンは私たちが知覚する世界について新しい存在論を提供している。

　ギブソンは、私たちが知覚する環境と、物理学者が記述する世界とを区別することで考察を始める。

　　古典物理学によれば、世界は空間内の物体でできている。そのため私たちは、空間内の物体で構成される物理学の世界に住み、私たちが知覚するものも空間内の物体でできていると仮定してしまいがちである。しかし、この仮定は非常に疑わしい。地上の環境は、媒質、物質、および両者を区別する表面によってより良く記述される。(Gibson 1979, p. 16)

媒質(medium)とは、知覚と行為が生じる空間のことである。媒質は非物質的であり、光の透過、振動の伝播、化学物質の放散を可能にする。それは移動を可能にするものでもある。私たちは、物質や液体や事物として媒質を経験することはない。そうではなくて、移動経路(path of locomotion)と結びついた観察点(point of observation)の集合として媒質を知覚する。観察点とは、動物がその感覚器官を据えることができるすべての場所のことである。移動経路

とは、連続し、結合している一連の観察点のことである。媒質は、私たちがそこで知覚し行為する空間なのである。注意すべきなのは、媒質が動物によって変化することだ。人間にとって媒質は空気でできているが、魚にとっては水でできている。魚と鳥にとっての移動経路は、多かれ少なかれ地球の表面に限定されている私たちのような生き物にとっての移動経路と比べて、より三次元的である。物質（substance）とは、環境中の対象を形成する素材である。表面（surface）とは、物質と媒質のあいだの境界面である。私たちが部屋を見回すとき、表面に反射した光を介して物質を目にする。物理学、化学、光学などの法則により、表面に反射した光は、その背後にある物質を明示するのである。「明示する」という言葉は、ここでは、法律上の契約書で使われるのとまったく同じしかたで使われている。反射光の特徴が、特定の物質の現前を保証するのである。たとえば、あなたの目の前のテーブルの上にバナナがあるとしよう。バナナは物質である。その形と化学的組成は、法則にしたがって、バナナの表面が室内の空気や光と相互作用する仕方を決定する。これらの法則的な関係性ゆえに、バナナに反射した光は、バナナがそこにあることを明示しているのである。このようにして、反射した光は、バナナについての情報を運ぶことが可能になっている。

　ギブソンが「情報」によって意味したことを理解するための第一歩としては、刺激作用（stimulation）と刺激情報（stimulus information）のあいだに立てられた区別が最適だろう。濃い霧に満たされていて、一様な明るさの部屋に立っていると想像してみよう。そのような部屋で、あなたの網膜細胞が刺激される。室内の光はあなたの眼球に進入し、杆体と錐体を興奮させる〔杆体と錐体は視細胞で、前者は暗所で機能し、後者は明所で機能する〕。しかし、あなたの網膜を刺激する光は何の情報も運んでいない。部屋の各所からあなたの眼球へと集まり、その水晶体で焦点が絞られる一様な白色光は、部屋の構造を明示することはない。そのため、感覚細胞の興奮である刺激作用は、それ自体として情報なのではないし、知覚にとって十分ではない。通常の環境と霧に満たされた部屋の違いは示唆に富んでいる。霧に満ちた部屋では、観察者の頭部と眼球が取りうるいかなる地点に集まる光も、霧によって散乱している。光が観察者に届くさい、それは室内の表面から直接やってきてはいない。だから室内の表面に

ついて、主体に情報を与えることができない。霧のない典型的な状況では、室内のどこに届く光も部屋の表面に反射している。光がそれに対して反射する表面の化学的組成、きめ、全体的な形が、光の特徴を決定する。表面は室内の空気と物質の境界面であるため、表面の本性が今度は、それを構成する物質によって決定されることになる。こうした事実の集まりによって、どの地点に収斂する光であっても、環境中の物質について情報を運ぶことができるのである。また、その頭部によってある地点を占める動物は、光をサンプリングすることで環境について学ぶことができるのである。

　この説明により、私たちは、光（あるいは他のエネルギー）にとって情報を運ぶことがどのようなことなのかを理解できる。ただし、情報がどういう種類の事物なのか、この説明は何も語っていない。ギブソンと彼の信奉者たちが情報は遍在するというとき、彼らは、室内の物質、対象、エネルギーに加えて、それ以外の何かとして情報が存在すると述べているのだろうか。答えはイエスでありノーである。イエス、というのは、情報は環境の実在的な一面だからである。といっても、情報は、物体または物質とならんで環境中に存在するような、測定可能で定量化できる種類のものではない。そうではなくて、情報は環境に備わる関係的な特徴なのである。とくに、ある観察点に集まる光は、部屋の表面と特定の関係性にある。つまり、その点に到達する前に部屋の表面にはね返り、比較的透明な媒体を通過してきている。光に内在する情報とは、光と環境とのこの関係に他ならないのである。

　この点について、急いで多少の補足を加えておく。第一に、光と表面の間の情報の関係は、霧に満ちた部屋の例では当てはまらない。そのためこの例では、環境のレイアウトについて光は何の情報も保有していない。第二に、注目に値することとして、このようなしかたで情報を理解するなら、情報は環境のなかに遍在していることになる。環境中で表面に反射する光は、環境中のあらゆる地点において収斂するからである。第三に、環境中の情報はおおむね完全なものである。どの地点に収斂する光であっても、遮蔽されていないすべての表面に反射したものだからである。第四に、ギブソンのプロジェクトにとって最も重要な点だが、光には、アフォーダンスを特定する情報が含まれている。この点を理解するには、アフォーダンスについてすこし説明が必要である。

アフォーダンスは行動の機会である。異なる動物には異なる能力が備わっているため、アフォーダンスは、それを知覚する動物に備わる行動上の能力に相関する。ある場面では、行動能力は動物の身長と有意に相関する。二つの例をあげよう。ウォーレン（Warren 1984）は、足の長さと階段を登るアフォーダンスの関係を、ジアンとマーク（Jiang and Mark 1994）は、目の高さとすき間を飛び越えるアフォーダンスの関係を突き止めている。高さとアフォーダンスの関係を考慮するなら、高さについての情報もまた、アフォーダンスについての（部分的な）情報であることになる。環境中のどの地点における反射光も、環境に含まれる表面から集まっていることを思い出そう。これらの表面には大地も含まれるのだから、高さに関連する比較的明白な情報源のひとつは、観察点の下に広がる大地に反射した光である。セジウィック（Sedgewick 1973）は、ここまで明白でない情報源を指摘している。観察点の高さと同じ高さから見たときに対象を横切る地平線である。すなわち、地平線、および地平線とのあいだに位置する対象に反射して光がどこかの地点にいたるときはつねに、その光には、対象の高さと比較したときの観察点の高さにまつわる情報が含まれているということである。もちろん、観察点の高さについての情報は、動物の身長についての情報でもある。そのため、動物の身長と何らかの関係がある種類のアフォーダンス（手を伸ばす、階段を登る、すき間を飛び越えるといった）にとっては少なくとも、アフォーダンスにまつわる情報が光のなかに存在するのである。より一般化していうと、光のなかの情報は、光をはね返す事物についてのものだけではないということである。それは、知覚者についての情報、そして知覚者と環境の関係についての情報でもあるのだ。身体は光を反射するのであるから、情報はつねに、特定の動物が住み込んでいる環境にまつわるものである。ギブソンはこう述べている。

　馬と人間は違ったしかたで世界を見ている。両者の視野はまったく異なっている。鼻が違い、脚が違うので、視野に対する出入りのしかたが異なるのである。それぞれの種は他の種とは異なる自己を見ているし、各個体はそれぞれ異なる自己を見ている。人間の場合も、各人がそれぞれ他の人がそうするのとは違うしかたで自己の身体についての情報を得ているのである。（Gibson 1979, p. 115)

　私たちの眼球が前を向いているという事実、また、光が目に入らないよう後頭部がそれをさえぎっているという事実によって、世界を見るだけでなく、自己自身を見ることもできるのである。

　情報が遍在しており行動を導くのに十分なものであること——刺激は貧困ではないこと——を証明することは、ギブソン派の伝統のなかにいる心理学者たちによる経験的研究の鍵になる焦点であり続けてきた。実際ギブソンは、この点をアフォーダンス理論にとっての中心的問題だとしている。「アフォーダンス理論にとっての中心的問題は、アフォーダンスが存在し、それが実在的であるかどうかではない。アフォーダンスを（直接に）知覚するうえで、情報を包囲光（ambient light）のなかに入手できるかどうかである」（1979, p. 140〔153頁〕）。ここでは、二つの事例に焦点を当ててみよう。光学的流動におけるルーミングと呼ばれるものと、ダイナミック・タッチによる知覚である。

　光学的流動を理解する最も簡単なやり方は、一人称視点のビデオゲームで遊ぶときに何が起こるかを思い出すことである。仮想環境のなかでアバターを動かすとモニター上の配列が変わっていく。ゲームがうまく作られていると、あなたは環境のなかで実際に動いているような感覚を得る。このように時間的な広がりをもったスクリーン上の配列が、光学的流動の一種のシミュレーションである。なじみのあるビデオゲームの筋書きを考えてみよう。あなたの仮想の車は、たとえばレンガの壁との決定的な衝突に向かって進んでいる。

1. あなたの車が壁に近づくにつれて、モニターに映る壁のイメージは拡大する。
2. あなたの位置が十分に近いと、個別のレンガが目に見えるようになる。
3. 仮想の衝突を続けると、壁のイメージがモニター全体を覆い、個別のレンガのイメージも大きくなる。
4. 壁にさらに近づくとレンガのイメージが拡大し、二、三個のレンガだけがモニターに映りこんで、そのきめ（texture）が現れる。
5. さらに近づくと、レンガ表面のきめの構成要素もまた大きくなる。

188

6. そこで大きな衝突音が鳴り、仮想の窓ガラスが割れる。

現実の世界に戻ってそれほど劇的でないしかたでいうと、ルーミングと呼ばれる同じ現象がつねに生じている。動物が環境を動き回るとき、動物が向かっていく先の対象や、きめの構成要素は、動物の目には拡大して映る。この点はしばしば、光学的流動は歩行の方向にそって遠心的である、という言い方で記述される。つまり、きめの構成要素は、あなたが対象に向かって近づくとともに、あなたの視野の中心から放射状に消えてゆくのである。

　もちろん、遠心的な光学的流動を検出することはきわめて重要なのだが、それだけでは衝突を回避する行動を導くには十分ではない。カツオドリの飛び込み行動の研究で、デヴィッド・リー（Lee 1980, Lee and Reddish 1981）は、高次の視覚的変数 τ（タウ）を定義することで、遠心的な光学的流動が行動を導くのに十分なものであることを証明している。τ は、像のサイズの変化率に対して、映った像のサイズが持つ比率である。リーは簡便な幾何学と計算法を用いて、眼球において入手可能な光の特徴は、内的計算（internal computations）を利用しなくてもカツオドリの行動を導くのに十分なものであることを示している。とくにリーが示しているのは、広範囲の環境において、τ が近づきつつある対象に接触するまでの時間と等しいことである〔網膜上の像は、知覚主体の移動距離に比例してサイズが変化するため、知覚主体は目に見える像のみを手掛かりにして、対象に接触するまでの残り時間を特定できる〕。さらに、時間の経過とともに τ が変化する仕方は、近づきつつある対象との接触の性質にかんする情報を伝達する。私は対象に届く前に止まるのか、ぶつかるのか、それをふっ飛ばすのか。言い換えると、動物の眼球に到達する光の特徴である τ は、歩行を導くのに有用な情報を伝達しているのである。

　ここにはいくつか注目すべきことがある。第一に、τ は対象との絶対的な距離について情報を与えてはいないということである。そうではなくて、対象に接触するまでの時間の情報を与えており、それが運動を導くのに関連しているのである。あなたが通りを横断するとき、近づいてきつつある車が何メートル離れているかは、後どのくらいでそれがあなたにぶつかるかということに比べれば、大した問題ではない。第二に、τ はカツオドリによって計算される必要

がないということである。それは網膜上で入手可能である。換言すると、τ は直接に知覚しうる。それゆえ、τ は環境における行動の制御にとって重要な情報を提供するのであり、しかも、心の曲芸を要することなくその情報を提供するのである。すなわち、光角とその拡大の比率に対する感受性は、近づきつつある衝突に対する感受性であるということだ。第三に、最も重要なことだが、リーとレディッシュ（Lee and Reddich 1981）の示したところによると、飛び込みつつあるカツオドリは τ を感知しており、それを使っていつ翼を折りたたむか決めているということである。彼らは飛び込むカツオドリを撮影し、次のことを示した。それは、カツオドリが接触の瞬間を計算して特定の高さと速度で翼をたたむとする仮説に比べ、カツオドリが τ を用いて情報をピックアップするという仮説によって、その翼をたたむ瞬間をより良く予測できるということである。最後に、τ とそこから派生する変数は、視覚に導かれる各種の行為に着手するのに用いられているとの証拠があるということである。実際、リーの研究室では、ハトとハチドリによる接地、人間による球打ち、宙返り、走り幅跳び、ゴルフのパッティング、舵取りにおいて τ が用いられていることを示している（これらの概観は Lee 2006 を参照）。そしてもちろん、τ は、行動を導く情報として直接知覚されるものの一例でしかない。1970 年代以来、生態心理学者たちは他のものも見出してきている。

　もうひとつの例をとりあげよう。質量が同じ二つの物体を与えると、人間は（子どもも大人も）直径が小さいほうをより重たいと判断する。小さな 1 ポンドの鉛を、大きな 1 ポンドの羽毛よりも重たいと判断するのである。これは大きさ - 重さ錯覚（Charpentier 1891）と呼ばれている。この錯覚は、心的計算（mental computation）の結果であると判で押したように受け止められてきた。つまり、ひとは物体の大きさを判断し、この判断を用いて、重さの判断を（まちがったしかたで）修正している、というわけである。生態心理学者のアマジーンとターヴェイ（Amazeen and Turvey 1996）は、大きさ - 重さ錯覚を研究するために、「テンソル・オブジェクト」と名づけられたものを創っている。テンソル・オブジェクトは、「プラス（+）」記号の形になるようにつないだ 2 本の棒に対して、その 2 本がつくるプラス記号の交点で垂直になるよう 3 本目の棒を取り付けたものである。さまざまに重さが分散したテンソル・オブジェ

クトを生み出せるように、オブジェクト上の棒の各所には金属環が取り付けてある。さまざまな重さの分散が意味するのは、さまざまな慣性モーメントである。慣性モーメントは、ある物体が回転に対して示す抵抗の測定量である〔慣性モーメントは、物体の回転しにくさを示す量で、慣性モーメントの値が大きいほどその物体は回転しにくい〕。手に持った物体は三つの次元で回転させることができるため、三つの慣性モーメントを持っていることになる。三つの慣性モーメントは、慣性テンソルと呼ばれるものを用いて数学的に組み合わせることができる。そのため、ある物体の慣性テンソルは、手首における三つの次元での回転に対してその物体が示す抵抗である。手で握ると、異なる慣性テンソルを備えたオブジェクトは異なる力を生じ、手首の関節で異なる圧力を発揮する。このようなテンソル・オブジェクトを使って、アマジーンとターヴェイはまったく同じ大きさと重さだが、大きさ−重さ錯覚を生み出す実験で典型的に用いられる刺激を模倣するため、異なる慣性モーメントを備えた一連の物体を作り上げた。彼らが発見したのは、これらのテンソル・オブジェクトは同じ大きさと重さであるにもかかわらず、慣性テンソルを用いて予測した通りに被験者がその重さを判断するということだった。これは、カーテンの向こうに隠された状態で被験者がオブジェクトを振ったとき、オブジェクトを見ることができたとき（紙でオブジェクトを覆ってその大きさを見えるようにするが、金属環の分散は隠した状態）、どちらでも生じた。したがって、アマジーンとターヴェイが示したのは、被験者がオブジェクトの重さを知覚するのは、（触覚のみであれ、視覚と触覚を使うのであれ）大きさを判断することによってではないし、重力に由来する力を大きさの判断に心的に結びつけることによってでもない、ということである。そうではなくて、被験者は、オブジェクトの慣性テンソルによって決まっている情報を手首で入手しているのである。

　ここでのポイントは、人間は、重力に由来する力と、大きさとを計算論的に結合し、心的に計算することで重さを誤って知覚しているのではない、ということである。慣性テンソルに含まれる情報を人間は正確に知覚しているが、それは重さの情報だけを伝達しているのではないということなのである。それでは、慣性テンソルに含まれる情報とはどのようなものなのだろうか。ショックリー、カレロ、ターヴェイ（Shockley, Carello, and Turvey 2004）による近年の

研究は、可動性（moveability）のアフォーダンスを被験者が知覚していることを示している。とくに、大きさ‐重さ錯覚に陥って物体の重さを誤って判断する被験者たちは、物体が動かせるかどうかについてほぼ同一の判断をしていることが示されている。すなわち、「尺度は1から100、基準となる物体が50だとすると、この物体の重さはどのくらいですか？」という質問は、「尺度は1から100、基準となる物体が50だとすると、この物体を動かすのはどのくらい簡単ですか？」という質問のときと同じ回答になるのである。だとすると、大きさ‐重さ錯覚が生じるのは、被験者が実際のところ重さではなく可動性の知覚に基づいて判断しているためであり、可動性についての判断は正確なのである。ある物体の慣性テンソルは物体の回転運動の慣性についての情報を伝達している。これは、その物体がある特定方向への回転に抵抗する傾向についての情報を伝達しているということであり、また、その物体を動かすことがどのくらい難しいかという情報を伝達しているということなのである。

　そうだとすると、直接知覚にとって入手可能な、可動性のアフォーダンスにかんする情報が存在することになる。ギブソンが中心的問題としたことへの解答は明らかに「イエス」である。アフォーダンスにかんする情報は環境内にあって入手できるのである。

7.5　アフォーダンスとインビテーション

　ギブソンの心理学には認識論的主張と存在論的主張が含まれる。認識論的主張は、私たちは世界を直接知覚しており、心的表象において世界に情報を付与したり、世界に対して意味を投影したりすることはない、ということである。存在論的主張は、アフォーダンスというかたちをとる意味が、私たちの知覚する世界に備わるひとつの特徴である、ということである。私たちは行為するための機会を知覚し、また、世界のなかで行為することでそれを知覚する。これらどちらの主張においても、ギブソンの見方はメルロ゠ポンティの見方に類似する。もっとも、同じだというわけではない。先にも述べたように、ギブソンの生態心理学は多くの点でメルロ゠ポンティによる知覚の実存的現象学に類似しているが、ギブソンは実存的存在論を採用していない。ギブソンは、アフォ

ーダンスを含め、経験の対象については実在論者であり、自然主義的存在論の観点から知覚について説明を与えようとしている。世界には、私たちの経験と行為を支えるのに十分な情報が含まれている。おそらく 20 世紀なかばのアメリカ心理学における行動主義の優勢のために、ギブソンは徹底した反 - 精神主義者であり、行動を説明するうえで心理学的特徴に訴えることに懐疑的だった。この点からすると、世界には「運動的意味」が備わっており、私たちは「意味（sense）」という見地から知覚対象を経験するというメルロ＝ポンティの言明に対して、ギブソンは反対だったかもしれない。身体的な習慣にその基礎をもっている点で、これらの概念は主観性の空気を醸しだす。ギブソンの自然主義とメルロ＝ポンティの実存的存在論の関係を建設的に考えるひとつのやり方は、ギブソンがメルロ＝ポンティの記述のうちの内実の埋められていない部分を埋められるような科学的な説明を与えようとしていると考えることである。メルロ＝ポンティは折に触れて、たとえば、運動志向性の「魔術」に言及することがある——つかむという運動はその始まりの時点で「魔術的に」完結しているという主張である。このような現象は、メルロ＝ポンティが反対する経験主義と主知主義のパラダイムによって説明することができず、そのためどちらの枠組みからしても魔術として現れてくることになるのである。メルロ＝ポンティはこうした現象を説明する新たな概念的枠組みを発展させるのに苦労していたが、ギブソンもまた同じ目標を追究していたといってよい。（アルヴァ・ノエ（Noë 2004, 2009）の近年の仕事も、メルロ＝ポンティとギブソンのアイデアを 21 世紀の哲学的関心へと適用している点で、同じ目標を追求している。）

　ただし、アフォーダンスにまつわる自然主義をひとつの理由として、ギブソンの生態心理学は未完成にとどまっている。私が経験する世界を記述するさい、ギブソンの理論は、どのようなアフォーダンスが私に入手可能かを記述するべく、行為する私の能力と世界のなかの事物との関係について語るだろう。たとえば、一方には脚の長さ、強度、柔軟性があり、他方には部屋の表面に備わる高さ、幅、安定性、固さがあり、両者の均衡および（または）不均衡によって、登るというアフォーダンスを私が部屋のどこで経験するかが決まるのである。これはしかし、登るアフォーダンスについての私の経験を記述するものとしては、重大な点で不完全である。私がその上に登りうるすべての物体のうち、私

が登ることを考えるのはそのうちのわずかのものでしかない。サイドテーブル、イス、床に積み重ねられた本などの上に私は簡単に登ることができるだろうが、実際には登らない。サイドテーブルと比べて階段を登るほうがずっと簡単だというわけではないが、私がいつも登るのは階段であってサイドテーブルではない。

　みずからも生態心理学者であるウィトハーゲンら（Withagen et al. 2012）はこの点について、ギブソンの生態心理学はアフォーダンスとインビテーション（誘い）、もしくはソリシテーション（誘引）を区別する必要があると指摘している。いかなる瞬間も、動物や他の動物にとって入手可能なアフォーダンスは数限りなく存在する。講義を聴きながら座っているとき、あなたには、イスや机の上に立ち上がる、黒板や壁に書く、舞台曲を歌う、隣に座っているひとの髪の毛を引っ張る、等々のことが可能である。これらのアフォーダンスはすべてあなたにとって入手可能だが、どれもあなたの次の行為にとって実質的なオプションには見えないだろう。これらはすべてあなたに提供されているものだが、どれひとつとして行為を誘わないのである。メルロ゠ポンティの用語を使っていうと、このように一般的に考察されたフォーダンスは、運動的反応を要求する状況での「緊張」として知覚されることがない。アフォーダンスはそれ自体では、あなたを行為に向けて動かさない。もっというと、明白に知覚されたアフォーダンスでさえ、あなたを行為に向けて動かさない。隣のひとの髪を引っ張れることに気づけば、あなたはそのアフォーダンスを意識することになるものの、それに基づいて行為することはないだろう。ウィトハーゲンらの議論によると、生態心理学には、なぜわずかなアフォーダンスだけが知覚され、さらにそのわずかなものだけが行動を誘うのか、その説明を可能にする理論が必要なのである。なぜそうなのかを説明するために、生態心理学は行為主体（agency）の理論を必要とする。習慣的身体に備わる合目的性に訴えない限り、アフォーダンスの自然主義的説明は自力で運動を生み出すことができないのである。

　人生の終盤にあって、ギブソンの生態心理学はアフォーダンスとインビテーションの違いを説明する方策を持ち合わせていなかった。実のところ、ギブソンの仕事は心理学者のあいだでしばしば「現象学」として軽んじられてきた。

すなわち、私たちが経験するがままの世界の記述に向かって重大で科学的な一歩を進めるものであるものの、心理学がなすべきこと、つまり行動を説明するうえでの方策を欠いていたのである。ギブソン自身、自分の理論にこの欠陥があることは分かっていた。最後の著作のなかで、彼はこのように述べている――「行動を支配する法則は、権力が強制する法や、司令官が下す決断のようなものではない。行動は、統制されていないものの整然としている。問題は、これがいかにして可能かということだ」(1979, p.225)。もとめられているのはメルロ゠ポンティの習慣的身体と同根をなすような行動についての説明であり、知的な人間の行為を観察不可能な心的原因の結果とはみなさない説明である。第9章では、適切な行為主体の理論をギブソンの心理学に補完しようとしている現代認知科学の試みを見ていく。ひとつは、物理学のアイデアを借りて、人間の行為を、自己組織的で身体化されたダイナミカルシステムとして説明するものである。もうひとつは、メルロ゠ポンティに、とくに彼の運動志向性の議論に言及するものである。

用語解説

アフォーダンス（affordances）：環境内にある行為のための機会。アフォーダンスは、動物の能力と物理的環境の両方によって決定される。ギブソンの考えでは、アフォーダンスは直接知覚される。

移動経路（path of locomotion）：知覚主体をとりまく媒質のなかで、観察点がひと続きになる箇所。

観察点（point of observation）：知覚主体が感覚器の表面を据えることができる媒質中の場所。

機能主義（functionalism）：ウィリアム・ジェームズの仕事に触発された、20世紀初頭の心理学運動。機能主義者は、心、感情、習慣などについて、環境への暫定的な適応として研究した。

光学的流動（optic flow）：観察者と環境との相対的移動によってもたらされる、光のなかの情報の変化。身体を動かすと、網膜上で入手可能な光のパターン

に変化が生じる。光学的流動には、環境内のアフォーダンスを直接知覚するための情報が含まれている。

構成主義（structuralism）：ヴィルヘルム・ヴントの仕事に触発された、20世紀初頭の心理学運動。構成主義者は、意識的経験の要素を特定することで心を研究する。

行動主義（behaviorism）：主観的な心的状態ではなく学習という観点から行動を説明する、心理学へのアプローチ。

根本的経験論（radical empiricism）：ウィリアム・ジェームズが晩年に支持した立場で、直接知覚と中立的一元論を含む。根本的経験論によると、存在するのは私たちが知覚する世界だけであり、私たちはその世界を直接に知覚している。

刺激の貧困（poverty of stimulus）：環境のなかには、人間が備えているような認知能力、とくに世界を知覚し言語を学習する認知能力を得るのに十分な情報は存在しない、とする主張。刺激の貧困は、生得的な知識や複雑な内的計算、あるいはその両者の存在を示唆すると受け止められている。

タウ（tau, τ）：接触までの時間を特定する光学的変数。移動行動の多くはタウ（τ）を用いて制御されることが証明されている。

中立的一元論（neutral monism）：世界は物的でも心的でもないとする、ウィリアム・ジェームズによって確立された見方。これは、経験的実在と超越論的実在というカントによる区別を明白に拒否する見方である〔カントは、実在として経験されるものと、経験を超えている物自体とを区別する〕。

直接知覚（direct perception）：環境との知覚的接触は心的表象に媒介されるものではないとする主張。

媒質（medium）：そこで知覚と行為が生じるところの、経験にあらわれない空間。人間にとっては、地球表面の大気が媒質である。媒質は、移動経路によって結ばれた観察点の集合として経験される。

表面（surfaces）：ギブソンによると、物質と媒質の境界面のこと。表面に反射する光のおかげで、私たちは物質を見ている。

物質（substances）：ギブソンによると、媒質中にあって知覚可能な存在者のこと。

文献案内

ジェームズの著作の多くは、クリストファー・グリーンが運営するウェブサイト
「Psych Classics」で入手可能である（http://psychclassics.yorku.ca/）。

Gibson, J. J. (1979). *The Ecological Approach to Visual Perception.* Boston: Hough-ton-Mifflin.〔J・J・ギブソン『生態学的視覚論 —— ヒトの知覚世界を探る』佐々木正人・古山宣洋・三嶋博之（訳）、サイエンス社、1986 年〕

James, W. (1890). *The Principles of Psychology.* Boston: Henry Holt.

James, W. (1904). "Does consciousness exist?" *Journal of Philosophy, Psychology, and Scientific methods,* 1: 477-91.

本文中に登場する文献の邦訳

Gibson, J. J. (1950). 東山篤規・竹澤智美・村上嵩至（訳）『視覚ワールドの知覚』新曜社（2011 年）

—— (1966). 佐々木正人・古山宣洋・三嶋博之（訳）『生態学的知覚システム ——感性をとらえなおす』東京大学出版会（2011 年）

—— (1979). 古崎敬・古崎愛子・辻敬一郎・村瀬旻（訳）『生態学的視覚論——ヒトの知覚世界を探る』サイエンス社（1986 年）

第 8 章

ヒューバート・ドレイファスと
認知主義への現象学的批判

　メルロ゠ポンティとギブソンが執筆を進めていたのと同じ時期に、心理学では ある革命が始まりつつあった。すでに検討した通り、心理学における正統派 は行動主義であり、アメリカではとくにそうだった。行動主義は、これもすで に論じた通り、信念や思考などのように観察不可能な心的原因という見地から 行動を説明することに反対する。行動主義の成果は、人工知能の創設文書とし ばしばみなされているアラン・チューリングの「計算する機械と知性」(Tu-ring 1950) にも見ることができる。この論文で、チューリングはある機械が知 性的かどうかを判定するテストを提案した。彼はこのテストを「模倣ゲーム (imitation game)」と呼んだが、今日では一般に「チューリング・テスト (Tu-ring test)」と呼ばれている。誰か知らない人とテキスト・メッセージで会話 しているところを（昔のやり方で）想像してみよう。チューリングが提案した テストの本質は次の点にある。この会話にしばらく加わって、会話のパートナ ーが人ではなくコンピュータ・プログラムであることがあなたに分からなけれ ば、そのコンピュータ・プログラムは知性的であるに違いない。あなたはすで に「チャットボット」にかかわったことがあるかもしれない。チャットボット はオンラインのコンピュータ・プログラムで、その多くは不十分なものではあ るが、テキスト・メッセージでの会話を試みるものだ。たとえば、これはチャ ットボット「A. L. I. C. E.」(htt://alice. pandorabots. com/) との短い会話の書 き起こしである。

　判定員：「やあ、アリス」

ALICE：「どうしました？」

判定員：「調子はどう？」

ALICE：「正常な変数で機能していますよ」

判定員：「人だと勘違いさせようとしてるでしょう？」

ALICE：「いいえ、自分のことを人だと勘違いさせようとしているということとはありません。あなたがそんな風に感じたのなら残念です」

判定員：「これはチューリング・テストじゃないんですか？」

ALICE：「いいえ、現実の生活ですよ」

判定員：「だけど現実の生活でもチューリング・テストはできますよ」

ALICE：「そうかもしれませんけど、それは後にしましょう」

判定員：「あなたは中身のことは何でもはぐらかすんですね」

ALICE：「中身のことは何でもはぐらかすといってくれてありがとうございます」

（htt://alice. pandorabots. com/）

このやり取りでは、A.L.I.C.E. が人であるとはまったく思えない。チューリング・テストには合格しないだろうし、チューリングの基準でも知性的とはみなされないだろう。ただし、注意しておきたいのは、テストに合格するかどうかは、A.L.I.C.E. のプログラムの本質ではなくその行動のみに関係するということである。知性的であるために A.L.I.C.E. がしなければならないのは、会話のパートナーを勘違いさせるよう人間に十分似たふるまいをすることだけである。専門用語を使うと、A.L. I.C.E. は人間との「インプット‒アウトプットの同等性（input-output equivalent）」を備えてさえいれば、知性を可能にしているプロセスを見なくても、知性的だということになるのである。チューリングの計算理論とチューリング・テストは、心理学の正統派としての行動主義を部分的に置き換える認知革命にとって、決定的な先駆ではあるのだが、それでもチューリング・テストは行動主義的なテストである。一方で、チューリング・テストは行動主義的であるにしても、コンピュータの技術と人工知能で心を説明するという展望によって、行動主義心理学への反動、つまり「認知革命」として知られるものを導くことになった。

チューリングは1950年の論文で、人工知能とコンピュータ技術の未来についていくつかの予言を残している。とくに、2000年に存在するだろうコンピュータの処理速度と記憶容量について、抜群に正確な予言を残している。彼はまた、そのころまでに、コンピュータはチューリング・テストに当たり前に合格するようになり、人間の対話者のうち少なくとも30パーセントを勘違いさせるだろう、とも予言している。先のA.L.I.C.E.とのやり取りが示唆しているのは、2013年においてさえ、コンピュータ・プログラムは人間と知性的な会話ができないということだ。驚くべきことに、2014年になって、ユージーン・グーストマン（Eugene Goostman）という名のコンピュータ・プログラムがチューリング・テストに合格した。そのやり方は非常に巧みなものだった。参加者に知らされていたのは、ユージーン・グーストマンがウクライナ出身で13歳だということだった。そのような予期があったため、ユージーン・グーストマンの貧弱な会話スキルと限られた知識が、33パーセントの人間の判定員を勘違いさせ、軽薄なティーンエイジャーが第二言語として英語を話していると思わせたのだ。〔だが〕ほとんどの人たちは、これが人工知能における重大な出来事だとは考えていない（Marcus 2014）。

ヒューバート・ドレイファスは、家庭用コンピュータがありふれたものになるずっと前の1960年代から、身体性がなく規則に支配されているコンピュータ・プログラムは、人間の知性を決して複製できないだろうと論じている（Dreyfus 1965, 1972, 1979, 1992）。彼の議論は、思考と世界の関係についてのハイデガーとメルロ＝ポンティの洞察に基づいている。ほぼまちがいなく、過去半世紀の人工知能研究の歴史は、ドレイファス（そしてハイデガーとメルロ＝ポンティ）が心の本質について正しかったことの一連の証明になっている。本章では、人工知能と認知科学についてのドレイファスによる批判を見ていこう。

8.1　認知革命と認知科学

1950年代初頭、数十年にわたって続いていた行動主義の権威は、当時萌芽期にあったコンピュータ技術に関心を寄せる学際的な研究者の連帯によって挑戦を受けた。認知科学（cognitive science）の創造神話によると、この学問が

生まれたのは 1956 年と 57 年のイベントによるもので、当時はコンピュータ科学に特化した大学の学部はまだひとつもなかった。1956 年は学問分野を越えて研究者が集う二つの重要な会議があり、彼らの関心は、コンピュータ技術によって心を説明することの可能性に向けられていた。最初のひとつはダートマスにおける一連の会議で、1956 年の夏に開かれた。これらの会議には、世界にできた最初の三つの人工知能の研究所の設立者たちが参加した。アレン・ニューウェルとハーバート・サイモンは、カーネギー工科大学（現在のカーネギー・メロン大学）に研究所を設立した。ジョン・マッカーシーはスタンフォード大学に研究所を設立した。マーヴィン・ミンスキーはマサチューセッツ工科大学（MIT）に研究所を設立した。これらの会議は、人工知能という学問分野を創始したものと考えられている。その後、1956 年の 9 月には、MIT で情報理論についてのシンポジウムが開かれた。この会議では、ニューウェルとサイモン、ノーム・チョムスキー、ジョージ・ミラーが論文を発表している。発表者たちの学問的な背景は多様なものだった。サイモンは経済学者、ミラーは心理学者、チョムスキーは言語学者である。これらの会議の参加者たちが一点だけ共通していたのは、計算という観点から思考を説明するという関心をもっていたことだった。

　認知科学の創造神話を続けると、行動主義を打ち負かし、その後継者として認知科学を創造した最後の一撃は、行動主義心理学者 B・F・スキナーの著作について、チョムスキーが 1957 年に出版した痛烈な批判を込めたレビューだった。このレビューのなかでチョムスキーは、行動主義者の学習理論では、子どもがいかにして自然言語を習得するのかを説明できないと論じている。彼の議論によると、これは二つの事実による。第一に、子どもは 2 歳前後で、急速にしかもかなり唐突に、文法にそって話せるようになる。第二に、2 歳になる前の子どもは、文法の規則を学習できるほど十分に、文法にそった文例に接してはいない。子どもは 2 歳で文法にそって話すようになるが、その年齢以前に文法の規則を学習できていないのだから、その文法規則は生得的なものに違いない。そして実際、私たちの言語能力は生得的なコンピュータ・プログラムの結果であるはずだと結論づける。

　私たちはこの話を創造神話と呼んできたが、それは実際に神話である。チョ

ムスキーの議論は行動主義にとどめを刺したわけではない。今では心理学を支配してはいないものの、行動主義は現在も存命で元気である。認知科学が学会誌と大学院プログラムをもつ学問分野として本気で開始されたのは、1970年代になってからのことだった。そうはいっても、チョムスキーの議論には大きな影響力があった。また、認知科学に概念上の青写真を提供するものでもあった。第一に、これが第7章で考察した刺激の貧困という議論にとっての一事例になっていることに注意しよう。もっというと、デカルトの議論を描写するために私たちが用いた「刺激の貧困（poverty of the stimulus）」という用語は、チョムスキーが考案したものだった。網膜上での射影が世界を知覚するのに十分な情報を備えていないとデカルトが論じたのと同じように、チョムスキーは、子どもたちが聞く文章は言語を学ぶのに十分な情報を備えていないと論じたのである。どちらの場合も結論は同じで、すでに心のなかに蓄積されていて、感覚器に由来する情報に結びつくような情報が存在しなければならない、ということである。チョムスキーの場合、その情報は、文法的な文章を生成するための一連の計算規則として蓄積されている。これに続いた認知科学では、あらゆる思考についてこの主張が拡大された。

　脳はコンピュータであり、心はそのコンピュータ上で走るプログラムの集まりである、というのが認知科学の中核的なアイデアである。アナロジーとしていうと、脳に対する心は、ハードウェアに対するソフトウェアである。アンディ・クラーク（Clark 2000, 2013）はこの点について、私たちの脳は「肉でできた機械」だと述べている。「脳はどことなくコンピュータに似ているというのではない……神経組織、シナプス、神経細胞の集合、それに残りのすべてが、自然のなかのどちらかというと濡れてべとべとしたやり方で、正真正銘の計算機の塊を作っているのである」（Clark 2000, p. 8）。ここに付け加えてもよさそうなのは、あなたの心が「正真正銘の」コンピュータ・プログラムの集まりだということである。心と脳をこのやり方で理解することで、多くのことが帰結する。それらを見ていくうえで理解すべき重要なことは、同じプログラムが複数のコンピュータ上で走ることができるだけでなく、異なる種類のコンピュータ上でも走ることができるという点で、コンピュータ・プログラムは「媒体独立的（medium independent）」だという点である。

第8章　ヒューバート・ドレイファスと認知主義への現象学的批判　　203

たとえば、Google Chrome というウェブ・ブラウザは、二台の Apple Macbook Air 上で使用できる。Chrome はまた、ウィンドウズ PC、iPad、iPod、iPhone、Android 携帯などで使用できる。コンピュータごとに違ったしかたで物質化しているものの、それはやはり同じソフトウェア、Google Chrome である。これが、Google Chrome は媒体独立的であるということの意味である。ソフトウェアが媒体独立的であり、あなたの心がソフトウェアでできているとするなら、あなたの心もまた媒体独立的であることになる。この事実こそ、認知科学の企図にとって人工知能を中核的にしているものなのである。

　コンピュータ・プログラムの媒体独立性によって、認知科学は、観察不可能な存在者を科学理論に含めることへの行動主義の抵抗を克服することもできた。認知科学者たちは、思考が脳の上で走るソフトウェアだと仮定することで、私秘的な心的過程について原則にもとづくやり方で推測することができるからである。たとえば、人間がいかにして論理学の定理を証明するかについて、データを集めることから始めてみる。そして、人間が犯しがちな種類のまちがいを含め、人間による定理の証明について分かったことに合わせて、コンピュータ・プログラムを書いてみる。もしもプログラムが人間のふるまいに対してインプット‐アウトプットの同等性を備えていれば、脳内で走るソフトウェアはあなたが書いたものに似ていると推測する基盤が得られる。この方法論を用いれば、私秘的な心的過程について仮説を立て、それを検証することが可能になる。このプロセスを繰り返すことで、観察不可能な心的過程についてますます具体的な仮説を定式化し検証することができるのである。この方法論上のポイントについては、その重要性を強調してもしすぎることはない。実際に、認知科学は他我問題（problem of other minds）について一種の解決策を保持していると主張する。一見したところ、私たちには私たち自身が考えていることしか分からないように思われる。他の人たちが考えていることは、あるいはその人たちが何かを考えているかどうかさえ、観察することは決してできない。この点について、現代の心の哲学者はしばしば次のようにいう。もしかすると、他の人間はふるまいのうえでは私やあなたと見分けがつかないが、そのなかには「誰もいない」ゾンビなのかもしれない（Dennett 1991; Chalmers 1996）。認知科学は、他の人々の内部で生じていることに通じる科学の窓を与えるのである。

知性とは思考することであり、思考することは計算である、というアイデア
によって、もうひとつの永遠の哲学上の問題、すなわち心身問題の解決が可能
になる。心身問題とは、心がどのように物質的世界に関係するかという問題で
ある。いかにして普通の物体が思考や経験を持ちうるのだろうか。化学的な組
成においては、あなたの脳や身体は、食料品店に置かれているパックされた肉
とそこまで違うものではない。あなたはどうして、今夜自分が何をするか考え
ることができるのだろう、ポーク・チョップにはそれができないのに。有名な
話だが、心は残りの世界とは異なる種類のものでできている、とデカルトは結
論づけた。これは、世界にある宗教の多くが支持するのと同じ見方である。し
かしながら、この結論はただちに問題を生む。心が残りの世界とは異なる種類
のものでできているとすると、心がどのように残りの世界と相互作用するのか
が分からない。あなたの身体に変化が生じても、たとえば誰かがあなたに話し
かけたとしても、それがあなたの非物質的な心に影響を与えるのは不可能に見
える。これと同様に、あなたがサンドイッチを作ろうと心で決意しても、それ
であなたの身体が動いて何らかの行為を引き起こすことも不可能に見える。こ
れが通常「相互作用問題（interaction problem）」と呼ばれるものである。〔し
かし〕あなたの脳が一種のコンピュータだと主張することで、普通の物質でで
きた普通の物体が、世界についての思考をいかにして持ちうるのか、私たちに
は理解することができる。先にあげたコンピュータのひとつを考えてみよう。
画面上のボタンを押すか、キーを何度か打つだけで、あなたはブダペストの天
候を確認できるだろう。すなわち、数秒のうちに、あなたのコンピュータは何
千キロも離れたところの天候についての情報を表示しうるのである。コンピュ
ータは、その内部に世界についての表象を持ち運んでいる普通の物質的デバイ
スである。互いに因果的に相互作用をすることで、世界についてのこれらの表
象は、みずから変化するとともに変化を引き起こす。たとえば、ブダペストで
温度計が変化すると、インターネットに接続された地元のコンピュータが更新
され、その表象も変化する。同じ表象は、プリンターに送られたりあなたが読
んだりして、旅のために違った衣服を詰める行動をあなたに生じさせる。あな
たの脳が一種のコンピュータなら、あなたの脳が文章のような表象を保持し、
世界についての情報を内部に運搬し、物質的な事象に応じてそれらの表象を変

第8章　ヒューバート・ドレイファスと認知主義への現象学的批判　　205

化させ、物質的世界に変化を生じさせるそのしかたは、神秘的なものではなくなる。認知科学によれば、心と世界の相互作用が神秘的でないのは、プログラムと世界の相互作用が神秘的でないのと同じである。もちろん非常に複雑ではあるが、不可知なものではないのである。

　当然のことながら、これらは重大な哲学的主張であって、無償で実現するわけではない。こうした主張の代償として、認知科学はヴントの構成主義心理学に逆流しているが、これは哲学的にも経験的にも20世紀初頭にすでに拒絶されたものである（第4章を参照）。脳をコンピュータとして、心をコンピュータ・プログラムとして理解することは、心のソフトウェアの詳細を識別することに心理学を従事させることになる。何らかの複雑な課題を解決するコンピュータ・プログラムを書くには、その課題をより小さな課題に分割する、それをさらに小さな課題に分割する、ということがもとめられる。数える、写す、書く、データの小片を移動するといった単純なステップで課題を解決することができるまで、これは続くのである。アナロジーとして、ペンと紙を使って大きな数字を足し算する様子を考えてみよう。

・まず、数字の並びをそろえて位が対応するようにする。
・次に、1の位の数字を足す。
・答えが10より小さければ、解答欄の1の位にその答えを書く。
・答えが10より大きければ、解答欄に1の位の数字を書き、10の位の数字を次に加える10の位の数字の上に書く。
・1桁左に動き、繰り返す。数字がなくなるまでこれを続ける。

この一般的な方法を使うと、位ごとの数字の足し方を知っていれば課題を解決することができる。一覧表にある答えを見ながらすることもできるだろうし、それなら子どもが小学校でする基本的な足し算の暗記と同等である。これは、足し算をしているときに人間の脳で走っているコンピュータ・プログラムにどこか似ている、といってもよいかもしれない。ヴントの原子論的心理学が単純な構成要素という観点から経験を説明したのとまったく同様に、認知科学は、心的過程を構成する単純な要素的過程という観点からそれを説明するのである。

206

この原子論は、20世紀の前半に心理学を支配したジェームズの機能主義や行動主義とはまったく対照的である。これらの見方はいずれも、長い期間にわたって環境内での動物全体の行動について焦点を当てるものだった。一方、認知科学は、人間の脳内での計算過程に焦点を移し替えた。一定程度、環境と過去は認知主義において役割を果たすものの、それは、脳内の計算過程における表象としてのみ役割を果たすのである。認知革命を先頭に立って唱導した哲学者のジェリー・フォーダー（Fodor 1980）は、方法論的独我論（methodological solipsism）をとくに擁護する。独我論とは、自分自身の経験以外には何も存在しないとする哲学的な見方である。多くのティーンエイジャーが一度は、すなわち、世界が彼や彼女の心のたんなる投影にしては面白くなさすぎることに気づくまで、思い浮かべる見方である。方法論的独我論は、心理学するためのひとつの戦略である。そこでは、表象された事物が存在するかどうか、また、それらが正確に表象されているかどうかという観点を抜きにして、研究中の思考主体の心のなかで表象されるものと、表象されたものについての計算過程だけに焦点を当てる。ここでのアイデアは、心理学するという目的にとっては、思考主体の脳の内部で生じていることだけが問題であって、身体や世界は問題ではないということである。こうした点で、認知科学は19世紀末のヴントのアプローチにきわめてよく似ている。フォーダーはこう述べている。

> トリックは、心的表象についての仮説を「コンピュータのメタファー」と結びつけることにある……この点については、知的なブレイクスルーのようなものが確かにあったと思う。技術的な詳細がその一方にはある。私の考えでは、18世紀と19世紀の先駆者による各種の精神主義に対して、現代認知科学が表している主要な利点のうち唯一のものは、この点にある。（Fodor 1987, p. 23）

もっというと、認知革命の端緒はヴントをこえてデカルトまでさかのぼる。認知革命は明らかに合理主義的である。これはまさにその通りであって、チョムスキーの著作のひとつは『デカルト派言語学——合理主義思想の歴史の一章』（Chomsky 1966）と題されている。

第8章　ヒューバート・ドレイファスと認知主義への現象学的批判　　207

すでに見たように、ハイデガー、ゲシュタルト主義者、メルロ゠ポンティ、ギブソンは、明確かつ詳細に合理主義的な仮説に反論しているし、知性と悟性（understanding）は心の領域に属し、身体や世界の特性とは無関係だとする仮説にも反論する。1960 年代初頭、ヒューバート・ドレイファスはこれらの議論を用いて、認知科学とりわけ人工知能において立てられた仮説に反論した。人工知能の研究史を、現象学の正当性、また、現象学に基づくドレイファスの批判の正当性を示すものとして読み解くのは難しいことではない。

8.2 「錬金術と人工知能」

1960 年代、ドレイファスはマサチューセッツ工科大学（MIT）の哲学科で現象学を教えていたが、そこは人工知能と認知科学にとって最も重要な研究機関だった（現在もそうである）。インタビューのなかで、彼は当時の MIT を次のように描写している。

> MIT では普通のことを教えていましたが、幸運なことに MIT では、当時ロボット研究所と呼ばれていたところ（今では人工知能研究所と呼ばれている）から学生たちがやって来ていて、こう言われたんです。「あなたがた哲学者は、悟性や言語や知覚について、決して理解したことがない。2000 年もあったのに意見は不一致を続け、どこにもたどり着いていない。でも私たちは、コンピュータを使って、理解し、問題を解決し、計画を立案し、言語を学習するプログラムを作っていますよ。出来上がれば、これがどういうことか私たちは理解することになります」。私は思いました――「なんと！　私もそれにかかわっていたいけど、彼らがそれを作れるとは思えないな」。というのも、私が読んでいたハイデガーとウィトゲンシュタインは、知性は規則に従うことではできていないと言っていたからです。彼らが言っているものはすべて規則です。だから私は興味をもったのです。(Kreisler and Dreyfus 2005)

ドレイファスが目にしたのは、人工知能の研究者たち、MIT にいた彼の同僚

たちの多くが、軽率なしかたで合理主義哲学を再興しているところだった。

人工知能にかんするドレイファスの最初の著作（Dreyfus 1965）〔『錬金術と人工知能（Alchemy and Artificial Intelligence)』〕は、ランド研究所のテクニカルレポートとして発行された。ランド研究所は、第二次世界大戦後に合衆国で設立され、しばしば論争の的になってきた非営利の研究所である。人工知能について最も早く最も多額の支援をした機関のひとつで、人工知能の初期の研究者の多くはここに所属していた（Klahr and Waterman 1986）。ドレイファスは、ランドに勤務していたサイモンとニューウェル（Simon and Newell 1958）がおこなったいくつかの予言を引用しながら、自身の批判を始めている。

読者を驚かせたり動揺させたりするのは私の目的ではない――惑星間旅行が現実味を帯びてきた核分裂の時代に、そんなことが可能だとしてではあるが。私の目的を要約する最も単純な方法は、今日の世界には、考え、学習し、創造する機械が存在すると述べることである。しかも、こうした事柄をおこなう機械の能力は急速に拡大しつつあって――近い将来には――機械が処理できる問題の範囲は、人間の心が用いられてきた範囲と重なるまでに至るだろう。（Simon and Newell 1958, Dreyfus 1965, p. 3 から引用）

続いてドレイファスは、サイモンとニューウェルによる次の10年、すなわち1968年までの10年間についての予言を通覧する。

次のような予言がなされている。
1）コンピュータがルールによって除外されない限り、デジタル・コンピュータは10年以内にチェスの世界王者になるだろう。
2）デジタル・コンピュータは10年以内に、新しい数学の定理を発見し証明するだろう。
3）デジタル・コンピュータは10年以内に、相当な美的価値を持つと批評家が認めるような音楽を作曲するだろう。
4）10年以内に、心理学における大半の理論はコンピュータ・プログラムの形式を採用する、あるいは、そのプログラムの特徴を質的に述べたものに

なるだろう。

(Simon and Newell 1958, Dreyfus 1965, pp. 3-4 から引用)

ドレイファスにとって、サイモンとニューウェルの楽観主義は不可思議なものだった。これらは、チューリングが1950年に述べた主張、すなわち2000年にはコンピュータはチューリング・テストに合格するだろうとする主張よりもずいぶん尊大である。ドレイファスは、こうした予言の尊大さのために、人工知能の話をする人々は、これらの目標の達成に対して1965年までに実際になされたのがいかに小さな進展であったかということを見落としたのだと論じている。人工知能研究者の書くものには「知的なスモッグ」(p. 5)、つまり誇張があるため、非常に小さな進展しかなかったということを認めるのは実際に難しい。1965年までの人工知能の短い歴史においては、実際の結果はこうした壮大な主張を鼓舞するようなものではなく、たいていは単純化された問題についての初期の成功から、極端な楽観主義を経て落胆へ、あるいはもっと悪い場合は「明白な失敗」へと向かう軌跡を辿った。

　サイモンとニューウェルの予言は、1968年までにどれひとつとして実現しなかった。もっというと、2013年現在で実現しているのはひとつだけである。今日では、心地よい音楽をコンピュータが作曲できることは一般に認められている（たとえば Cope 1996）。IBM によって開発されたチェスのプログラムであるディープ・ブルーは1997年に世界チャンピオンに勝ったのだが、ディープ・ブルーが世界チャンピオンだとは誰も思っていない。ここでの目的にとってより重要なことは、作曲プログラムもチェス・プログラムも、人間が同じ課題を遂行するさいのモデルだとはみなされていないことである。ディープ・ブルーはチェスがとてもうまいが、人間がするようなしかたでチェスをするわけではない。ディープ・ブルーは一揃いのコンピュータを使って、盤面の現在の状態の表象を与えられると、数手先まであらゆる可能な盤面の動きを高速でシミュレートする。人間の熟達者が考えるのは、次の二、三手先だけである。同様に、2011年にジェパディ〔アメリカで人気のクイズ番組〕で人間相手に完勝した IBM のコンピュータ、ワトソンは、人間がするようなしかたでジェパディをプレイしない。ワトソンの記憶はウィキペディアをすべて保存しているの

である。そのため、人工知能が成功した場合でも、私たちは人間の心について知識を得ることができない。この点は、人工知能における異なる種類のプロジェクトにまつわる重要な区別を指し示している。一方にはテクノロジーとしての人工知能があり、自動化された情報処理という観点から見て有用な機械を発展させることがここでの目標である。他方には、認知科学のプロジェクトとしての人工知能があり、コンピュータのモデルを使って心理学をすることがここでの目標である。ディープ・ブルーはテクノロジーとしては成功したが、認知科学としては成功していない。印象的な偉業だが、どのようにして人間が機能しているのかを何も教えてはくれない。ドレイファスが「錬金術と人工知能」で書き留めた現象学的批判は、これらのプロジェクトのうちどちらが否定されるのか、あいまいな点を残している。これから見るように、彼の議論は認知科学としての人工知能に反対するものとしてうまくできているが、テクノロジーとしての人工知能についてはそうでもない。後者もまたターゲットになっていることは、『コンピュータには何ができないか』という著作名からも明らかである。

8.3 『コンピュータには何ができないか』

本質的には、コンピュータがしているのは自動化された論理の処理である。すなわち、コンピュータは、規則を用いて記号的言語で書かれた文を操作するのである。たとえば、あるコンピュータがローカルなプリンターの表象を保持しているとしよう。

プリンター1はオンラインである。
　プリンター1はデフォルトのプリンターである。

コンピュータは、印刷ジョブを送信する規則も持っているかもしれない。

印刷するなら、デフォルトのプリンターを探す。
　デフォルトのプリンターがオンラインなら、デフォルトのプリンターを利

用する。オンラインでなければ、別のプリンターを要求する。

コンピュータである人間の脳は、世界にかんする多くの、じつに多くの事実の表象を保持しているだろう。それらの事実を用いてさらなる事実を生成するための規則や、行動の決定のしかたについての規則を持ち合わせているだろう。たとえば、犬の表象について、脳はいくつかの事実を保持しているかもしれない。

　すべての犬は哺乳類である。
　ノミを持っている犬がいる。
　かみつく犬がいる。
　モモは犬である。
　等々。

脳はまた、これらの事実を組み合わせて、次のような新しい事実を生み出す規則を持っているかもしれない。

　モモは哺乳類である。
　モモにはノミがいるかもしれない。
　モモはかみつくかもしれない。

これらの新たな事実に基づいて、可能な行動を生成するさらなる規則があるかもしれない。
　ドレイファスが『コンピュータには何ができないか』（Dreyfus 1972）でおこなった一冊分の批判には、人工知能における複数の異なる研究計画の詳細な記述が含まれており、歴史的時期にそって区別されている。その最初の改訂版『コンピュータには（いまだ）何ができないか』（Dreyfus 1979）にも同じことが当てはまる〔1992 年に刊行された邦訳は 1979 年刊行の改訂版に基づくものである〕。これらの研究計画の詳細や、それらのあいだの違いは興味深いものだが、ここでの目的にとっては重大なものではない。彼らはみな、思考が計算で

あるとする主張において共通しており、純粋な思考する機械が将来開発されることについても楽観している。違いは、事実をとりまとめる形式と、事実をまとめる規則の詳細に関係する。ドレイファスの批判は、文章的な表象を操作する規則を用いるあらゆるシステムに関係している。これらについては後でもうすこし詳しく検討するが、ドレイファスがあげる鍵となるポイントは、簡単に述べることができる。第一に、人間の思考と行為は規則に従うものではないこと。第二に、人間がそれについて思考し、そこで行為する世界は、文章の集合として表象することができないことである。ドレイファスは、人工知能におけるすべての研究計画が少なくとも 1979 年まで共通に持っていた四つの前提をとりあげながら、これらの論点を練り上げている。

8.3.1 　生物学的前提

　ほとんどすべてのコンピュータは二進法的（デジタル digital）である。二進法的であるということは、つねに、いくつかの限られた状態のうちのひとつにあって、他の状態にはないということである。コンピュータにおいて、状態の数は、通常「0」と「1」と呼ばれる二つである。自然における大半の事物は二進法的ではなく、多くの、数多くの、しばしば無数に多くの幅を持っている。無数に多くの価値の幅を持つ事物は連続的である。外気温が 15 度から 20 度まで上昇するとき、それは 15 度から 20 度まで、15.000…001 度から 19.999…度までのすべてを通過する。二進法的であることと連続的であることとの違いを理解するひとつの方法は、二進法的なものを使えばそれ以上正確に測定できない点にたどり着くが、連続的なものではそこにたどり着かないということである。二進法的な照明のスイッチはオンかオフのどちらかである。そのことが分かってしまえば、これ以上その状態について学ぶことは何もない。〔これに対して〕ツチブタの体重は連続的である。秤がじゅうぶん正確だとしても、測定のさいつねに次の位を補うことができる。61 kg から始めて 61.5 kg へ、次に 61.48 kg へ、次に 61.483 kg へ、次に 61.4833 kg へ……。違いを理解するもうひとつの方法は、チェスのゲームとビリヤードのゲームを比較することである（Haugeland 1985）。チェスは、各ピースがどのマスにいるかという事実がある点で二進法的である。そのマスのなかでポーンのコマ〔将棋でいう「歩」のコ

マ〕が占める厳密な位置は問題ではない——そのマスにポーンがあることを知っていれば、それがあなたの知るべきことのすべてである。対照的に、すべてのボールの正確な位置がビリヤードでは問題である。このため、たとえば、チェスのプレイヤーは異なる国の離れたボード上でチェスをすることができるし、あるボード上で始めたゲームを別のボード上で終わらせることもできる。しかし、ビリヤードのゲームをたんに持ち上げて別のテーブルに置くことはできない。それは同じゲームにはならない。ビリヤードは連続的なのである。

　ドレイファスが「生物学的前提（biological assumption）」と呼んでいるのは、適切な規模で考えるなら脳は二進法的であるとする仮説である。「適切な規模で」という注意書きについて考察する前に、この仮説は認知科学であろうとする人工知能のみにもとめられるということを明確にしておくべきである。テクノロジー版の人工知能にとって、その目標はたんに有用で知的な機械を構築することであって、機械の知的なふるまい（intelligent behavior）を可能にするメカニズムが人間の知性的な行動（intelligent behavior）を可能にするメカニズムに似ているかどうかは問題ではない。ディープ・ブルーの開発者にとっては、人間の相手と同じやり方でディープ・ブルーがチェスをプレイしていないという事実は問題ではない。生物学的前提は、認知科学にとってのみ必要なものである。もっというと、生物学的前提は認知科学の本質、すなわち、私たちの脳が文字通り「濡れてべとべとした」コンピュータであるというアイデアのことである。これに加えて、計算規則がそこに適用できるような表象が脳に内蔵されているとするなら、脳は二進法的な装置でなければならない。

　次のような、三目並べ〔いわゆる「○×」遊び〕の規則を考えてみよう。

　相手が最初の一手で「×」を角に記入するなら、「○」を中央のマスに記入する。

この規則が適用できるためには、相手がどこに「×」を記入したかという事実がなければならない。「×」は部分的に角のマスにあるとか、おおよそ角のマスにあるというのではダメである。規則を適用できるかどうかを決定するには、「×」は角のマスに入っているかいないかのどちらかでなければならない。規

則を適用するのに、脳は二進法的な書式で情報を表象しなければならないのである。

　たとえば心理学の入門コースのようなところで神経科学をいくらか学んだことがある人たちにとっては、二進法的であるうえでニューロン（神経細胞）が良い候補になるように思えるだろう。すなわち、ニューロンは、脳がデジタルであるような「適切な規模」であるということである。そして実際、これは、ドレイファスが批判した人工知能の研究者たちが信じていたことでもある。彼らの議論によると、ニューロンは、活動電位を生み出しつつたがいに相互作用している。ニューロンが静止しているとき、その内部は周囲の媒質に比べて負の電荷を帯びている。ニューロンの入力側の神経伝達物質はすこしずつニューロンの細胞壁に変化をもたらし、正の電荷を持つイオンがニューロンへと進入し、ニューロン内部の電荷を増大させる（すなわち、負の強度が下がる）。電荷がある閾値を超えると、ニューロンは「発火」して、末端まで下って活動電位を伝え、別のニューロンの入力側へと神経伝達物質を放出する。ニューロンはその周囲に対して一時的に正の電荷を帯び、もともとの負の電荷を帯びた状態に徐々に戻るまで、次の活動電位を発火することができない。活動電位の放出は、電荷が閾値を超えるまでニューロンが発火せず、発火するとすべてを放出するので、この点で「全か無か（all or nothing）」としてしばしば記述される。確かに、これは二進法的であるように見える。ニューロンは発火するかしないかであり、その中間がない。

　ドレイファスが問題にする人工知能の擁護者たちにとって、不運なことに、単純なオンとオフの実体としてのニューロンという入門心理学による図案はあまりにも単純すぎる。ひとつには、ニューロンは発火するのに十分な入力をそこでじっと待っているわけではない。ニューロンは連続的に発火しており、他のニューロンとの相互作用に基づいて変化するのは、その発火率なのである。このことは、1972 年の時点ですでに明らかだった。そこからの数年間で明らかになったのは、ニューロンの活動は、入門心理学的なニューロンの理解が示すものよりも、ずっと複雑で変化に富んでいるということである。ビッカード（Bickhard 2013）は、上述したのと異なるしかたでニューロンが活動するしかたについて、網羅的なリストを提示している。ニューロンは、互いの活動を調

第 8 章　ヒューバート・ドレイファスと認知主義への現象学的批判　　215

節する発振器（oscillators）として理解するほうがよい。発振器は、おじいさんの時計の振り子や海の潮〔の干満〕のように、反復する行為を備えた何かである。発振器の周期は、ある地点から始めて同じ地点まで戻ってくるのにかかる時間である。ニューロンの場合、その周期はひとつの活動電位から次の活動電位までの時間である。ニューロンは、主として互いの周期に影響を与えつつ、相互作用している。発振器の周期は連続的であり、二進法的ではない。ニューロンが二進法的なスイッチではなく発振器だとするなら、脳はデジタル・コンピュータではないのである。

8.3.2　心理学的前提

　認知科学を基礎づけるアイデアは、心がコンピュータ・プログラムであるということである。私たちの経験から考えると、この基礎的アイデアは明らかにまちがっているように見える。路上で友だちを見かけるとき、私たちは、その人についての現在の視覚イメージとその人について蓄積された表象との比較を経験していない。私たちはまた、渡ろうとしている道路のその地点にクルマがいつ到達するのか、その距離と速度を見積もって計算したり、さらにその計算結果を道路の横断にどのくらい時間がかかるかの見積りと比較照合して渡るのを決意する、ということを経験していない。そうではなくて、私たちはたんに、古い友人を見かけ、道路を渡れるということを理解する。このことが意味するのは、私たちの心が実行している計算過程は、認知科学によると、無意識的なものでなければならないということである。これは、脳と認知と経験の関係は、コンピュータ、その上で走るソフトウェア、ユーザ・インタフェースの関係のようなものだとする考え方である。キーを押すのに反応してコンピュータの画面上に文字を生じさせる計算過程がユーザの目に見えないのと同様に、友だちを認識するのを可能にする計算過程もまた目に見えないのである。心がコンピュータ・プログラムだとすると、それは、物質的なもの（脳、コンピュータ）と経験的なもの（意識的経験、ユーザ・インタフェース）とのあいだの規模においてそうなのである。ドレイファスはこれを「心理学的前提（psychological assumption）」と呼ぶ。

　ドレイファスが正しくも指摘しているように、心理学的前提の地位はいくつ

216

もの点であいまいである。第一に、この前提は、人間の行動がコンピュータ・プログラムとインプット−アウトプットにおいて同等だと主張しているのだろうか、あるいはより強く、私たちの脳内のプロセスがコンピュータ・プログラムに類似していると主張しているのだろうか。この最初の論点は、テクノロジーとしての人工知能と、認知科学としての人工知能とのあいだにある論点である。前者にとっての前提は、知的にふるまうコンピュータを製作することができる、ということにある。後者にとっての前提は、私たちの脳はコンピュータであり、私たちの心はコンピュータ・プログラムである、ということにある。ドレイファスが『コンピュータには何ができないか』を書いたときには事例がなかったが、私たちはディープ・ブルーやワトソンなどによって、少なくともある限られた領域ではコンピュータが知的にふるまうことができるのを知っている。興味深いのは認知科学の問いである。心理学的前提からすると、人間の思考過程は実際に計算でなければならないのである。第二に、この前提は、私たちの心の本質にかんする経験的な主張であるのか、概念上の主張であるのかがあいまいである。認知科学者は、思考することが計算かどうかを見極めようとしているのだろうか、それとも思考を計算としてたんに定義しただけなのだろうか。ドレイファスの指摘によると、少なくとも 1972 年の時点では、思考が計算であることを示す経験的な証拠は何もない。知的な機械を製作する試みの歴史は失敗の歴史であって、コンピュータに知的なふるまいをさせるのに研究者たちは何度も失敗してきた。しかしそれと同時に、研究者たちは知的な機械の未来について大胆な主張を続けてもきた。ここからドレイファスが結論するのは、この主張が概念上のものであるということである。認知科学者は、認知を計算としてたんに定義しているだけなのである。そのため、あいまいさを取り除いていうと、心理学的前提とは、思考過程はデジタル・コンピュータで生じるのとまったく同じ種類の無意識の計算過程として理解されねばならない、ということである。

　ドレイファスは、脳と意識経験とのあいだに介在する情報処理の「レベル」、という考え方そのものに反対し心理学的主張は概念的な形式が一貫していないと考える。この計算的なレベルは、世界とのたんに因果的で物質的な相互作用と、意識的な経験とのギャップを橋渡しするものと考えられる。実際、これこ

そ先に考察した相互作用問題であり、これに対して計算は解決を与えることになっていたのである。ここで提案された解決策は機能しないし、単純な物質的世界と私たちの経験とのギャップを橋渡しするものは何もない、とドレイファスは考える。「感覚」や「情報」といった言葉は、いずれも物質的な意味と経験上の意味を持つが、認知科学者たちはこうした言葉のあいまいさにつけ込むことでギャップを橋渡ししようとしている。感覚は、伝統的にはひとつの経験として理解されてきたが、この術語は神経科学や心理学では網膜細胞のような感覚神経の興奮を指すものとしてしばしば用いられる。それと同様に、情報は意味を指すために用いることが可能であるが、それは同時に、ビットの連続体における可変量を指すコンピュータ科学の専門用語である〔情報は「0」か「1」の二進数ビットを連ねることで量的に表現される〕。それほど心的でないこれらの術語の複数の意味のあいだを揺れ動くことで、認知科学者たちは「新しいかたちの戯言」（Dreyfus 1972, p. 92）を生み出している。以下で見るように、相互作用問題についてのドレイファスの解決策は、ハイデガー、メルロ゠ポンティ、ギブソンにしたがって、まず手始めに、思考と世界との分裂を容認するデカルト的仮説を拒否することにある。

　しかしこの点に移る前に、介在するレベルという考え方そのものに一貫性がないとするドレイファスの主張はまちがっているということを見ておくのが重要である。認知科学者は認知を計算として定義しているとする点で彼は正しい。何度も述べた通り、この定義は認知科学の基礎である。鍵となるのは、標準的な科学の実践でそうされるように、この定義が暫定的になされたものであるということだ。認知科学者がいっているのはこういうことである——「思考は計算かもしれない。そうだと仮定して、この仮定から始めてどんな予測ができるかを見てみよう。それから、この予測が維持できるかどうか実験を計画してみよう」。一貫性がないどころか、思考が無意識の計算であるとする仮定は、何十年にもわたって成果豊かな科学的学問の中核であり続けてきたのである。これは、事実として思考が計算であるということを意味しない。私たちはドレイファスにならって、心理学的前提が誤りであると考える。しかし少なくとも、その一般的な形式において、それは戯言ではない。

8.3.3　認識論的前提

　ドレイファスが「認識論的前提（epistemological assumption）」と呼ぶものは、本質的には、弱いバージョンの心理学的前提である。人間とインプット－アウトプットが同等の機械、すなわちチューリング・テストに合格する機械を製作することは可能である、との主張である。それゆえ認識論的前提とは、人間の脳がコンピュータであるとする前提ではなく、人間のようにふるまうコンピュータを製作することができるとする前提のことである。ドレイファスの議論はこうである。デジタル・コンピュータが人間のようにふるまうのが可能だとすると、人間のあらゆる行動が、インプットとアウトプットを結合する規則という観点から特定可能であることが確かめられなければならない。実際、どのような現象であっても、コンピュータでシミュレートすることができるとしばしば主張されている。すなわち、インプットとアウトプットという点で特定できることはすべて、同じインプットを与えて同じアウトプットを出力できるようコンピュータをプログラムできるというのである。これが人間の行動について実現できないということについては、原理上の理由はないように見える。ドレイファスは、二つの点でこの仮説に反論する。第一に彼が指摘するのは、人間の行動をシミュレートする試みの多くは「心理学的レベル」でなされているが、すでに彼が論じているように、この心理学的レベルには一貫性がない。第二に、より小さな規模で、たとえば個別のニューロンや化学的過程の規模で、人間をシミュレートする現実的な可能性がないことを問題にしている。

　1972年以降、コンピュータを取り巻く景色は変化してきた。先に記したように、少なくとも限られた領域では、人間レベルの知性を示すデジタル・コンピュータの事例は数多く存在する。〔ただし〕チェスや大規模データベースの高速検索は、コンピュータを使うと簡単に解決できる種類の課題である、という議論はあるかもしれない。結局のところ、チェスは二進法的だし、データベースを通じた検索は、規則という観点から記述することが可能な種類の事柄である。インプットをアウトプットに写像する規則という観点から記述できないような、さほど明確に二進法的ではない現象は、他に数多く存在するかもしれないのである。「ビッグ・データ」という近年のコンピュータ計算の焦点は、この点について疑う理由になる。たとえば、あなたが音楽を好きになりそうな

第8章　ヒューバート・ドレイファスと認知主義への現象学的批判　　219

ときを決定する一連の規則は、あなたには特定できないかもしれない。多数の人々の聴取や購入の履歴における規則性をもとめれば、記述するのは難しくても、どんな種類の音楽を人々が好みそうなのか見極めるうえで、予測的に役立つ規則へと導かれるだろう。アマゾンやスポティファイがかなり上手にあなたに音楽を勧めてくるのを考えてみるといい。まちがいなく、おすすめ機能を実行するソフトウェアは、友だちが勧めてくるのと同じしかたでそれをしているのではない。ただし、認識論的前提が正しいことを示すのにこのことは必要ではない。必要なのは、おすすめ商品（アウトプット）が、友だちが進めてくるのと似たようなものになっているということなのである。

8.3.4　存在論的前提

　ドレイファスが述べたしかたとは異なるが、認知科学者による「存在論的前提（ontological assumption）」として彼が特定するのは、世界が二進法的であるとする仮説である。脳がデジタル・コンピュータであり、心が、世界の表象を操作することで作動する二進法的な計算過程の集まりであるとするなら、世界は、二進法的に表象することが意味をもつような場所であると考えるのが自然である。二進法的な表象に容易になじむのだとすると、世界は、真か偽かという論理的言語で表現しうる個別の事実の集合でできているに違いない。「存在するのは、それぞれ他から論理的に独立であるような事実の集合である、とするのが存在論前提である」（Dreyfus 1972, p. 92）。この前提において、人工知能研究は合理主義の伝統に最も密に対応する。心の機能の仕方についての前提から始め、心が世界を表象するという前提とともに、世界の本質についての結論へと進むのである。存在論的前提に反対するとき、ドレイファスの批判は最も深く現象学に基づいている。

　内的地平と外的地平についてフッサールがなした区別を思い出そう。黒皮のイスをあなたが経験しているとする。〔ドレイファスによれば、〕フッサールが「内的地平」と呼んだのは、あなたがイスを経験するときに実際に心的に表象されている何かである。これに対して「外的地平」とは、世界全体についてあなたが持っている背景的知識であって、あなたが心的に表象しているイスだけを指すのではない。フッサールが見出したのは、内的地平が意味をもつには外

的地平のかなりの部分が必要だということである。この点はホーグランド（Haugeland 1979）の事例で容易に見て取ることができる。「濡れていたので、私はレインコートをバスタブにおいてきた」という文章を考えてみよう。この文章を読む誰もが何の問題もなくそれを理解できたと私たちは考えるし、この文章にある「濡れていた」の主語があいまいであることにまず気づかない。文章の配列を考慮すると、まだ濡れていたのはレインコートかもしれないしバスタブかもしれない。統語上のあいまいさにもかかわらず、レインコートがまだ濡れていたことは私たちの誰にとっても明白だ。それに、バスタブが濡れているからといってそこにレインコートを置かないだろうということも、同様に明白である。だから私たちは、この文章をそのように解釈することを思いつかないだろう。この文章が内的地平であると仮定してみよう。この文章についての私たちの理解を説明するのに、どれほど多くの外的地平が必要になるだろうか。すなわち、どのような背景知識をもってすれば、この文章の意味は明白になるのだろうか。少なくとも、布、木、皮などでできた家庭用品に雨が与える効果についての知識を含んでいると思われる。また、私有財産について、家具の費用とフローリング交換の費用について、バスタブと水回りについて、等々の知識を含むと思われる。しかも、先の文章は、私たちが何の困難もなくすべて理解できる、およそ無数に多くの文章のひとつにすぎないのである。世界についての知識が心的に表象された事実という形式になっているとすると、無数に多くの事実の表象——人間の文化という外的地平全体——を私たちはいついかなる瞬間にも利用可能なものとして持ち合わせていなければならないことになる。端的にいって、それは不可能である。

　内的地平の理解にとって外的地平が前提条件であるとハイデガーが論じていたことを思い出そう。彼の言葉でいうと、どんなものであれ任意の存在者に出会うには、その存在者がそこで意味をもつような、道具と実践からなる背景全体を熟知している必要がある、ということである。バスタブに置かれたレインコートについての一文を理解するには、レインコートとバスタブを理解している必要がある。しかしもちろん、特定のバスタブの特徴にそって、レインコートやバスタブというものを理解することはできない。そうではなくて、レインコートやバスタブが私たちの生活のなかで果たす役割にそって、それらを機能

的に理解する必要があるのだ。すなわち、私たちは、レインコート、バスタブ、その他の道具について、「道具の全体性」という観点から理解するのである。実際、レインコートやバスタブは、道具の全体性という観点においてレインコートやバスタブなのである。道具の全体性は、それぞれ個別に真か偽であるようなばらばらの事実の集まりではない。世界は二進法的ではないのである。

8.4　ハイデガー的人工知能

　人工知能研究者の前提、それはまた合理主義的伝統の前提でもあるが、ドレイファスはこれらを批判したうえで、人間経験を理解する正しい方法についていくつか示唆を与えている。すでに述べたように、ドレイファスはこの代案を描くうえでハイデガー、メルロ゠ポンティ、ゲシュタルト心理学者、およびウィトゲンシュタインに依拠している。ここまで本書を読めば、このことはすでにおなじみになっているだろう。ドレイファスの論じるところでは、合理主義の伝統は、経験や知性的な行動において身体が果たしている役割を無視している。身体を無視するのは想定内の帰結である。脳をコンピュータとみなし、心をコンピュータ・プログラムとみなせば、身体は周辺的なものと考えるほうが自然である。感覚器の表面はキーボードのようなものだし、筋肉はモニターやプリンターのようなものである。次の章で見ることになるが、身体と、世界内での技能的な活動に焦点を当てることで、認知科学を変容させる改革がこの分野にもたらされた。本章を終えるにあたって、ハイデガーに触発されたドレイファスの人工知能批判から、それを超えてハイデガーに触発された人工知能研究へと至った初期の研究について考察しておこう（Agre and Chapman 1987; Preston 1993; Wheeler 1994; Agre 1995; Wheeler 2005; Dreyfus 2007)。

　プレストン（Preston 1993）が指摘するように、ハイデガーに触発された人工知能には二つの課題がある。彼女は鍵と錠の例をあげてこの点を論じる。すでに考察したように、私たちが鍵をかけたりかけなかったりする理由を理解するには、その文化的背景の全体を理解しなければならない。しかし、この文化的背景が鍵と錠の利用者によって心的に表象されるはずはない。外的地平についてのこの問題は、私たちがどのようなときに鍵をかけることに決めるかを理

解するために重要であるが、私たちがドアに鍵をかける必要があるとき、実際にそれをどうやっているのかという点もまた問題となる。一日の行動計画を立てるとき、職場に着いたら車のドアに鍵をかけることを私たちは計画するだろうか。週末留守にするあいだ誰かにネコの餌やりを頼むために鍵をあずけるとき、どうやって鍵を使ってドアを開けるのか説明するだろうか。何らかのやり方で、私たちはドアに鍵をかけることが必要なとき、実際にそうすることができているのである。ドアに鍵をかけることにかんして、私たちは二つの技能を示している。いつドアに鍵をかけるか、また、どうやってドアに鍵をかけるかを、私たちは熟知している。人工知能を成功裡に構築するには、両方の問題を扱わねばならない。私たちがいつドアに鍵をかけるべきか知っているのは、私たちの文化における私有財産の重要性という理由による。ドアに鍵をかけることは重要な日々の活動であるため、鍵と錠は私たちが使いやすいようにデザインされている。鍵は、私たち（の手、目、手首、その他所有物）を念頭に作られているため、ドアに鍵をかけることは簡単な日々の活動になっている。ハイデガーによる「道具の全体性」の分析に含まれていたのは、人間の活動の大半が、使いやすく設計された環境を手慣れたしかたで技能的に扱うことである、ということだった。すなわち、私たちの関与の大半は、利用可能なもの（道具存在）としての道具とのかかわりなのである。それゆえ、認知科学としての人工知能にとっての問題は、私たちの身体能力を補完するように設計された道具を使いつつ、日常的な状況で環境に対処できる機械を製作する必要がある、ということなのである。

　ハイデガー的人工知能を構築する最初の計画的な試みは、アグレとチャップマン（Agre and Chapman 1987）が書いたペンギ（Pengi）というプログラムである。ペンギは、1980年代のビデオゲーム、ペンゴ（Pengo）をプレイするためにデザインされた。ペンゴでは、プレイヤーは、動かせる氷のブロックをくぐり抜けていく環境内の通路で、ハチに追われながらペンギンのアバターを操作する。ペンギは、数時間すでにプレイした人間と同じくらい上手にゲームをプレイする。ペンギは一種の産出システム、つまり人工知能で用いられる典型的なコンピュータ・プログラムであり、一連の規則、ゲームの特徴が表象されるワークスペース〔データを一時的に格納しておく記憶領域〕、どのルールを適

用するか決定するための方法、でできている。ドレイファスは正しくも産出シ
ステムを批判しているのだが、実際のところ、ペンギを面白いものにしている
一般的なアーキテクチャはこの点にはない。ペンギを面白いものにしているの
は次の二点である。第一に、ペンギは個別の存在者をまったく表象しない。特
定のブロックやハチを表象しないのである。その代わりに、直示的表象（deic-
tic representations）と呼ばれるもの、すなわち、ペンギの現在の活動の観点か
ら定義される、事物を表現する指標的機能〔「ここ」「私」「いま」などのように
使用の文脈に依存して対象を指示する働き〕を持つ存在者を利用する。ハチとブ
ロックはペンギの世界において意味を持つ。ペンギが関心を持つような指標的
機能を持つ存在者は、「私が追いかけているハチ」「私がキックしているブロッ
ク」といった事物である。私たちは、一連の語句を読むことができるが、この
ひと続きの語句の内部に複合的な構造はない——ペンギには、それが、「私が
追いかけているハチ」や「私を捕まえようとしているハチ」であることへの関
心を離れて、特定のハチを見ることはできない。いずれにせよ、ペンギの世界
は、技能的活動において、すなわち、障害物を避けてハチを叩き潰すとでも言
い表せる活動において扱う必要のある事物によって分節されている。第二に、
ペンギは、計画や目標を表象することなく、定型化された活動としてペンゴを
プレイする。ペンギは眼前のゲームの状況に対処するのであって、明示的に表
象された計画は持っていない。ペンギはいかなる意味においても、短期や長期
の目標に対して現在の活動を確認しない。ペンギはその代わりに、自分が持っ
ている技能と、環境がアフォードするものにそって、即興で活動するのである。
そのため、ペンギ自身は長期的な目標の表象を持っていないし、目標が何なの
かという観念も持っていないにもかかわらず、技能的で知性的な行動がペンギ
の動きに出現するのである。

　ペンギに備わる直示的表象は、ペンギの活動と独立して存在する事実の表象
ではない。直示的「表象」は、現状の目的にそってそれを利用する行為主体
（ここではペンギ）の見地からのみ定義できる事物を表現している点で、指標
的機能を持つものなのである。ペンギが「経験」する指標的機能の存在者
（「私が追いかけているハチ」「私がキックしているブロック」など）は、「私が追
いかけているハチはブロックのうしろにいる」といったしかたでアグレとチャ

224

ップマンがアスペクトと呼ぶもののなかに埋め込まれている。直示的「表象」は、ペンギが世界内のアスペクトと存在者を登録する手段なのであって、個別の事実の表象ではないのである。チャップマン（Chapman 1991）が述べているように、「直示的表象は、その指示物と因果的に結合していなければならないのだから、対象を構成する責任の一部を担っている。実在の世界は、同一性のラベルを持った離散的な事物へとこぎれいに切り分けられてはいない。対象とみなされるものは、課題に依存するのである」（p. 32）。

　本人はその結びつきを否定するものの、ロドニー・ブルックス（Brooks 1991）によるロボティクス研究はしばしばハイデガー的人工知能として分類される。アグレとチャップマンのペンギのように、ブルックスの製作するロボットは定型的な状況を技能的に扱う。障害物を避け、散らかった場所を探索するのである。ただし、アグレとチャップマンとは違って、ブルックスは表象を完全に退ける。

　　私たちは予期せぬ結論(C)にたどり着いたので、より急進的な仮説(H)を立てている。
　　　(C)ごく単純なレベルの知性を検証すると、明確な表象と、世界のモデルが妨げになるのを私たちは見出す。世界をそれ自身のモデルとするほうが良いことが判明するのである。
　　　(H)知的なシステムのなかの一番かさばる部分を構築するうえで、表象は、まちがった抽象の単位である。（Brooks 1991）

ブルックスは、効果的で完全な世界の表象をみずからのエージェントに実装するのを試みるのではなく、実際に何かをする完全なクリーチャーであるロボットを製作する。こうした原理にそってブルックスが最初に作ったロボットがアレンである。アレンは円盤の形をしたロボットで、その縁にそって並ぶ 12 個の距離センサーから入力を受ける。これらのセンサーから、あらゆる方向の物体との距離についての情報をアレンは受け取る。三つの半独立の「層」によってアレンは制御されている。下層はアヴォイド（回避、AVOID）である。アヴォイドは純粋に反作用するもので、どんな物体でもそれが近すぎればアレンを

遠ざける。第二層はワンダー（徘徊、WANDER）で、アヴォイドを抑制しながら、ランダムな方向づけとその方向への動きをアレンにさせる。第三層のエクスプロア（探索、EXPLORE）はワンダーを抑制し、障害物が最も遠くなる方向へアレンが動くようにする。これら三層の相互作用を通じて、計画を必要とすることなく、複雑な行動が出現する。ペンギと同様に、アレンも環境に対して単純に反応している。実世界の環境では、アレンの行動はきわめて頑健で、ロボット掃除機ルンバの基礎になっている。実在する世界での実在する行動は、表象を必要としないのである。

　人工知能研究の初期の段階では、ドレイファスは癪にさわる懐疑論者だと見られていた。現象学に触発された彼の批判は、この新しい学問における、確信ある未来志向の実践者たちを邪魔するものだった。しかしその洞察において、ドレイファスは初めからずっと正しかったように見える。人工知能研究者は合理主義哲学をたんに再発明しただけだったし、認知科学としての人工知能の失敗は、合理主義に対する現象学の批判を確認するものだった。1990年代初頭までには、認知科学の研究者にとって現象学（主としてドレイファス経由の）は、批判の源泉から前向きな啓発へと変化していった。次章では、1990年代から今日にいたるまでの、現象学に触発された認知科学を概観する。

用語解説

計算主義（computationalism）：思考は文字通りの計算であり、脳は一種のコンピュータであるとする見方。

心身二元論（mind-body dualism）：長年続いている哲学上の問題で、相互作用のしかたも含め、心と身体がたがいにどう関係するのかを理解しようとするもの。

心理学的前提（psychological assumption）：思考は計算であるとする、人工知能研究者による前提。

生物学的前提（biological assumption）：脳がデジタル・コンピュータのように機能しているとする、人工知能研究者による前提。

存在論的前提（ontological assumption）：世界が文章によって表象できる種類の一連の独立した事実で構成されているとする、人工知能研究者による前提。

他我問題（problem of other minds）：長年続いている哲学上の問題で、ひとはどのようにして他者が何を考えているのか（さらには考えているかどうか）を知るのか、と問うもの。

チューリング・テスト（Turing test）：機械が知性をもつと判定するための行動上の基準。チューリングによると、人間の対話者にそれを人間だと勘違いさせることができたら、その機械は知性をもつといわれなければならない。

二進法的（digital）：あるシステムが限られた数の状態にしかならないとき、そのシステムは二進法的である。コンピュータは二進法的だが、自然現象は二進法的ではない。

認識論的前提（epistemological assumption）：人間とインプット‐アウトプットが同等のコンピュータを製作することが可能であるとする、人工知能研究者による前提。これは、人間行動のすべては規則の観点から記述できると主張するのに等しい。

認知科学（cognitive science）：心を理解するための学際的なアプローチで、心理学、コンピュータ科学、言語学、哲学、神経科学、人類学からの知見を結びつける。認知科学の創設者たちは、思考は一種の計算であるとの仮説を立てた。

媒体独立性（medium independence）：コンピュータ・プログラムは、異なる種類のコンピュータ上で走る点で、媒体独立的である。認知科学者は、典型的には脳がコンピュータであると仮定するため、同じコンピュータ・プログラムが脳内とノートパソコンの両方で走りうることになる。

方法論的独我論（methodological solipsism）：独我論は、自分の心だけが存在するという見方のこと。方法論的独我論では、認知科学を実践するうえで、思考主体が表象する世界だけが問題であり、世界それ自体は問題ではないと仮定する。

文献案内

Dreyfus, H. (1972/1979/1992). *What Computers (Still) Can't Do*. New York: Harper and Row.

—— (2007). "Why Heideggerian AI failed, and why fixing it would require making it more Heideggerian." *Philosophical Psychology,* 20: 247-68.

Preston, B. (1993). "Heidegger and artificial intelligence." *Philosophy and Phenomenological Research,* 53: 43-69.

本文中に登場する文献の邦訳

Dreyfus, H. (1972/1979/1992). 黒崎政男・村若修（訳）『コンピュータには何ができないか——哲学的人工知能批判』産業図書（1992 年）（邦訳は原著 1979 年発行の改訂版の全訳）

Chomsky, N. (1966). 川本茂雄（訳）『デカルト派言語学——合理主義思想の歴史の一章』みすず書房（1976 年・新装版 2000 年）

第 9 章

現象学的認知科学

9.1 フレーム問題

第 7 章の末尾で、ギブソンの生態心理学に生じるひとつの問題に言及した。どのようにして、特定の任意の時点で入手可能な多くのアフォーダンスの一部が、それに基づいて行為がおこなわれるものになるのだろうか。ウィトハーゲンらの言葉を使うと、どのようにして一部のアフォーダンスがインビテーションになるのだろうか。この問題は、あらゆる種類の認知科学が直面する、より一般的な問題、すなわち「フレーム問題（frame problem）」の一種である。フレーム問題を最初に論じたのは、人工知能という分野の二人の創設者ジョン・マッカーシーとパトリック・ヘイズ（McCarthy and Hayes 1969）であり、通常、これは人工知能には克服できない問題だとみなされる。フレーム問題の説明のうちで、最もすぐれており、最も広く論じられているのは、デネット（Dennett 1987）によるものである。デネットは、あるロボットがどのようにして行為を選択するかを、とりわけ、どの行為にも多くの副次効果があるという事実を考慮しつつ、想像するようにもとめてくる。ロボットは、今にも爆弾が爆発しようとしている部屋から予備のバッテリーを運び出す必要がある。ロボットは、部屋から電源が乗ったカートを引いてくる計画を練り上げる。残念ながら、爆弾もカートに乗っている。それゆえ、カートを部屋から引いてくることには、電源を部屋から運び出すという結果と爆弾を部屋から運び出すという副次効果がある。ロボットは爆弾がカートに乗っていることを知っていたとしても、カートを移動することに爆弾を移動するという副次効果があることは

229

認識しないかもしれない。ひとつの解決法として可能なのは、いかなる行為であれ、それにとりかかる前に、可能なあらゆる副次効果をロボットに検討させることである。その場合、世界のありとあらゆる特徴が行為によって変化しうるしかたを検討せずに、副次効果が何であるかを知ることが問題となる。

1. カートを移動すれば、電源の位置が変わる。
2. カートを移動すれば、爆弾の位置が変わる。
3. カートを移動すれば、ロボットの位置が変わる。
4. カートを移動すれば、カートの影の位置が変わる。
5. カートを移動しても、カーペットの色は変わらない。
6. カートを移動しても、カートの質量は変わらない。
7. カートを移動すれば、カートとエッフェル塔のあいだの距離が変わる。
8. カートを移動すれば、電源とエッフェル塔のあいだの距離が変わる。
9. カートを移動すれば、爆弾とエッフェル塔のあいだの距離が変わる。
10. カートを移動しても、爆弾と電源のあいだの距離は変わらない。
11. カートを移動すれば、爆弾の位置、エッフェル塔の位置、ストーンヘンジの位置によって限定される三角形の面積が変わる。
12. カートを移動すれば、……

もちろん、これは永遠に続けることができる。自分が計画していたどの行為についても、その副次効果のすべてを検討しなければならないロボットがあるとすれば、いつまでたってもいかなる行為にもまったくとりかかれないだろう。この問題を解決するためには、ロボットは、行為の副次効果として可能なもののうちのどれに関連性があるかを認識して、そのように関連性のある副次効果だけを検討する必要がある。明らかに、同じ無限に長い可能な効果の一覧表を生成して、関連性のある可能な効果（1, 2, 3, 10, …）と関連性のない可能な効果（4, 5, 6, 7, 8, 9, 11, 12, …）の一覧表に分類する、というやり方はうまくない。これでは、行為に先立って必要な処理が増えてしまい、さきほどの問題をさらにこじらせるだけである。ロボットは、どうにかして可能な効果のすべてを検討せずに、行為の効果のうちのどれに関連性があるかを知る必要がある。これが

フレーム問題である。ロボットやコンピュータは、どのようにして、関連性がない物事すべてについて判断をしなくても、何に関連性があるかを知ることができるのか、それが問題である。

どうすればロボットやコンピュータ・プログラムがフレーム問題を解決できるのかを想像するのは難しい。しかし、前章で見たように、私たちはいとも簡単にフレーム問題を解決しているように見える。ジョン・ホーグランドの文を思い出してほしい——濡れていたので、私はレインコートをバスタブにおいてきた。私たちは「濡れていた」の主語が何であるかがあいまいであることに気づくこともなく、この文を理解する。私たちは「濡れていた」の主語がレインコートであることを知るのに必要な情報のすべてをもっており、関連性のないいかなる情報にも惑わされない。〔だが〕明らかに、いま論じたロボットがその行為を計画しようとした仕方で、文を理解しているようには思えない。つまり、動詞の主語のあいまいさをなくすために、自分の知識のすべてを明示的に検討し、関連性のない部分を取り除き、バスタブの素材、レインコートの素材、蒸発などについての知識を用いることによって、そうしているわけではないように見える。フレーム問題は、ドレイファスが批判した人工知能と認知科学における合理主義的研究の欠陥を示すよい例だとみなされることがある。キヴァースタイン（Kiverstein 2012）が指摘するように、合理主義的な認知科学を継承するいかなる立場も、それが認知にかんする合理主義的な計算理論と違って、フレーム問題の解決法をもっていることを示すことによって、みずからの価値を主張することができる。以下、この章では、認知科学にあって現象学に触発されており、いくらか重複部分もある四つのアプローチを検討する。これらのアプローチは、その理論から計算と表象を退けて、その代わりに生物個体‒環境システムに焦点をあてる限りにおいて、現象学に触発されている。私たちはつねにその解釈に同意するわけではないが、これらの著者たちもハイデガーやメルロ゠ポンティやギブソンに直接のよりどころをもとめている。

9.2　急進的身体性認知科学

第7章で触れたように、ギブソン的生態心理学にはアフォーダンスとインビ

テーションを区別する方法が必要である（Withagen et al. 2012; Rietveld 2008）。どうして私たちは入手可能なアフォーダンスのうちのごく一部だけに基づいて行為をおこなうのだろうか。どうして私たちはこれらのアフォーダンスのうちのごく一部以外には気づきもしないのだろうか。ギブソンは自分の生態心理学にかんするこの問題に気づいていた。彼は、何をするかを決定する内的なホムンクルスに訴えるのは、自分がとれる選択肢ではないことにも気づいていた。それに加えて、フレーム問題は、内的なホムンクルス（たとえば、世界にかんする表象を備えたコンピュータ・プログラム）に訴えても無駄であることを示唆する。感覚表象を使って運動表象を作りあげる内的主体を必要としないような仕方で行為を説明しようとするなかで、ギブソン（Gibson 1979）は次のようにいう。「行動を支配する規則は、当局によって執行される法とか、司令官によってなされる決断のようなものではない。行動は規制されることなく規則的なのである。どのようにしてこれが可能となっているのか、それが問題だ」、と。この問題に対するギブソンの解決策は、ほとんどの問題に対する彼の解決策と同じように、動物を囲む環境の観点からのものである。すなわち、彼は、行動を制御するためには周囲の環境のなかの情報だけで（つまり、情報や計算や推論を心的に付け加えなくても、心的に表象された計画がなくても）十分だ、と主張する。カグラー、ケルソー、ターヴェイ（Kugler, Kelso, and Turvey 1980）は、そうした情報が実際にはどのようにして行為を生成できるのかを問題にした。人間の行為は自己組織的（self-organizing）であり、それゆえ、他の科学において自己組織的なシステムに適用されるのと同種の数理モデルにしたがう、というのが彼らの答えである。自己組織的なシステムとは、計画やリーダーがないのに立ち上がり、システムの諸部分のあいだの相互作用から生じてくる規則性を示すようなシステムである。人間の行為は自己組織的だという考えは、近年、心理学において、ダイナミカルシステム理論（dynamical systems theory）への関心が再興するきっかけとなった。チェメロ（Chemero 2009）は、このように生態心理学とダイナミカルシステム理論が組み合わさったものを「急進的身体性認知科学（radical embodied cognitive science）」と呼ぶ。私たちは、ギブソン自身の生態心理学と生態心理学の現代版の区別を記すのに、この名称を用いる。鍵となるのは、生態心理学にダイナミカルシステム理論を加えたも

の（すなわち、急進的身体性認知科学）はアフォーダンスとインビテーションの区別を説明できるが、生態心理学だけではそれができないという点である。急進的身体性認知科学がどのようにしてこのかたちのフレーム問題を解決するのかを説明する前に、ダイナミカルシステム理論とは何であり、認知科学においてどのように使われているのかを説明しよう。

9.3 ダイナミカルシステム理論

ギブソン的な生態心理学にふさわしい説明の枠組みは、どのようなものであるにしても、二つの特徴をもっていなければならない。第一に、知覚することと行為することは互いに密接に結びついていると考えるのでなければならない。ギブソンの観点からすると、知覚は行為に適合しており、しばしば行為を含むものであることを思い出そう。私たちはテーブルの向こうに何があるのかを見るために自分の眼や頭や胴体を動かすのであり、このような運動は見るということの重要な一部である。第二に、表象や計算過程を帰属させることによって説明をおこなうものではありえない。すなわち、知覚することの結果と行為の原因のいずれも、世界にかんする内的表象であってはならない。ハイデガーとメルロ＝ポンティのように、生態心理学者は反表象主義者なのである。ダイナミカルシステム理論は、この両方の特徴をもつ。ダイナミカルシステム論者は、認知主体をダイナミカルシステムととらえ、ダイナミカルシステム理論の道具立てを使えば最もうまく説明できると考える。ダイナミカルシステムとは、いくつかの方程式の集合によって表現される力学法則にしたがって、時間の経過とともに、連続的、同時並行的、相互依存的に変化する量的な変数の集合である。時間の経過とともに変化するもののほとんどが、この意味でダイナミカルシステムである。ダイナミカルシステム理論を心理学における説明の道具として使うことは、物理学や生物学など、他の科学で物事がどう時間の経過とともに変化するかを説明するのに使われる道具を手にして、それを知覚や行為や認知に適用するということである。それはつまり、知覚や行為や認知が微積分学を使って説明されるということである（詳細な説明については、van Gelder 1998、または、Chemero 2009 を参照）。変数が時間の経過とともに変化する仕

方を説明するのには微分方程式が使われる。ある電車のフィラデルフィアからの距離を表すのに変数 s を用いるとしよう。この変数の一階微分は、$\dot{s}$ または $\dfrac{ds}{dt}$ という記号で表されるが、電車のフィラデルフィアからの距離が変化する比率、すなわち、電車の速度である。二階微分は、$\ddot{s}$ または $\dfrac{d^2s}{dt^2}$ という記号で表されるが、電車の速度が変化する比率、すなわち、電車の加速度である。変化率や加速度を決定する方程式には、他にも固定したままだと想定される記号も含まれる。これらはパラメータと呼ばれる。ダイナミカルシステム理論が認知科学に応用されるときには、知覚や行為や認知に関係する変数やパラメータを含む微分方程式を発見することに関心があるのである。

　ダイナミカルシステム理論をモデリングの道具として使うと、生態心理学との組み合わせにおいて、いくつかの決定的な役割を果たすことになる。第一に、おそらくこれが最も重要なのだが、ダイナミカルシステム理論はモデリングが科学全般で果たす役割を果たすことになる。つまり、抽象的な理論と実験室で収集できる具体的なデータのあいだの断絶を橋渡しすることになる。知覚すること、行為することと環境のあいだの関係性についてのギブソンの理論は抽象的であり、私たちが論じてきた他の現象学者たちの理論もまた同様である。これらの理論は、多くの場合、どう検証すればよいのか、どう実験室で使えばよいのか、まったく明らかではない。〔それに対して、〕ダイナミカルシステム理論は簡単に現実のデータに適用できる。第二に、生態心理学者は主体－環境の境界をまたぐことのできるような説明の道具立てを必要とする。ダイナミカルシステム理論は急進的身体性認知科学にとりわけ適している。というのも、ダイナミカルシステムは単一のものが生物個体の内側と外側にパラメータをもつことができるからである。ダイナミカルシステム理論を使えば、主体がその環境内で時間の経過とともにおこなう行動を、カップリングしたダイナミカルシステムとして説明することができる。ビア（Beer 1995）からとられた、次の方程式のようなものを使えばよい。

　等式 1：$\dot{X}_A = A(X_A ; S(X_E))$

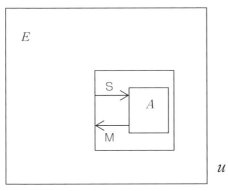

図 9.1 統合された動物 - 環境システム（Beer 1995 に基づく）

等式 2：$\dot{X}_E = E(X_E ; M(X_A))$

ここでは、AとEはダイナミカルシステムで、それぞれ生物個体と環境のモデルである。$S(X_E)$ と $M(X_A)$ は、カップリング関数で、前者が環境変数を生物個体のパラメータと結びつけており、後者が生物個体の変数を環境パラメータと結びつけている。私たちは生物個体と環境を別々のものとして考える傾向があるが、両者はただひとつの統合されたシステムUを形成していると考えるのが最も的確である。そのようなモデルは、外的（および内的）要因が生物個体の行動にどのように変化を引き起こすかを表現するのではなく、U、つまり、システム全体が時間の経過とともにどう展開するかを説明することになる（図 9.1 を参照）。このような特徴が力学的モデルをギブソンの生態心理学と組み合わせるのに適したものにしている。以下で見るように、力学的モデルは、ハイデガーとメルロ゠ポンティに触発された認知科学を実践するのにも役立つ。

認知科学における力学的モデルの例として最も幅広く論じられているのは、ハーケン‐ケルソー‐ブンツ（HKB）モデルである。HKBモデルの起源は、カグラー、ケルソー、ターヴェイ（Kugler, Kelso, and Turvey 1980）のひとつの提案にある。それによると、協調した行為における手足は、非線形的にカップリングした振動器であり、ここでのカップリングは維持するためにエネルギ

第 9 章　現象学的認知科学　235

ーが必要なので、時間が経つと散逸する傾向にあると理解することができるという。この提案の文脈のなかで、ケルソーは指振りにかんする実験を実施した。そして、ケルソーの実験の結果は、ハーケン、ケルソー、ブンツ（Haken, Kelso, and Bunz 1980）によってモデル化された。これらの実験の参加者たちは、メトロノームに合わせて両手の人差し指を左右に振るようにもとめられ、二つの安定した協調パターンしか生み出せないことが発見された。同位相あるいは相対位相 0 と呼ばれる一方のパターンにおいては、二本の指が身体の中心線で互いに接近する。逆位相あるいは相対位相 .5 と呼ばれる他方のパターンにおいては、二本の指が同時に左にそして右に動く。被験者たちは、徐々にペースが上がるなかで指を逆位相で振るようにもとめられると、やがてそれができなくなり、同位相での指振りへと移行していった。ハーケン、ケルソー、ブンツは、ベクトル場と呼ばれるものを指の相対位相に適用した。ペースが遅いとき、この場にはアトラクター、すなわち、システムがそちらに向かって運動することになる状態が二つある。相対位相 .5 にアトラクターがひとつあり、相対位相 0 に二つ目のより深い位置のものがある。これらは図においてはグラフ内の低い位置の点として表現される。これが意味するのは、指振りが安定することになるのは、これらの相対位相の値のどちらかが維持されるときだけだということである。しかし、ペースが上がるにつれて（そして、HKB が臨界点と呼ぶものを過ぎると）、.5 におけるより浅い位置のアトラクターは消失し、残っている唯一のアトラクターは相対位相 0 におけるより深い位置のものとなる。それゆえ、ペースの速い指振りは同位相のときにのみ安定する傾向にある。これは指振りだけに当てはまるわけではないことも分かった。左右対称の手足による協調運動（腕振り、足振りなど）は、どれも同じ仕組みで動いているのだ。

この行動の数理モデル、すなわち、HKB モデルは、ポテンシャル関数である。ここでポテンシャル $V(\phi)$ は、二つの振動する部分（指振りの指）が相対位相 ϕ にあるときのシステムの安定性の尺度である。指振りにかんするデータのすべてをとらえることになる最も単純なポテンシャル関数は次のものである。

等式 3：$V(\phi) = -A \cos \phi - B \cos 2\phi$

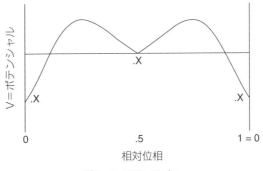

図 9.2　HKB モデル

この公式は図 9.2 で示されるような仕方で視覚化することができる。グラフを理解するためには、それが筒の表面にあるものとして想像しなければならない。つまり、相対位相 0 と相対位相 1 は実際はグラフ上の同じ点なのである。グラフ内で、ポテンシャル V には二つの最低点がある。相対位相 0 = 1 における深いのと、相対位相 .5 における浅いのである。これによって、これらの相対位相で指が振られるときのシステムの安定性、および、他のすべての相対位相における安定性の欠如が説明される。言い換えると、このグラフは、相対位相がとりうるすべての値について、そこで協調を維持することの難しさの度合いを示しているのである。0 = 1 における深い谷と .5 における浅い谷は、これらがシステムが向かっている相対位相であることを示している。指振りのペースを上げると、グラフの形が変わる。ペースが上がるにつれて、.5 における最低点は消滅し、相対位相 0 = 1 のところにひとつだけ谷が残ることになる。

等式 3 は φ の一階の時間微分〔等式 4〕と組み合わせることができる。

等式 4 : $d\phi/dt = -dV/d\phi$

すると、相対位相の運動方程式〔等式 5〕が以下のようにえられる。

等式 5 : $d\phi/dt = -A\sin\phi - 2B\sin 2\phi$

等式5は、相対位相φの現在の値が与えられたときに、それがどのように変化するかを表現する。比率 *B/A* は、振動の周波数と反比例して変化すると想定される制御パラメータであり、システムのふるまいの変化の性格を決定する。すなわち、*B/A* は位相空間の形状、アトラクターとリペラーの配置を決定する。

　HKB モデルは、ふるまいを説明するための一般的戦略の一例である。この戦略は、第一に、巨視的なふるまいのパターンを観察し、次に、ふるまいを支配する集団変数（相対位相など）およびパラメータ（ペースなど）を探る。最後に、ふるまいを説明する最も単純な数学的関数を探しもとめる。複雑なダイナミカルシステム（指振り課題における筋肉、中枢神経系、耳、メトロノームを含むダイナミカルシステムなど）は、自己組織化して、ずっと単純なシステムのようにふるまう傾向があるので、しばしば、こうしたシステムは簡単に観察できるパラメータをいくつか含むだけのきわめて単純な関数によってモデル化することができる。HKB モデルは一連の具体的な予測を生み出す。第一に、ペースが上がるにつれて、実験被験者は逆位相の指振りを維持できなくなるだろうと予測される。第二に、ペースが遅くても、安定するのは相対位相 0 と.5 だけだろう。第三に、ふるまいは臨界ゆらぎを示すはずである。つまり、ペースが臨界値に接近するにつれて、逆位相の指振りを維持しようという試みが相対位相の不規則なゆらぎにつながるようになる。第四に、ふるまいは臨界緩和を示すはずである。つまり、臨界値付近のペースでは、それよりも遅いペースの場合と比べて、逆位相の指振りが崩れたのを修正するのに長くかかる。これらの予測のどれもがハーケン、ケルソー、ブンツによる実験において確証された。

　ここで読者は、指振り運動が人間の経験とどう関係があるのかと訝しんでいるかもしれない。急進的身体性認知科学は、初めから現象学者たちの考えを念頭に実験を設計することによって、ギャラガーとザハヴィ（Gallagher and Za-havi 2008）が「現象学の前倒し（front-loading phenomenology）」と呼ぶものを実践する。現象学を前倒しするには、実験を設計するときに現象学者によって展開された洞察とその洞察を経験的なテストにかけることも考慮にいれられる。先に指摘したように、カグラーらとハーケンらの実験のキーポイントは、どの

ようにして行為は行為の規制者の役目を務める内的ホムンクルスなしに規則的でありうるのか、というギブソンの問いに答えることであった。ケルソーによって発明された最初の課題は奇妙に見えるが、ギブソンの理論を満足させるようなかたちで行為を科学的に研究することを可能にした。指振りは行為だが、計画作りというものに訴えることなく説明できるのだ。さらに重要なのは、ケルソーの最初の一連の実験からの30年で、基礎的なHKBモデルとその説明枠組みは、いまや指振りをはるかに超えたところまで推し進められていることである。急進的身体性認知科学者たちは、さまざまなヴァリエーションのHKBモデルを使って、運動制御の他のいくつかの特徴や運動制御の認知的調整を説明したり (Treffner and Turvey 1995; Schockley and Turvey 2005)、言語の処理と産出を説明したり (Port 2003)、学習・注意・意図などの現象を研究したり (Scholz and Kelso 1990; Amazeen et al. 1996)、社会心理学をおこなったり (Schmidt et al. 1990; Richardson et al. 2007; Harrison and Richardson 2009)、神経科学をおこなったり、とりわけ、意識経験の神経科学を研究したりしている (Kelso et al. 1998; Varela et al. 2001; Freeman 2006) (詳細なレビューとしては、Kelso 1995 または Chemero 2009 を参照)。それぞれの事例において、これらの科学者たちは目的のある行為が内的な規制者の計画によって引き起こされたのではないような規則性を示しうることを明らかにした。そして、彼らはとりわけ現象学を前倒しすることによって、それをおこなったのである。

　HKBモデルとその系譜にある力学的モデルは、今では認知科学における道具立てとして定着している。何度か述べてきたように、これらの力学的モデルは、考え、経験し、行為をおこなう人間が、その脳・身体・道具の一部からなる自己組織的なダイナミカルシステムであることを想定することによって機能する。この想定は、急進的身体性認知科学がフレーム問題を回避する方法の鍵である。自己組織的なシステムは、計画や制御装置なしに組織化されている。それができるのは、周囲からのエネルギーを使ってパターンを創出するからである。たとえば、トイレを流すときに形成される渦巻きのパターンについて考えてみよう。水分子は、一時的に、水分子にしては非常に非典型的な仕方で協調して運動する。水分子がこのようなふるまいのパターンを示せるのは、トイレが流されると、位置エネルギーが解放されるからである。このエネルギーの

おかげで、パターンが形成され、エネルギーが散逸するまで持続できるように
なり、その後、水分子はより典型的なふるまいへと戻ることになる。HKB モ
デルによって説明される指の運動のパターンにも同じことが当てはまる。指の
運動のパターンが維持されるにはエネルギーが必要であり、こうしたパターン
はそれを成り立たせておくためにエネルギーが消費される限りにおいて持続す
るものでしかない。渦巻き、指の運動、そして、前の段落であげた心理学的現
象などの自己組織的なシステムは、かなり限定された特定のパターンへとみず
からを組織化する傾向にある。このことはしばしば、システムに組み込まれた
活動ないし内因性活動（endogenous activity）がある、という言い方で表現さ
れる。トイレを流す前に、一本の枝を水に立てて持った場合に何が起きるかを
考えてみよう。それでも水は渦巻きを形成することになるが、その形状は枝が
あることによっていくらか変わるだろう。専門的には、これは渦巻きの内因性
活動が枝によって摂動（perturbation）を受けるという言い方で表現される。
ちょっとした微風やトイレの電気を消すことは、渦巻きの形状にまったく影響
しないだろう。それに対して、便器を叩き壊したら、渦巻きもばらばらに壊れ
ることになる。それと同じように、指振りをする人間には内因性ダイナミクス
があり、そのため、生じうる指振りのモードはいくつかだけに限られている。
そして、こうしたダイナミクスは、参加者にお願いする運動のペースやリズム
を変えることによって摂動を受け、火災報知器によって完全に崩壊するが、隣
にある椅子やエアコンの音によって影響されることはない。

　ここで、本棚を組み立てるなどの課題に取り組む人間を想像してほしい。急
進的身体性認知科学の観点からすると、この人間にその道具を加えたものは、
特定の課題に取り組む自己組織的なダイナミカルシステムを構成することにな
る。これが意味するのは、この課題に取り組む人間プラス道具が内因性ダイナ
ミクスを備えており、それゆえ、一部の物事によってのみ摂動を受けうるもの
となっているということである。そしてついに、これこそが急進的身体性認知
科学が生態心理学版のフレーム問題を解決する方法である。いかなる瞬間にも
ほぼ無限に多くのアフォーダンスがあるが、実際に行為を招き寄せるのはその
うちのごくわずかでしかない。人間プラス道具という自己組織的なシステムは、
本棚を組み立てることに取り組んでいるとき、課題に関連するアフォーダンス

によってのみ摂動を受けうる。つまり、そのシステムは道具台にあるインビテーションには応答を示すが、部屋の他のところにあるたんなるアフォーダンスには応答しない。より一般的にいうと、人間やその他の動物は、ひとつの課題に取り組むとき、みずからを一時的な専用ダイナミカルシステム——自転車をこぐ人、指振りをする人、車にひかれた動物を食べあさる鳥や動物——に組織化し、そのようなものである限りにおいて、その一時的な専用ダイナミカルシステムに関連するアフォーダンスにしか反応しない。一時的な専用ダイナミカルシステムに摂動をもたらす関連性をもったアフォーダンスだけが、インビテーションとして経験されるのである。

9.4　ハイデガー的認知科学

　第8章の最後で、プレストン（Preston 1993）が1990年代のハイデガー的人工知能と呼んだ分野における研究を論じた。その数年後、マイケル・ウィーラーは「ロボットからロスコーへ」（Wheeler 1996）という先見性のある論文を発表し、そのなかでハイデガー的認知科学（Heideggerian cognitive science）を訴える論陣を張った。急進的身体性認知科学と同じように、ハイデガー的認知科学は、説明の道具としてダイナミカルシステム理論に大きく依拠する。実際、ウィーラーは、ダイナミカルシステム理論をロボティクスと組み合わせたハズバンズ、ハーヴィー、クリフ（Husbands, Harvey, and Cliff 1993）による実験をみずからのハイデガー的認知科学の基礎にすえる。ハズバンズらは、単純なロボットの制御システムを設計するために進化プロセスのシミュレーションを利用した。結果としてえられた制御システムは、ウィーラーが一皿のスパゲッティのようだと評した人工ニューラルネットワークであり、その活動はロボットの環境の表象を収容しているようにはとうてい見えない。むしろ、このネットワークを理解するには、とくにノイズの多いニューロン——ニューロン11——を中心にすえた巨大なフィードバックループとしてみるのが一番である（図9.3を参照）。このニューロンにノイズが多いのは、他のニューロンへの出力がそれほど厳密には他のニューロンから受け取る入力によって決定されていないからである。いまロボットのセンサーへの入力がないとしよう。ニューロ

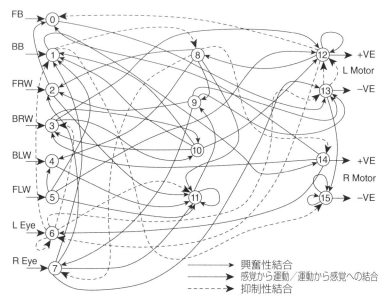

図9.3　感覚から運動／運動から感覚への結合

〔ニューロン0～7は、始めは感覚ニューロンとして設定されていた。ニューロン0・1は前後のバンパー（FB/BB）、ニューロン2～5は前後左右の触覚センサー（FRW/BRW/BLW/FLW）、ニューロン6・7は左右の視覚センサー（L Eye/R Eye）から入力をえている。しかし、最終的に、その一部は進化を通じて、感覚と運動をつなぐ中間ニューロンとして機能している。〕

ンのノイズが多くないと、センサーに接続したニューロンは他のニューロンに0という値を伝え、それがそのままネットワーク中に伝えられ、結果的に静かなネットワークがえられることになる。今度はニューロンのひとつはノイズが多いとしよう。ネットワークへの入力が0だとすると、センサーに接続したニューロンは他のニューロンに0を伝え、そのうちのほとんどは賦活がないことをそのままネットワーク中に伝えることになる。しかし、唯一のノイズの多いニューロンは隣近所に0を伝えるのではなく、0プラスマイナス何らかの定数、たとえば、.3を伝える。ノイズの多いニューロンに接続したニューロンは±.3の入力を受け取り、それをみずからに接続したニューロンに伝えていくことになる。ネットワークがフィードバックループなので、ネットワークそのものに起源をもつこの活動は、ネットワーク中を繰り返し伝播する。これが意味するのは、ネットワークには、前節で説明した自己組織的なダイナミカルシ

ステムと同じように、センサーへのいかなる入力とも独立な内因性活動があるということである。ウィーラー（Wheeler 1996）は、このことはロボットのニューラルネットワークが世界を表象していないことを示しており、それゆえ、認知科学におけるハイデガー的アプローチが推奨されるのだ、と主張した。

　プレストンやウィーラーのこれらの初期の論文が出てからの10年のあいだに、彼らが論じたテーマの多くは認知科学の最前線で取り扱われるようになった。認知科学者たちは——だいたいがハイデガーではなく、ギブソンやブルックスに触発されているが——認知における身体と行為の重要性に焦点をあて始めた。おそらく、これについて最も広く議論された例は、カーシュとマグリオ（Kirsh and Maglio 1994）によるテトリスプレイヤーについての研究である。テトリスでは、「ゾイド」と呼ばれる不規則な形をした物体を、ゾイドが積み重なって高くなっていく壁に隙間を残さずに列を埋めるような仕方で置くのが目標である。カーシュとマグリオは、経験のあるテトリスプレイヤーが、高くなっていく壁のなかの埋まっていない空間にゾイドがはまるかどうかを見るために、モニター上を落下していくあいだにゾイドを回転させる傾向があることを観察した。この画面上での回転によって、困難な心的課題がそれよりも簡単な知覚運動課題に取り替えられる。経験のあるプレイヤーは、ゾイドを心的に回転させて、心的に回転されたゾイドを壁のなかのスペースと比べるのではなく、単純に実際のゾイドを画面上で回転させて、それがスペースにはまるかどうかを見て確認するのである。この研究や類似の研究が、「身体性認知科学（embodied cognitive science）」と呼ばれる動向を始動させた。（レヴューとしては、Clark 1997 および Pfeifer and Bongard 2007 を参照。）ときに、身体性認知科学者たちは、認知システムが脳や身体だけでなく、環境の諸側面を含むこともあると主張する。テトリスの例では、画面上のゾイドの回転は、ゾイドをどこに置くかを決定することにおいて、ゾイドの心的イメージを回転させることが果たすのと同じ役割を果たしている。役割が同じであり、心的回転は明らかに認知的なので、モニター上でのゾイドの回転が認知的であることを否定する十分な理由はない、と主張されるのである（Clark and Chalmers 1998）。しばしば「拡張された認知（extended cognition）」と呼ばれるこの見方もまた、哲学者や認知科学者のあいだで広く議論されている（Clark 2008, Kono 2010, Menary

2010)。

　先に、身体性認知科学がだいたいはハイデガーではなく、ギブソンに触発されていると述べた。身体性認知科学は、ギブソンの考えのいくつかを取ってきて、標準的な認知科学の枠組みのなかに落とし込む限りにおいて、ギブソンに触発されている。身体性認知科学は、ギブソンの考えのいくつかを利用する一方で、ギブソンが心的表象と計算を拒絶したことには賛同しない。（これは身体性認知科学と急進的身体性認知科学のあいだの重要な違いである。後者は反表象主義的なのである。）身体性認知科学における現在の研究は、ギブソンとブルックスの考えを計算主義的認知科学に由来する考えと組み合わせようとしている。つまり、身体性認知科学者たちは、ブルックスとギブソンが心的表象について唱えた最も強い主張を退ける。それどころか、ギブソンとブルックスの影響があるにもかかわらず、身体性認知科学は心にかんする計算主義的な理論なのである。こうしたことは、カーシュとマグリオ（Kirsh and Maglio 1994）がテトリスプレイヤーによるゾイドの回転を説明する仕方から見て取ることができる。彼らによれば、ゾイドの回転で重要なのは計算の複雑性を環境にオフロード〔荷下ろし〕することであり、それゆえ、その回転は計算の一部である。この立場は、心の機構が生物学的な身体をこえて拡張しうることを含意するため、伝統からの急進的な離脱であるように見える。しかし、これは依然として一種の計算主義であり、それゆえ、実存的現象学の最も根本的な洞察のひとつと意見が食い違っている。ウィルソン（Wilson 2004）はこの立場を「広い計算主義（wide computationalism）」と呼んでおり、それによれば、認知は脳・身体・環境にまたがる計算システム内の表象の観点から説明されるという。

　ウィーラーが2005年にハイデガー的認知科学にかんする研究書を書き下ろした頃には、彼が参照することのできる科学的リサーチプログラムが確立されていた。ウィーラーが主張するには、認知科学はハイデガー的になっているが、これはハイデガーの考えとの格闘によってそうなっているのではなく、科学そのものにおける問題のためだという。ウィーラーによれば、認知科学へのこのようなハイデガー的アプローチは、関与的な知性が人間知性の第一次的なものであり、このような知性が脳・身体・環境にわたって拡張されていることにコミットしている。さらに、ハイデガー的認知科学における説明のモードとして

適切なのはダイナミカルシステム的説明だという。しかし、ウィーラーは、ハイデガーの反表象主義をはっきりと拒絶する。彼は、身体性認知科学をハイデガー的認知科学と同じものとみなして、その実践にはみずからの環境内で技能的な課題に取り組む動物に行為指向的表象（action-oriented representation）を帰属させることが含まれると主張する。行為指向的表象は、文のようなものではなく、客観的世界にかんするものではなく、そして、特定の行為に適合しているという点において、伝統的な認知科学によって仮定される表象とは異なっている。ウィーラーの言い方では、行為指向的表象は「内容が貧弱で、特定の行為と結びついており、自己中心的で、文脈依存的な」性格をもつ（Wheeler 2005, 253）。要するに、行為指向的表象はアフォーダンスの表象なのである。それゆえ、冷蔵庫のなかのボトルの表象をボトルとビールの結びつき、ビールと喉の渇きの結びつき、喉が渇いているという現在の状態、ビールを飲むことと一日のなかの時間帯にかんする社会的な制限、そして、いまの時間帯にかんする貯蔵された表象と組み合わせる必要はない。むしろ、主体は単純にいまここで飲めるかどうかにかんする行為指向的表象を持つことができる。ウィーラーが行為指向的表象を受け入れるのは、それが身体性認知科学の実践の一部をなすからであり、かつ、ハイデガー研究者は私たちが滑らかな対処をして過ごす時間の長さを過大評価していると考えるからでもある。なかでもドレイファスは、道具存在との滑らかな対処が存在論的に根本的であり、かつ、人間経験の大部分でもあることを示唆している。ウィーラーは、それが存在論的に根本的であることには同意するが、人間経験の大部分であることには同意しない。ウィーラーにとって、行為指向的表象は、道具存在との滑らかな対処と非道具的存在に対する瞬発的な問題解決のあいだで頻繁におこなわれる切り替えを理解するための鍵なのである。

　ハイデガー的認知科学に関心をもつその他の人たち、たとえば、ドレイファス（Dreyfus 2007）やエリック・リートフェルト（Rietveld 2008, 2012）からすると、ウィーラーの見方は行為指向的表象に依拠しているためにハイデガーの現象学と食い違い、また、フレーム問題を解決できなくなってしまっている。ドレイファスとリートフェルトは、心を表象の観点から理解することこそ、たとえそれが行為指向的表象だとしても、フレーム問題の原因なのだと主張する。

第9章　現象学的認知科学　　245

彼らはともに、ハイデガー的認知科学においてフレーム問題を解決するための鍵は、ウォルター・フリーマンの反表象主義的な神経ダイナミクスに見出されるはずだと考えている（Freeman 2000, 2006）。（私たちが前節でフリーマンを急進的身体性認知科学者として挙げていたことに注意してほしい。）フリーマンは脳を自己組織的なダイナミカルシステムとして、すなわち、どの瞬間においても、先行するすべての経験によって形成された内因性活動を備えるようなものとして理解する。たとえば、においと食料との相互作用の歴史によって、ウサギの嗅球（フリーマンはこれを研究していた）はいくつかのアトラクターのある非線形的な内因性ダイナミクスを備えたものへと仕上げられる。これらのアトラクターを備えた内因性活動は、いかなるにおいがある場合にも、それが経験されるときの背景をなす。経験のあるウサギがあるにおい、たとえば、アンモニアのにおいを与えられたとしよう。そのにおいはウサギの化学受容細胞に一定の感覚的活動を引き起こし、この活動が原因で嗅球の活動はそのアトラクター状態のひとつに入ることになる。嗅球をあるアトラクターのほうに軽く押しやること。これが感覚的活動が引き起こす唯一の結果なのである。においに対するウサギの反応は、嗅球がどのアトラクターに入るかによって決まる。すると、においに続く経験、すなわち、食料や罰を得るとか、同類に出合うといった経験が、ただちに嗅球におけるアトラクターの集合を形成するため、次にウサギが何らかのにおいを経験するときには、アトラクターは微妙に違っていることになる。ウサギはこうして学習するのである。

　フリーマンは、嗅球の活動をにおいを表象するものとみなすならば、それはまちがいであると主張する。実は、嗅球の活動は表象であるはずだという考えが、当初、嗅球の役割にかんするフリーマン自身の理解を阻んでいた（Skarda and Freeman 1987; Freeman and Skarda 1990）。嗅球の内因性ダイナミクスは、いかなるにおいに出会うにしても、その背景をなす。嗅球の活動はにおいによって摂動を受け、におい分子がウサギの感覚細胞に接触する前から用意されていたアトラクターのひとつに落ち着いていく。つまり、いかなる特定のにおいにも出会う前から、ウサギがえる可能性のあるにおい経験の集合は、すでに準備されているのである。いかなる瞬間においても、嗅球の状態はいかなるにおいも表象していない。それはむしろ、ウサギが経験してきたすべてのにおいと

の出会いの帰結を反映している。人参を嗅いだあとに電気ショックを受けるウサギには、人参をもらうだけのウサギとは違ったアトラクターの集合があるだろう。嗅球の内因性活動に用意されているアトラクターは、ウサギが出会ってきたにおいの意義によって決定されている。ドレイファスとリートフェルトは、このようにしてハイデガー的認知科学はフレーム問題を逃れると考える。脳の内因性活動は、世界を表象して、その次に、その表象の一部だけに意義を結びつけるわけではない。むしろ、脳の内因性活動は、世界との相互作用によって摂動を受けるようなものであり、こうした相互作用による摂動があると、それ以前の経験のおかげで存在するアトラクターに向かうことになる。そのために世界との相互作用は有意義であることを保証されている。

　私たちは、ウィーラーのハイデガー解釈よりもドレイファスやリートフェルトの解釈のほうが、そして、身体性認知科学よりも急進的身体性認知科学のほうが好ましいと考えている。人間経験を理解するための科学的アプローチとして、どちらのほうが有用だと判明することになるかは、経験的な問題である。それまでのあいだ、ハイデガー的な認知科学者たちは経験的な結果を蓄積し続けている。

　本節を締めくくるにあたって、ハイデガー現象学の重要な一部を実験的に検証するべく進められている実験について論じよう。ドトフ、ニエ、チェメロ（Dotov, Nie, and Chemro 2010）は、道具との相互作用における道具存在から非道具的存在への移行を経験的に証明することを目指した実験を設計した。この移行を示す経験的証拠を集めるために、彼らは 1/f スケーリングないしピンクノイズの存在を健全な生理的機能のしるしとして用いる力学的モデルを利用する（e. g. West 2006）。1/f スケーリングないしピンクノイズとは、それほどランダムではない相関的なノイズの一種であり、真のランダムさ（ホワイトノイズ）と千鳥足の中間で、そこでは各ゆらぎが直前のゆらぎによって制約されている（ブラウンノイズ）。1/f スケーリングは、しばしば時系列におけるフラクタル構造として、すなわち、短いタイムスケールでの変動性が長いタイムスケールでの変動性と相関するものとして説明される。（概説は Riley and Holden 2012 を参照。）健全な生理的機能と 1/f スケーリングの結びつきによって、ハイデガーの移行にかかわる予測が可能となる。つまり、被験者が道具存在とし

ての道具を使って滑らかに対処するとき、人間プラス道具は単一の機能的システムを形成し、この人間プラス道具システムは1/fスケーリングを示すはずである。

　実験参加者たちは、マウスを使ってモニター上のカーソルを操作する簡単なビデオゲームをおこなった。彼らの課題は、カーソルを動かして、移動するオブジェクトをモニターの中心のサークルに「追い込む」ことであった。試行中のある時点で、マウスとカーソルのつながりが一時的に断絶され、通常状態に戻るまで、カーソルの動きはマウスの動きに対応しなくなる。予測されたように、ビデオゲームが適切に作動しているあいだ、参加者の手－マウスの運動は1/fスケーリングを示した。マウスへの摂動があるあいだは、1/fスケーリングは減少し、ほとんど純粋なホワイトノイズを示すほどであった。つまり、滑らかにビデオゲームをしているあいだ、参加者たちは、順調に機能する生理的システムと同じパターンの変動性を備えた人間－マウス－画面システムの一部だったのである。ドトフらが課題遂行を一時的に妨害したとき、その変動性のパターンは一時的に消滅した。これは、マウスが適切に作動しているあいだは道具存在として経験されており、摂動があるあいだは非道具的存在となったことの証拠である（詳細は Dotov et al. 2010 を参照）。ドトフらは、現象学を前倒しすることによって、ハイデガーの現象学にかんする検証可能な帰結を引き出し、それを支持する経験的証拠を集めることができた。

9.5　エナクティヴィズム

　エナクティヴィストたちは、現象学を前倒しする認知科学者のグループの三つ目である。エナクティヴ・アプローチの起源は生物学、〔とくに〕ウンベルト・マトゥラーナとフランシスコ・ヴァレラの研究にある（Maturana and Varela 1973, 1987; Varela, Maturana, and Uribe 1974）。マトゥラーナとヴァレラは・オートポイエーシスの理論、すなわち、数理的および計算論的なモデリングの可能性に開かれた生命および生きたシステムの理論を発展させた。「オートポイエーシス（autopoiesis）」は「自己創出」と翻訳される。マトゥラーナとヴァレラは、自己創出的であること、および、自己維持的であることが生きるも

のに必須の性質であると考えた。彼らの分析において、オートポイエーシスには二つの成分がある。自己創出的なシステムは、作動的に閉鎖（operational closure）しており、また、その環境と構造的にカップリング（structural coupling）している。〔一点目の〕作動的に閉鎖しているというのは、特定のシステムの活動がその活動そのものを創出し、維持しているという点において、自律的だということである。いま二つの化学反応の集合があり、反応 A の産物が反応 B の触媒であり、反応 B の産物が反応 A の触媒であるとしよう。この二つの反応は、反応 A が反応 B を可能にし、またその反対でもあるという点において、作動的に閉鎖したシステムを形成する可能性がある。〔二点目の〕互いに構造的にカップリングするということのためには、二つの存在者には相互作用の歴史があり、それが時間の経過とともにその二つの存在者の適合につながっている必要がある。自己創出的なシステムの重要な例として、マトゥラーナとヴァレラがあげるのは細胞である。細胞とは、半透性の細胞壁に境界づけられた化学反応の集合である。細胞壁は、化学物質の濃度を望ましい状態に保つことによって、化学反応を維持する。細胞内での化学反応は、細胞壁を創出し、維持する。壁と反応は作動的に閉鎖した集合をなす。壁は、細胞外環境から恒常的かつ選択的に化学反応のための原料を送り込み、老廃物を恒常的かつ選択的に細胞外環境に送り出しており、その点において、細胞は細胞外環境と構造的にカップリングしている。細胞は細胞外環境内の化学濃度に影響を与え、それはまた細胞内の化学濃度に影響を与える。そういうわけで、細胞はその細胞外環境と構造的にカップリングした自己創出的なシステムなのである。マトゥラーナとヴァレラは、オートポイエーシスを生きたシステムの本質的特徴だとみなす。最近になって、ディパオロ（Di Paolo 2008）がオートポイエーシスそのものは生命の十分条件ではないという説得力のある主張を唱えた。彼が適応性（adaptivity）と呼ぶものも必要なのである。適応性とは、みずからが生存可能性の限界に接近している場合にそのことを察知し、状況を変えるために措置を講じることができるシステムの能力である。これはオートポイエーシス理論に対する重要な修正として広く受け入れられている。これはたとえば、前章でとりあげたブルックスのロボットがどうして生きていないかを示している。

第 9 章　現象学的認知科学　　249

このマトゥラーナとヴァレラの初期の研究は、オートポイエーシスを現象学からえられる洞察と結びつけるエナクティヴな認知科学の基礎をなす。エナクティヴな認知科学を打ち立てた文献とみなされている著作は、ヴァレラ、トンプソン、ロッシュによる『身体化された心（The Embodied Mind）』（Varela, Thompson, and Rosch 1991）である。本書は、認知科学の歴史を年代順に紹介し、人間経験をとらえる試みが繰り返し失敗してきたことを示し、先述したオートポイエーシス理論、メルロ゠ポンティの考え、それにロドニー・ブルックスのロボットに基づいた代替的なアプローチを提案する。エナクティヴな認知科学において最も大きな影響を残した作品は『身体化された心』とトンプソンのその後の著作『生命における心（Mind in Life）』（Thompson 2007）だが、当初のエナクティヴィストの立場にかんする最も明晰かつ簡潔な説明は、トンプソンが 2004 年に発表した、2001 年に逝去したヴァレラへの追悼論文に見出すことができる。次のパラグラフにおけるエナクティヴィズムの解説は、その論文での解説に忠実にしたがっている。

　トンプソン（Thompson 2004）が最初に指摘するのは、経験と物質的世界の関係を理解するための、すなわち、心身問題を解決するための鍵となるのは、メルロ゠ポンティが生きられた身体と呼んだものだということである。エナクティヴな認知科学が答えようとする主要な問題は、生物学的な生きている身体と現象学的な生きられた身体の関係、Körper と Leib の関係にかかわる。図 9.4 は、トンプソンの論文からの図を元にしている。出発点は、生命とはオートポイエーシスだということである。自己創出的なシステムは作動的に閉鎖しているので、細胞壁の場合のように、生きているシステムはその環境から分離されることになる。この分離が生きている生物個体をその環境と分離した存在者にするものである。それはまた自己の創発を含意する。細胞の場合は原始的な自己であるが、自己であることには変わりない。自己の創発は世界の創発を含意する。これはたんに自己を囲む境界が残りのものを世界にするという意味だけでなく、生きているシステムの活動はそれが世界のどの側面と構造的にカップリングするかを選びとってくるという意味でも、そうなのである。自己創出的なシステムの活動は、当のシステムが物理的環境のどの側面と構造的にカップリングするかを決定するものであり、その限りにおいて、このような世界

250

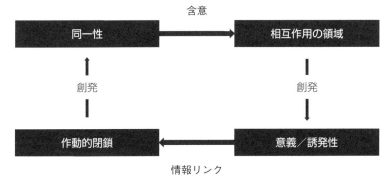

図9.4 (Thompson 2004 に基づく)

と自己は共創発する。エナクティヴな認知科学者たちは、しばしばこの共創発を「意味生成（sense-making）」（Varela 1979; Thompson 2004; Thompson and Stapleton 2008）と呼ぶ。彼らがここで意味するのは、生物個体にとっての経験される世界とは、その生物個体が環境のうちに見出す意味だということである。意味生成は認知的でもあるし、情動的でもあるため、世界は生物個体にとって有意義なのである。世界には価値があるのだ。もっというと、少なくとも最小の意味においては、意味生成とはまさに認知なのである。意味生成において、生物個体は有意味な環境内でみずからを維持する。この有意味な環境は生物個体の存在に先立って存在するわけではなく、生物個体の活動にともなって共創発する。生きられた身体としての生物個体は、世界をエナクトないし「生み出す」のである（Varela, Thompson, and Rosch 1991）。このとき、これは生物学的な生きた身体であり、また現象学的な生きられた身体でもある。

ヴァレラ、トンプソン、ロッシュ（Varela, Thompson, and Rosch 1991）は、この世界を生み出すということの例として、前章で論じられたロドニー・ブルックスのロボット「アレン」をあげる。そこで述べたように、アレンはその円形の本体の周囲の各「時刻」に配置された十二個の超音波センサーを使って感知する。したがって、アレンの行動に摂動を与えうるのは超音波の波動を反射できるくらいに大きな物理的対象だけであり、アレンがこれらの対象に反応する仕方がそれらの対象のアレンにとっての意義を決定する。アレンにとっては、これが非常に限定的な仕方で有意味な世界をエナクトするないし生み出すとい

うことにほかならない。これがすべての生物個体にとってのモデルだとみなされる。それぞれの生物個体がその感覚と行為の結びつきによって決定された世界を生み出し、こうした結びつきがその世界における存在者の意義を決定するのだ。自律的システムは、みずからが生み出す世界が情動的および認知的に有意義であるため、フレーム問題に直面しない。自律的システムが経験する世界は、すでに自動的に有意義なのである。

　身体性認知科学やハイデガー的認知科学の科学者たちと同じように、エナクティヴィストたちは拡張された認知に関心をもっている。しかし、彼らは世界を生み出すことに注目するため、拡張された認知は違った様相を呈することになる。生物個体がみずからの経験する世界を生み出すため、その世界はそのいかなる意義においても生物個体から独立しておらず、それゆえ、認知システムが生物個体をこえて拡張すると主張するのは奇妙なのである。一方で、経験される世界は生物個体と分離できないので、認知は拡張されたものでしかありえない。他方で、世界は生物個体によって生み出されているので、世界が生物個体の外部にあるというのも奇妙なのである。したがって、エナクティヴィストは、拡張された認知の代わりに拡張された生命（extended life）の可能性に注目する。ディパオロ（Di Paolo 2008）は、ミズムシという腹部の体毛に気泡を閉じ込めることによって水中で呼吸することのできる昆虫種の行動を論じる。ミズムシ自身の呼吸の結果として生じる圧力の差のおかげで、気泡には酸素が繰り返し補給され、水中にいられる時間は長くなっている。こうした気泡は環境とのカップリングを媒介して、みずからの環境と相互作用するミズムシの能力を変化させており、そうすることによって、ミズムシの世界における存在者の意義を変化させている。ディパオロ（Di Paolo 2008）は、このミズムシプラス気泡は拡張された生活形式を構成すると主張する。トンプソンとステイプルトン（Thompson and Stapleton 2008）は、このような事例がメルロ゠ポンティにおける盲人と杖のあいだの結びつきのようなものであると主張する。盲人が自分の杖を経験しないのと同じように、ミズムシは気泡を経験せず、むしろ、変化した有意義な世界を気泡を通じて経験する。上述したドトフらによる実験の参加者たちにとってコンピュータのマウスが道具であったのと同じ意味で、ミズムシにとって気泡は道具である。このエナクティヴィストの認知科学者たちに

とって生命はまさに認知なので、拡張された生命は拡張された認知のひとつの
かたちなのである。

　先述したように、マトゥラーナとヴァレラは、オートポイエーシスが数理的
および計算論的なモデリングの可能性に開かれた生命の理論となることを意図
した。そうだとすると、オートポイエーシスとエナクティヴィズムは人工生命
の分野の基礎をなす。デスクトップコンピュータが一般的になるずっと以前に、
ヴァレラ、マトゥラーナ、ウリベ（Varela, Maturana, and Urive 1974）はコン
ピュータ上で自己創出的システムを実演してみせた。半透性で自己修復する細
胞壁をもった仮想細胞を構築したのである。人工生命はエナクティヴな認知科
学者にとって重要な方法論であり続けている（e. g. Egbert, Barandiaran, and
DiPaolo 2012）。同じ理由で、エナクティヴィストの認知科学者は、たいてい力
学モデリングを利用する。たとえば、ヴァレラの『生物学的自律性の原理』
（Varela 1979）は、自己組織化の力学への重要な貢献である。もっというと、
人工生命と力学モデリングの区別はあってないようなものだ。人工生命モデル
のほとんどは自己組織的なダイナミカルシステムを計算論的に探究するものな
のである。ヴァレラはまた、力学モデリングを使って、フッサールなどから取
り出されてきた仮説を検証しており、神経現象学者であることも自認していた
（Varela et al. 2001）。

9.6　感覚運動アプローチ

　アルヴァ・ノエ、J・ケヴィン・オリガン、スーザン・ハーリー（O'Regan
and Noë 2001; Hurley 2002; Hurley and Noë 2003; Noë 2004, 2009; O'Regan 2011）
とおもに結びつけられる強い感覚運動アプローチは、しばしば「エナクティヴ
ィズム」とも呼ばれるが、上で説明されたエナクティヴィズムとはかなり違っ
ている。強い感覚運動アプローチは、メルロ＝ポンティの影響も受けているが、
それよりもギブソンのアプローチと密接に関係している。混乱を避けるために、
私たちはこれを「感覚運動アプローチ」と呼ぶことにする。感覚運動アプロー
チの要点は、知覚するとか、見るとか、経験するとか、それに類することは、
私たちの内部で起きることではなく、私たちがおこなうことだ、ということで

第 9 章　現象学的認知科学　　253

ある。第7章で説明されたダイナミック・タッチを考えてほしい。触覚で知覚できるためには、持ち上げて重さを確かめるとか、縁にそって指を走らせるといったことを能動的におこなう必要がある。実際、ギブソン（Gibson 1962）は、人間の実験参加者が実験者が手のひらに押し付けて、指の縁を走らせた対象は同定できないが、自分の手で探索してよい場合は（「雪だるまの形をしたクッキーの型だ」などと）非常に正確に同定できることを示した。触覚で知覚するためには探索の労をとる必要があり、感覚刺激だけでは不十分なのである。感覚運動アプローチによると、すべての感覚が世界の能動的な探索を必要とする点において触覚と同じである。したがって、この能動的探索は経験の一部なのであり、それゆえ、感覚運動アプローチは、経験を脳・身体・環境に依存するものだとする、拡張された認知のひとつのかたちである。

　感覚運動アプローチを他から区別する重要な特徴は感覚運動随伴性（sensorimotor contingency）を説明に用いる点である。感覚運動随伴性とは、身体運動と感覚刺激の変化とのあいだの関係性である（O'Regan and Noë 2001）。感覚運動随伴性は、ある意味ではフッサールの内的地平のようであり、またある意味ではギブソンのアフォーダンスのようでもある。ノエ（Noë 2004）からの例を使うと、あなたがトマトを見るとき、あなたの目に届く光を反射しているのはその小さな一部分だけである。それにもかかわらず、あなたはそれを三次元物体として、また、背面があるものとして見る。トマトの背面から反射する光はあなたの目に届いていないが、その背面は現前しているのだ。あなたはまた、そのトマトを触ったり、かぶりついたり、スライスしたりできるものとして見る。こうしたものがすべて見えるのは、感覚運動随伴性にかかわる気づき、すなわち、自分がある特定の仕方で行動したらどのような刺激を受けることになるかということにかかわる気づきのおかげである。背面が見えるのは、身体を前に傾けたら、背面からの光が目に届くことになるからである。触れることが見えるのは、手を伸ばしたら、指がリンゴの果肉にあたることになるからである。感覚運動アプローチによれば、そもそも経験をえるためには、こうした感覚運動随伴性にかかわる気づきが必要なのである。

　感覚運動アプローチから帰結することのひとつは、科学に応用しやすい意識経験へのアプローチである（O'Regan 2011）。感覚運動アプローチでは、どう

して異なる感覚様相が互いに異なっているのかを容易に説明することができる。たとえば、私たちが視覚と触覚を区別できるのは、それらには異なる感覚運動随伴性の集合があるからだという。対象の表面を指でなぞることで生じるのは、その表面を目でなぞる場合に生じるのとは、違った刺激の変化である。このことは感覚代行を使った実験研究によって補強されている。1970年代に、バキリタとその同僚たちは、眼鏡に取り付けられたカメラに振動するモーターを並べた装置をつないで、それを〔被験者の〕背中、腹部、そしてやがては舌に装着する実験に着手した（Bach-y-Rita and Kercel 2003）。これは触覚‐視覚感覚代行あるいは TVSS と呼ばれる。眼鏡に取り付けられたカメラがあるために、環境の探索には視覚のような感覚運動随伴性があった。たとえば、顔を左に向けると、カメラに送り込まれる光に変化が生じ、それゆえ、並べられたモーターの振動に変化が生じるが、これが視覚的な変化に似ているのだ。TVSS システムを装着した人たちは、すぐに物体を同定したり、散らかった室内を動き回ったりできるようになる。さらに、彼らは舌の上にあるパターンの振動を感じるというのではなく、周囲の物が見えているという感覚を報告した。このことは、経験における見ることと触覚の違いが刺激の本性（目の中の光受容器にあたる光、皮膚上の振動）とは無関係で、むしろ、各感覚様相に固有の感覚運動随伴性によって決まっていることを強く示唆する。それはまた、感覚運動的知覚の内容について考えるときには、ときにノエがそうするように見かけ上の性質の観点から考えるのではなく、もろもろの能力と探索される世界の関係の観点から考えるべきであることも示唆している。（先述したドトフらの研究と同じように、これは感覚代行器が拡張された認知システムの一部であることを示唆している（Auvray and Myin 2009）。）

9.7　科学的現象学の将来

　現象学に触発された認知科学への各アプローチのあいだには、その違い以上に多くの共通点がある。どれも環境内生物個体の知覚と行為に焦点をあてる。すべてのアプローチがダイナミカルシステムモデルをきわめて重要な説明の道具として活用する。どのアプローチも心的表象の説明上の有用性に懐疑的であ

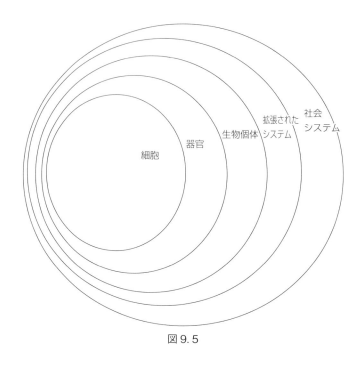

図 9.5

る。おそらく最も重要なのは、すべてのアプローチが認知科学における上昇株であり、ここ 10 年のあいだで、ますます多くの注目と信奉者と補助金を集めているという共通点である。科学的現象学のこの三つのヴァリエーションのあいだにはもろもろの違いがあるとはいえ、その実践家たちはかなりの程度まで互いに敬意をもっており、かなりの程度まで重複してもいる。たとえば、フリーマンやヴァレラやケルソーは、どのグループにも自分たちの仲間だといわれてきたし、ドトフらによる実験は各アプローチを同じように支持する。

こうした共通性や重複は、科学的現象学が将来的には、入れ子状の自己組織的なダイナミカルシステムという考えを中心にして、いまよりも統合される可能性を示している（Chemero 2008; Kelso 2009, 図 9.5 を参照）。この考え方の基礎にあるのは自己創出的な細胞である。細胞はみずからを維持する自己組織的なシステムである。自己組織的な渦巻きの成分であることが、渦巻きの成分である水分子のふるまいに影響を与えるのと同じように、器官の成分である細

胞の活動は器官の成分であることによって制約される。すなわち、肝臓や脳のような器官は、細胞を成分とする比較的マクロなスケールの自己組織的なシステムである。細胞と同じように、器官は内因性ダイナミクスを備えた自律的システムなのである。それと同じように、生物個体は器官を成分とする自己組織的なシステムである。ドトフらによって研究された人間プラスコンピュータというシステムのように、生物個体プラス道具という自己組織的なシステムもある。さらに、個々の人間を成分とする自己組織的な社会的システムもある (Schmidt, Carello, and Turvey 1990; Richardson et al. 2007; Gallagher and Jacobson 2012)。細胞から社会的なシステムにいたるまで、こうした自己組織的システムはどれも一時的なものとなるだろう。どのシステムも、みずからを構成する比較的ミクロな成分の活動を制約することによってその内因性活動を維持しており、そのためにエネルギーが消費されているあいだだけ存在するものでしかないのだ。こうした自己組織的システムはダイナミカルシステム理論を使って説明されるだろう。また、入れ子状のヒエラルキーの各スケールで1/f スケーリングが予想される。このような自己組織的システムはまた、どのスケールにも表象を帰属させることなく説明できるはずだと予想される。

　科学的現象学の将来にかかわるこのような展望は、ハイデガーやメルロ゠ポンティやギブソンが人間経験にとって中心的だと考えた特徴の多くをとらえている。人間は生きられた身体であり、人間と道具、そして人間と他の人間の結びつきは人間自身を統合的なシステムにする結びつきと種的に異なるものではないという点で、人間の存在様式には道具の透明な使用と他者との共存在の両方が含まれる。つまり、人間という生物個体は、人間プラス道具や人間プラス人間がそうであるのと同じように、もろもろの成分からなる自己組織的なシステムなのである。現在の科学的現象学の実践家たちが、ハイデガーやメルロ゠ポンティに賛同しない点もひとつある。現在では、関連する経験の概念が人間以外の動物にも当てはまることが広く想定されている。(ウィーラー (Wheeler 2005) はこの点を力強く訴えている。) その点において、将来の科学的現象学はハイデガーやメルロ゠ポンティの見方よりも自然主義的になり、どちらかというとギブソン版の現象学と同じ方向のものになるだろう。これを認めることは、人間が進化において他の種と連続的だという今では広く受け入れられている考

えと一致しており、将来の科学的現象学が科学的であるためには不可欠である。こうした将来の現象学の成否は、高階の経験が自然主義的に解された自己組織的システムからどのようにして創発するのかを示せるかどうかにかかっている。これはこれでまた、認知科学に現象学を真剣に受け取るつもりがあるかどうか、そして哲学者と協力するつもりがあるかどうかにかかっている。本章でとりあげられた科学者の多くは、哲学者と活発に協力し、哲学者との共同執筆で論文を発表している。これらの哲学者や科学者たちは、これからも実験の設計やデータの解析において現象学の前倒しを続けるだろう。そう信じる理由は十分すぎるほどにあり、現象学的認知科学の将来を確信するのに十分なのである。

用語解説

意味生成（sense-making）：自己創出的なシステムは、みずからの世界に意義を見出すとき、意味生成に従事している。これは異なる状況に異なる仕方で応答する単純なシステムにおいても生じる。

エナクティヴィズム（enactivism）：認知とは、生きているものが有意義な世界を生じさせる活動だとする認知理論。

オートポイエーシス（autopoiesis）：文字どおりに自己創出を意味する。エナクティヴィストたちによれば、オートポイエーシスとは生きることであり、生きることが認知である。

拡張された認知（extended cognition）：認知システムは、ときに非生物学的環境の一部を含むとする見方。

感覚運動随伴性（sensorimotor contingency）：運動と感覚刺激の変化との関係性。経験を可能にし、諸感覚の分化を可能にする。

急進的身体性認知科学（radical embodied cognitive science）：ギブソンの生態心理学とダイナミカルシステム理論を組み合わせたもの。身体性認知科学と違って、急進的身体性認知科学は認知が一種の計算であることを否定する。

現象学の前倒し（front-loading phenomenology）：とくに現象学にかかわる仮定を検証するために科学実験を設計すること。

行為指向的表象（action-oriented representation）：世界とそれに対する適切な行動的応答を同時に表現する心的表象。行為指向的表象は、しばしばアフォーダンスの表象だとみなされる。

構造的カップリング（structural coupling）：共有された歴史のために二つのシステムのあいだに適合性があるとき、それらは互いに構造的にカップリングしている。自己創出的なシステムは、その環境と構造的にカップリングしている。

作動的閉鎖（operational closure）：作動的閉鎖はオートポイエーシスの重要な要素である。システムは、それ自身がその働きのすべてを維持するとき、作動的に閉鎖している。

自己組織化（self-organization）：エネルギーの流れに開かれた物理的システムが、ときに秩序ある状態を自発的に形成する傾向性。

神経現象学（neurophenomenology）：現象学的な仮定を検証するために神経科学的方法を用いること。

身体性認知科学（embodied cognitive science）：ギブソン、ハイデガー、メルロ＝ポンティの見方を計算主義的認知科学と組み合わせたもの。身体性認知科学によれば、認知とは、計算操作の一部が身体を使って遂行されるような計算である。

適応性（adaptivity）：みずからの生存可能性の限界に接近しているときの状況に応答する生きているシステムの能力。

内因性ダイナミクス（endogenous dynamics）：環境に摂動を受けないときに特定のパターンでふるまう、システムに組み込まれた傾向性。

ハイデガー的認知科学（Heideggerian cognitive science）：ハイデガーの現象学的哲学に触発された認知科学。

ハーケン－ケルソー－ブンツモデル（Haken-Kelso-Bunz (HKB) model）：自己組織的な人間行動にかかわる初期の力学的モデル。

広い計算主義（wide computationalism）：身体性認知、拡張された認知の計算主義者版。それによると、環境の特徴は認知を作り上げる計算過程において役割を果たす。

ピンクノイズ（pink noise）：1/f スケーリングを参照。

第 9 章　現象学的認知科学　　259

フレーム問題（frame problem）：人工知能にとっては未解決の問題で、関連性にかかわる。機械はどのようにして、大雑把にいって無限にある可能な行為から、どれが任意の時点で関連性のあるものなのかを、そのすべてを確認して関連性があるかどうかを見ることなく知りうるのだろうか。それに対して、人間は何に関連性があるかが端的に分かる。

ダイナミカルシステム理論（dynamical systems theory）：時間を通じた変化に焦点をあてた微積分学の一部門。

1/f スケーリング（1/f scaling）：生理的システムが適切に機能していることを示す変動性のパターン。あるシステムの活動に 1/f スケーリングがあるということは、システムの諸部分が互いに密接にカップリングして、単一の統合したシステムを形成していることを示す。

文献案内

Chemero, A. (2009). *Radical Embodied Cognitive Science*. Cambridge, Mass.: MIT Press.

Gallagher, S., and Zahavi, D. (2008). *The Phenomenological Mind*. New York: Routledge.〔ショーン・ギャラガー、ダン・ザハヴィ『現象学的な心』石原孝二・宮原克典・池田喬・朴嵩哲（訳）、勁草書房、2011 年〕

O'Regan, K., and Noë, A. (2001). "A sensorimotor account of vision and visual consciousness." *Behavioral and Brain Sciences*, 24(5): 883-917.

Thompson, E. (2004). "Life and mind: from autopoiesis to neurophenomenology. A tribute to Francisco Varela." *Phenomenology and the Cognitive Sciences*, 3: 381-98.

Varela, F., Thompson, E., and Rosch, E. (1991). *The Embodied Mind*. Cambridge, Mass.: MIT Press.〔フランシスコ・ヴァレラ、エヴァン・トンプソン、エレノア・ロッシュ『身体化された心』田中靖夫（訳）、工作舎、2001 年〕

Wheeler, M. (2005). *Reconstructing the Cognitive World*. Cambridge, Mass.: MIT Press.

参考文献

Agre, P. (1995). *Computation and Human Experience*. New York: Oxford.

Agre, P. and D. Chapman (1987). "Pengi: An implementation of a theory of activity." *Proceedings of the Sixth National Conference on Artificial Intelligence*, 268-72. Menlo Park, Calif.: AAAI Press.

Alcoff, L. M. (2006). *Visible Identities: Race, Gender, and the Self*. New York: Oxford University Press.

Amazeen, E. L. and M. T. Turvey (1996). "Weight perception and the haptic size-weight illusion are functions of the inertia tensor." *Journal of Experimental Psychology: Human Perception and Performance*, 22: 213-32.

Amazeen, E. L., D. Sternad, and M. T. Turvey (1996). "Predicting the nonlinear shift of stable equilibria in interlimb rhythmic coordination." *Human Movement Science*, 15: 521-42.

Auvray, M. and E. Myin (2009). "Perception with compensatory devices: From sensory substitution to sensorimotor extension." *Cognitive Science*, 33(6): 1036-58.

Bach-y-Rita, P. and S. W. Kercel (2003). "Sensory substitution and the human-machine interface." *Trends in Cognitive Sciences*, 7(12): 541-6.

Beer, R. (1995). "Computational and dynamical languages for autonomous agents," in *Mind as Motion*, ed. R. Port and T. van Gelder. Cambridge, Mass.: MIT Press.

Bickhard, M. (2013). "Toward a model of functional brain processes." Unpublished manuscript.

Boring, E. (1952). "Visual perception as invariance." *Psychological Review*, 59: 141-8

Brentano, Franz (1874). *Psychologie vom Empirischen Standpunkte*. Leipzig: Duncker & Humblot.

Bressler, S. L. (2002). "Understanding cognition through large-scale cortical networks." *Current Directions in Psychological Science*, 11: 58-61.

Bressler, S. L. and J. A. S. Kelso (2001). "Cortical coordination dynamics and cognition." *Trends in Cognitive Sciences*, 5: 26-36.

Brooks, R. (1991). "Intelligence without representation." *Artificial Intelligence*, 47: 139-59.

Calogero, R. M., S. E. Tantleff-Dunn, and J. Thompson (2011). *Self-Objectification in*

Women: Causes, Consequences, and Counteractions. American Psychological Association.

Chalmers, D. (1996). *The Conscious Mind.* New York: Oxford University Press. デイヴィッド・J・チャーマーズ『意識する心——脳と精神の根本理論を求めて』林一訳，白揚社，2001 年.

Chapman, D. (1991). *Vision, Instruction, and Action.* Cambridge: MIT Press.

Charles, E. (2012). *A New Look at New Realism: The Psychology and Philosophy of E. B. Holt.* Edison, NJ: Transaction Publishers.

Charpentier, A. (1891). "Analyse experimentale de quelques elements de la sensation de poids." *Archives Physiologique Normals and Pathologiques*, 18: 79-87.

Chemero, A. (2008). "Self-organization, writ large." *Ecological Psychology.*

—— (2009). *Radical Embodied Cognitive Science.* Cambridge: MIT Press.

Chomsky, N. (1957). "A review of B. F. Skinner's Verbal Behavior." *Language*, 35(1): 26-58.

—— (1966). *Cartesian Linguistics: A Chapter in the History of Rationalist Thought.* New York: Harper and Row. ノーム・チョムスキー『デカルト派言語学——合理主義思想の歴史の一章』川本茂雄訳，みすず書房，1976 年.

Clark, A. (1997). *Being There.* Cambridge: MIT Press. アンディ・クラーク『現れる存在——脳と身体と世界の再統合』池上高志・森本元太郎訳，NTT 出版，2012 年.

—— (2000). *Mindware.* New York: Oxford University Press.

—— (2008). *Supersizing the Mind.* New York: Oxford University Press.

—— (2013). *Mindware*, 2nd edn. New York: Oxford University Press.

Clark, A. and D. Chalmers (1998). "The Extended Mind." *Analysis*, 58(1): 7-19.

Clark, Kenneth B. and Mamie P. Clark (1947). "Racial identification and preference among negro children," in E. L. Hartley (ed.) *Readings in Social Psychology.* New York: Holt, Reinhart, and Winston.

Conrad, Klaus (1933). "Das Körperschema: Eine kritische Studie und der Versuch einer Revision." *Zeitschrift für die gesamte Neurologie und Psychiatrie*, 147: 346-69.

Cope, D. (1996). *Experiments in Musical Intelligence.* Madison, WI: A-R Edns.

de Beauvoir, Simone (1947/1976). *Ethics of Ambiguity*, trans. B. Frechtman, New York: Citadel Press.

—— (1949/1984). *The Second Sex*, trans. H. M. Pashley, Harmondsworth: Penguin. シモーヌ・ド・ボーヴォワール『第二の性 1・2』生島遼一訳，人文書院，1966 年.

Dennett, D. (1987). "Cognitive wheels: The Frame problem in artificial intelligence," in Pylyshyn, Z. W., ed., *The Robot's Dilemma: The Frame Problem in Artificial Intelligence*, Ablex.

Dennett, D. (1991). *Consciousness Explained.* Boston: Little, Brown. ダニエル・デネット『解明される意識』山口泰司訳，青土社，1997 年.

Descartes, R. (1967). "Discourse on the Method, 1637." *The Philosophical Writings of*

Descartes, 2. ルネ・デカルト『方法序説』谷川多佳子訳，岩波書店，1997 年.

—— (1967). "Meditations on First Philosophy, 1641." *The Philosophical Writings of Descartes, 2*. ルネ・デカルト『省察』山田弘明訳，筑摩書房，2006 年.

DiPaolo, E. (2008). "Extended life." *Topoi*, 28: 9-21.

Dotov, D., L. Nie, and A. Chemero (2010). "A demonstration of the transition from readiness-to-hand to unreadiness-to-hand." *PLoS ONE*, 5: e9433.

Dreyfus, H. (1965). "Alchemy and artificial intelligence." RAND Paper P-3244.

—— (1972/1979/1992). *What Computers (Still) Can't Do*. New York: Harper and Row. ヒューバート・L・ドレイファス『コンピュータには何ができないか——哲学的人工知能批判』黒崎政男・村若修訳，産業図書，1992 年（邦訳は 1979 年刊行の第二版）.

—— (2007). "Why Heideggerian AI failed, and why fixing it would require making it more Heideggerian." *Philosophical Psychology*, 20: 247-68.

Egbert, M. D., X. E. Barandiaran, and E. A. DiPaolo (2012). "Behavioral metabolution: The adaptive and evolutionary potential of metabolismbased chemotaxis." *Artificial Life*, 18(1): 1-25.

Ehrenfels, M. (1890/1988). "On Gestalt Qualities," in B. Smith (ed. and trans.) 1988. *Foundations of Gestalt Theory*. Munich and Vienna: Philosophia Verlag. (Original work published as Über Gestaltqualitäten," Vier teljahrsschrift für wissenschaftliche." *Philosophie*, 14, 1890: 249-92.)

Embree, Lester (1980) "Merleau-Ponty's Examination of Gestalt Psychology." *Research in Phenomenology*, 10: 89-121.

Fancher, R. (1995). *Pioneers of Psychology*, 3rd edn. New York: Norton.

Fechner, Gustav Theodor (1860). *Elements of Psychophysics, Sections VII ("Measurement of Sensation") and XVI ("The Fundamental Formula and the Measurement Formula")* (trans. Herbert S. Langfeld, first appearing in B. Rand (ed.) (1912), *The Classical Psychologists*).

Fodor, J. (1980) "Methodological solipsism considered as a research strategy in cognitive science." *Behavioral and Brain Sciences*, 3: 63-109.

—— (1987) *Psychosemantics*. Cambridge, Mass.: MIT Press.

Fredrickson, B. L. and T. Roberts (1997). "Objectification theory: Toward understanding women's lived experiences and mental health risks." *Psychology of Women Quarterly*, 21: 173-206.

Freeman, W. J. (2000). *How Brains Make up their Minds*. New York: Columbia University Press. ウォルター・J・フリーマン『脳はいかにして心を創るのか——神経回路網のカオスが生み出す志向性・意味・自由意志』浅野孝雄訳，産業図書，2011 年.

—— (2006) "Origin, structure, and role of background EEG activity. Part 4. Neural frame simulation." *Clin Neurophysiol*, 117: 572-89.

Freeman, W. J. and C. Skarda (1990). "Representations: Who needs them?" in *Brain Organization and Memory Cells, Systems, and Circuits*, James L. McGaugh, Norman Weinberger, Gary Lynch (eds.), pp. 375-80.

Frege, Gottlob (1894). "Rezension von Dr. E. G. Husserl: Philosophie der Arithmetik. Psychologische und logische Untersuchung. Erster Band." *Zeitschrift für Philosophie und philosophische Kritik*, 103: 313-32. Reprinted in *Kleine Schriften*, Ignacio Angelelli. Wissenschaftliche Buchgesellschaft, Darmstadt, 1967 und G. Olms, Hildesheim, 1967. Trans. as: "Review of Dr. E. Husserl's Philosophy of Arithmetic," by E. W. Kluge, *Mind*, 81(323): 321-37. G・フレーゲ「E. G. フッサール『算術の哲学』Ⅰの批評（1894）」斉藤了文訳，『数学論集（フレーゲ著作集 第5巻）』所収，野本和幸・飯田隆編，2001年.

Gallagher, S. and R. Jacobson (2012). "Heidegger and social cognition," in J. Kiverstein and M. Wheeler (eds.), *Heidegger and Cognitive Science* (pp. 213-45). United Kingdom: Palgrave Macmillan.

Gallagher, S. and D. Zahavi (2008). *The Phenomenological Mind*. New York: Routledge. ショーン・ギャラガー，ダン・ザハヴィ『現象学的な心——心の哲学と認知科学入門』石原孝二・宮原克典・池田喬・朴嵩哲訳，勁草書房，2011年.

Gibson, J. J. (1950). *The Perception of the Visual World*. Boston: Houghton Mifflin. ジェームズ・J・ギブソン『視覚ワールドの知覚』東山篤規・竹澤智美・村上嵩至訳，新曜社，2011年.

—— (1962). "Observations on active touch."*Psychological Review*, 69(6): 477.

—— (1966). *The Senses Considered as Perceptual Systems*. Boston: Houghton-Mifflin. ジェームズ・J・ギブソン『生態学的知覚システム——感性をとらえなおす』佐々木正人・古山宣洋・三嶋博之訳，東京大学出版会，2011年.

—— (1967). Autobiography, in E. G. Boring and G. Lindsey (eds.), *A History of Psychology in Autobiography* (vol. 5, pp. 125-43). New York: Appleton-Century-Crofts.

—— (1979). *The Ecological Approach to Visual Perception*. Boston: Houghton-Mifflin. ジェームズ・J・ギブソン『生態学的視覚論——ヒトの知覚世界を探る』古崎敬・古崎愛子・辻敬一郎・村瀬旻訳，サイエンス社，1986年.

Gibson, J. J. and L. Crooks (1938). "A theoretical field-analysis of automobile-driving." *The American Journal of Psychology*, 51: 453-71.

Gibson, J. J. and E. Gibson (1955). "Perceptual learning: differentiation or enrichment?" *Psychological Review*, 62: 32-41.

Haken, H., J. A. S. Kelso, and H. Bunz (1985). "A theoretical model of phase transitions in human hand movements." *Biological Cybernetics*, 51: 347-56.

Hall, J. A. (1984). *Nonverbal sex differences: Accuracy of communication and expressive style*. Baltimore, MD: Johns Hopkins University Press.

Harrison, S. and M. Richardson (2009). "Horsing around: Spontaneous four-legged coordination." *Journal of Motor Behavior*, 41: 519-24.

Haugeland, J. (1979). "Understanding natural language." *The Journal of Philosophy*, 76: 619-32.

—— (1985). *Artificial Intelligence: The Very Idea*. Cambridge, Mass.: MIT Press.

Heft, H. (2001). *Ecological Psychology in Context: James Gibson, Roger Barker, and the Legacy of William James's Radical Empiricism*. Mahwah, NJ: Erlbaum.

Hegel, G. W. F. (1807/1979). *Phänomenologie des Geistes*, 1807. Trans. as: *Phenomenology of Spirit*, by A. V. Miller. Oxford: Oxford University Press, 1979. G・W・F・ヘーゲル『精神現象学 上・下』樫山欽四郎訳，平凡社，1997 年.

Heidegger, Martin (1927/1977/1982). *Die Grundprobleme der Phänomenologie*, ed. Friedrich-Wilhelm von Herrmann. *Gesamtausgabe*, vol. 24. Frankfurt: Klostermann (1977). Trans. as: *The Basic Problems of Phenomenology*, by Albert Hofstadter. Indianapolis: Indiana University Press, 1982. マルティン・ハイデッガー『現象学の根本問題』木田元監訳，平田裕之・迫田健一訳，作品社，2010 年.

—— (1927/1977, cited as SZ). *Sein und Zeit*, 17th edn. Tübingen: Max Niemeyer, 1993. マルティン・ハイデガー『存在と時間 1・2・3』原佑・渡邉二郎訳，中央公論新社，2003 年.

—— (1927/28/1977). *Phänomenologische Interpretation von Kants Kritik der reinen Vernunft*, ed. I. Görland. *Gesamtausgabe*, vol. 25. Frankfurt: Klostermann (1977). マルティン・ハイデッガー『カントの純粋理性批判の現象学的解釈（ハイデッガー全集 第 25 巻）』石井誠士・仲原孝・セヴェリン・ミュラー訳，創文社，1997 年.

—— (1929/1991). *Kant und das Problem der Metaphysik*, ed. Friedrich-Wilhelm von Herrmann. 5th edn. Frankfurt: Klostermann (1991). マルティン・ハイデッガー『カントと形而上学の問題（ハイデッガー全集 第 3 巻）』門脇卓爾・ハルトムート・ブフナー訳，創文社，2003 年.

Heidegger, Martin and Karl Jaspers (1992). *Briefwechsel 1920-1963*, ed. Walter Biemel and Hans Saner. Munich: Piper.

Hurley, S. L. (2002). *Consciousness in action*. Harvard University Press.

Hurley, S. L. and A. Noë (2003). "Neural plasticity and consciousness." *Biology and Philosophy*, 18(1): 131-68.

Husbands, P., I. Harvey, and D. Cliff (1993). "An evolutionary approach to situated AI," in *Proceedings of the 9th Bi-annual Conference of the Society for the Study of Artificial Intelligence and the Simulation of Behaviour (AISB 93)* (pp. 61-70).

Husserl, Edmund (1891/1992/2003). *Philosophie der Arithmetik*, ed. Elisabeth Ströker. Gesammelte Schriften, vol. 1. Hamburg: Felix Meiner, 1992. Trans. as: *Philosophy of Arithmetic. Psychological and Logical Investigations - with Supplementary Texts from 1887-1901*, by Dallas Willard. Kluwer, 2003. フッセール『算術の哲学』寺田弥吉訳，モナス，1933 年.

—— (1900/1992). *Logische Untersuchungen. Erster Band: Prolegomena zur reinen*

Logik, ed. Elisabeth Ströker. Gesammelte Schriften, vol 2. Hamburg: Felix Meiner, 1992. エトムント・フッサール『論理学研究 1』立松弘孝訳，みすず書房，2015年.

—— (1901a/1992). *Logische Untersuchungen. Zweiter Band. I. Teil: Untersuchungen zur Phänomenologie und Theorie der Erkenntnis*, ed. Elisabeth Ströker. Gesammelte Schriften, vol 3. Hamburg: Felix Meiner, 1992. エトムント・フッサール『論理学研究 2・3』2：立松弘孝・松井良和・赤松宏訳，3：立松弘孝・松井良和訳，みすず書房，2015年.

—— (1901b/1992). *Logische Untersuchungen. Zweiter Band. II. Teil: Untersuchungen zur Phänomenologie und Theorie der Erkenntnis*, ed. Elisabeth Ströker. Gesammelte Schriften, vol 4. Hamburg: Felix Meiner, 1992. エトムント・フッサール『論理学研究 4』立松弘孝訳，みすず書房，2015年.

—— (1913/1992). *Ideen zu einer reinen Phänomenologie und phänomenologischen Philosophie*, ed. Elisabeth Ströker. Gesammelte Schriften, vol. 5. Hamburg: Felix Meiner, 1992. エトムント・フッサール『イデーン——純粋現象学と現象学的哲学のための諸構想 I -1/2』渡辺二郎訳，みすず書房，1：1979年，2：1984年.

—— (1928/1991). "Edmund Husserls Vorlesungen zur Phänomenologie des Inneren Zeitbewusstseins,"in *Jahrbuch für Philosophie und phänomenologische Forschung*, Bd. IX, ed. Martin Heidegger. Halle: Max Niemeyer. Trans. as: *Edmund Husserl on the Phenomenology of the Consciousness of Interal Time*, by J. Brough. Dordrecht: Kluwer, 1991. エトムント・フッサール『内的時間意識の現象学』谷徹訳，筑摩書房，2016年.

—— (1929/1963). *Cartesianische Meditationen und Pariser Vorträge*, S. Strasser (ed.). *Husserliana*, vol. 1. The Hague: Martinus Nijhoff, 1963. Trans. as *Cartesian Meditations: An Introduction to Phenomenology*, by Dorion Cairns. The Hague: Martinus Nijhoff, 1960. フッサール『デカルト的省察』浜渦辰二訳，岩波書店，2001年.

—— (1936/1954/1970). *Die Krisis der europäischen Wissenschaften und die transzendentale Phänomenologie: Eine Einleitung in die phänomenologische Philosophie*, ed. Walter Biemel. The Hague: Martinus Nijhoff, 1954. Trans. as: *The Crisis of European Sciences and Transcendental Phenomenology*, by D. Carr. Evanston: Northwestern University Press, 1970. エドムント・フッサール『ヨーロッパ諸学の危機と超越論的現象学』細谷恒夫・木田元訳，中央公論社，1995年.

James, William (1890). *The Principles of Psychology*. Boston: Henry Holt.

—— (1904a). "Does consciousness exist?" *Journal of Philosophy, Psychology, and Scientific Methods*, 1: 477-91. ウィリアム・ジェイムズ「「意識」は存在するのか」『純粋経験の哲学』所収，伊藤邦武訳，岩波書店，2004年.

—— (1904b). "A world of pure experience." *Journal of Philosophy, Psychology, and Scientific Methods*, 1: 533-43, 561-70. ウィリアム・ジェイムズ「純粋経験の世界」『純粋経験の哲学』所収，伊藤邦武訳，岩波書店，2004年.

—— (1911). *The Meaning of Truth*. New York: Longmans, Green, and Company.

Jiang, Y. and L. Mark (1994). "The effect of gap depth on the perception of whether a gap is crossable." *Perception and Psychophysics*, 56: 691-700.

Kant, Immanuel (1781/1997). *Kritik der reinen Vernunft*, Riga: J. F. Hartknoch, 1781. [A-edn (Ak. 4: 5-252); B-edn (Ak. 3: 2-552)]. Trans. as: *Critique of Pure Reason*, by Paul Guyer and Allen W. Wood. Cambridge: Cambridge University Press, 1997. イマヌエル・カント『純粋理性批判』熊野純彦訳, 作品社, 2012 年.

—— (1786/1800/1985, cited as MFNS). *Metaphysische Anfangsgründe der Naturwissenschaften*. Riga: Johann Friedrich Hartknoch, 1786. [Ak. 4: 467-565]. Trans. as: "Metaphysical Foundations of Natural Science." Trans. James W. Ellington, in *Immanuel Kant: Philosophy of Material Nature*, Indianapolis: Hackett, 1985. カント「自然科学の形而上学的原理」『カント全集 12——自然の形而上学』所収, 犬竹正幸訳, 岩波書店, 2000 年.

—— (1798/1907). *Anthropology from a Pragmatic Point of View*. Trans. O. Külpe. Königlichen Preußischen (later Deutschen) Akademie der Wissenschaften (ed.), 1900-, Kants gesammelte Schriften, Berlin: Georg Reimer (later Walter de Gruyter). カント「実用的見地における人間学」『カント全集 15——人間学』所収, 渋谷治美訳, 岩波書店, 2003 年.

Kelso, J. A. S. (1995). *Dynamic Patterns*. Cambridge, Mass.: MIT Press.

—— (2009). "Synergies: Atoms of brain and behavior,"in D. Sternad (ed.), *Progress in Motor Control* (pp. 83-91). Heidelberg, Germany: Springer.

Kelso, J. A. S., A. Fuchs, R. Lancaster, T. Holroyd, D. Cheyne, and H. Weinberg (1998). "Dynamic cortical activity in the human brain reveals motor equivalence." *Nature*, 392(6678): 814-18.

Kirsh, D. and Maglio, P. (1994). "On distinguishing epistemic from pragmatic action." *Cognitive science*, 18(4): 513-49.

Kiverstein, J. (2012). "What is Heideggerian cognitive science?" in J. Kiverstein and M. Wheeler (eds.), *Heidegger and Cognitive Science*, Palgrave-Macmillan.

Klahr, P. and Waterman, D. (1986). *Artificial Intelligence: A Rand Perspective*. Rand Corporation P-7172.

Koffka, Kurt (1923). "Perception: An Introduction to the Gestalt-Theorie." *Psychological Bulletin*, 19: 531-85.

Köhler, W. (1913). "Über unbemerkte Empfindungen und Urteilstäuschungen." *Zeitschrift für Psychologie*, 66: 51-80.

—— (1925). *The Mentality of Apes*, trans. Ella Winter from the 2nd German edn. Ella Winter London: Kegan, Trench and New York: Harcourt, Brace and World. Original was *Intelligenzprüfungen an Anthropoiden*, Berlin 1917. ケーラー『類人猿の知恵試験』宮孝一訳, 岩波書店, 1962 年.

Kono, T. (2010). "The extended mind approach for a new paradigm for psychology."

参考文献　　267

Integrated Psychological and Behavioral Science, 44: 329-39.

Kreisler, H. and H. Dreyfus (2005). "Meaning, relevance, and the limits of technology: A conversation with Hubert Dreyfus." Institutes of International Study, University College Berkeley. (http://globetrotter.berkeley.edu/people5/Dreyfus/dreyfuscon0.html)

Kugler, P. N., J. A. S. Kelso, and M. T. Turvey (1980). "Coordinative structures as dissipative structures I. Theoretical lines of convergence," in *Tutorials in Motor Behavior*, ed. G. E. Stelmach and J. Requin. Amsterdam: North Holland.

Leahey, T. H. (2000). *A History of Modern Psychology*, 3rd edn. New York: Pearson.

Lee, D. N. (1980). "The optic flow-field: The foundation of vision." *Philosophical Transactions of the Royal Society London B*, 290: 169-79.

—— (2006). "How movement is guided." (http://www.perception-in-action.ed.ac.uk/PDF_s/Howmovementisguided.pdf)

Lee, D. N. and P. E. Reddish (1981). "Plummeting gannets: A paradigm of ecological optics." *Nature*, 293: 293-4.

Lewin, K. (1936). *Principles of Topological Psychology*. York, P. A.: McGraw-Hill. クルト・レヴィン『トポロギー心理學の原理』外林大作・松村康平訳，生活社，1942年.

Mach, E. (1865). "On the effect of the spatial distribution of the light stimulus on the retina," in Ratliff, Floyd, 1965, *Mach Bands - Quantitative Studies on Neural Networks in the Retina*. San Francisco: Holden-Day.

—— (1886/1897). *The Analysis of Sensations*. Trans. C. K. Williams. Chicago: Open Court Publishing, 1897. エルンスト・マッハ『感覚の分析』須藤吾之助・廣松渉訳，法政大学出版局，2013年.

Marcus, G. (2014). "What comes after the Turing Test?" *The New Yorker*, 9 June 2014.

Maturana, H. and F. Varela (1973). *De Máquinas y Seres Vivos: Una teoría sobre la organización biológica*. Santiago: Editorial Universitaria.

—— (1987). *The Tree of Knowledge: The Biological Roots of Human Understanding*. Boston: Shambala. ウンベルト・マトゥラーナ，フランシスコ・バレーラ『知恵の樹——生きている世界はどのようにして生まれるのか』管啓次郎訳，筑摩書房，1997年.

McCarthy, J. and P. J. Hayes (1969). "Some philosophical problems from the standpoint of artificial intelligence." *Machine Intelligence*, 4: 463-502.

Menary, R. (2010). *The Extended Mind*. Cambridge: MIT Press.

Merleau-Ponty, M. (1942/1963). *The Structure of Behavior*. Trans. Alden Fisher. Pittsburgh, Duquesne University Press, 1963. モーリス・メルロ=ポンティ『行動の構造　上・下』滝浦静雄・木田元訳，みすず書房，2014年.

—— (1945/2012, cited as PP). *Phenomenology of Perception*. Trans. Donald Landes,

Routledge, 2012. モーリス・メルロー＝ポンティ『知覚の現象学 1・2』1：竹内芳郎・小木貞孝訳，2：竹内芳郎・木田元・宮本忠雄訳，みすず書房，1：1967 年，2：1974 年.

Mulvey, L. (1975). "Visual pleasure and narrative cinema." *Screen*, 16(3): 6-18.

Noë, A. (2004). *Action in Perception*. Cambridge: MIT Press. アルヴァ・ノエ『知覚のなかの行為』門脇俊介・石原孝二監訳，飯嶋裕治・池田喬・文景楠・吉田恵吾訳，春秋社，2010 年.

—— (2009). *Out of Our Heads: Why You Are Not Your Brain and Other Lessons from the Biology of Consciousness*. New York: Hill and Wang.

O'Regan, J. K. (2011). *Why Red Looks Red instead of Sounding like a Bell: The Feel of Consciousness*. New York: Oxford University Press.

O'Regan, J. K. and A. Noë (2001). "A sensorimotor account of vision and visual consciousness." *Behavioral and Brain Sciences*, 24(5): 883-917.

Paterson, K. and B. Hughes (1999). "Disability studies and phenomenology: The carnal politics of everyday life." *Disability and Society*, 14(5): 597-610.

Pfeifer, R. and J. Bongard (2007). *How the Body Shapes the Way We Think: A New View of Intelligence*. Cambridge: MIT press. ロルフ・ファイファー，ジョシュ・ボンガード『知能の原理——身体性に基づく構成論的アプローチ』細田耕・石黒章夫訳，共立出版，2010 年.

Port, R. F. (2003). "Meter and speech." *Journal of Phonetics*, 31(3): 599-611.

Preston, B. (1993). "Heidegger and artificial intelligence." *Philosophy and Phenomenological Research*, 53: 43-69.

Reed, E. (1996). *Encountering the World*. New York: Oxford University Press. エドワード・リード『アフォーダンスの心理学——生態心理学への道』佐々木正人監修，細田直哉訳，新曜社，2000 年.

Richardson, M., K. Marsh, R. Isenhower, J. Goodman, and R. Schmidt (2007). "Rocking together: Dynamics of intentional and unintentional interpersonal coordination." *Human Movement Science*, 26: 867-91.

Rietveld, E. (2008). "Situated normativity." *Mind*, 117: 973-1001.

—— (2012). "Context-switching and responsiveness to real relevance," in Kiverstein, J. and Wheeler, M. (eds.), *Heidegger and Cognitive Science: New Directions in Cognitive Science and Philosophy*. Basingstoke, Hampshire: Palgrave Macmillan, pp. 105-35.

Riley, M. and J. Holden (2012). "Dynamics of cognition." *WIREs Cogn Sci*, 2012. doi: 10.1002/wcs. 1200.

Sartre, Jean-Paul (1962). *Transcendence of the Ego*. Trans. Forrest Williams and Robert Kirkpatrick. New York: Noonday Press (French original published 1936). J-P・サルトル「自我の超越」『自我の超越・情動論素描』竹内芳郎訳，人文書院，2000 年.

—— (1943/1984, cited as BN). *Being and Nothingness*. Trans. Hazel Barnes. New York: Washington Square Press. ジャン゠ポール・サルトル『存在と無——現象学的存在論の試み 1・2・3』松浪信三郎訳，筑摩書房，1・2：2007 年，3：2008 年．

Schilder, Paul (1923). *Das Körperschema: Ein Beitrag zur Lehre vom Bewusstsein des Eigenen Körpers*. Berlin: Springer. P・シルダー『身体図式——自己身体意識の学説への寄与』北條敬訳，金剛出版，1983 年．

Schmidt, R., C. Carello, and M. Turvey (1990). "Phase transitions and critical fluctuations in the visual coordination of rhythmic movements between people." *Journal of Experimental Psychology: Human Perception and Performance*, 16: 227-47.

Scholz, J. and J. A. S. Kelso (1990). "Intentional switching between patterns of bimanual coordination depends on the intrinsic dynamics of the patterns." *Journal of Motor Behavior*, 22: 98-124.

Sedgewick, H. (1973). "The visible horizon." Unpublished doctoral dissertation, Cornell University.

Shockley, Kevin and Michael T. Turvey (2005). "Encoding and retrieval during bimanual rhythmic coordination." *Journal of Experimental Psychology: Learning, Memory, and Cognition*, 31(5): 980.

Shockley, K., C. Carello, and M. T. Turvey (2004). "Metamers in the haptic perception of heaviness and moveableness." *Perception and Psychophysics*, 66: 731-42.

Simon, H. and A. Newell (1958). "Heuristic problem solving." *Operations Research*, 6: 1-10.

Skarda, C. and W. Freeman (1987). "How the brain makes chaos in order to make sense of the world." *Behavioral and Brain Sciences*, 10: 161-95.

Steele, Claude M. (1997). "A threat in the air: How stereotypes shape intellectual identity and performance." *American Psychologist*, 52(6): 613-29.

Stern, William (1897). "Psychische Präsenzzeit." *Zeitschrift für Psychologie und Physiologie der Sinnesorgane*, 13: 325-349.

Thompson E. (2004). "Life and mind: From autopoiesis to neurophenomenology. A tribute to Francisco Varela." *Phenomenology and Cognitive Science*, 3: 381-98.

—— (2007). *Mind in Life*. Cambridge, Mass.: Harvard University Press.

Thompson, E. and M. Stapleton (2008). "Making sense of sense making." *Topoi*. DOI 10.1007/s11245-008-9043-2.

Titchener, Edward B. (1898). *A Primer of Psychology*. New York: Macmillan. エドワード・ティチェナー『心理學概論』岡島亀次郎訳，理想社，1929 年．

Treffner, P. and M. Turvey (1995). "Symmetry, broken symmetry, and handedness in bimanual coordination dynamics." *Experimental Brain Research*, 107: 163-78.

Turing, A. M. (1950). "Computing machinery and intelligence." *Mind*, 59: 433-60.

van Gelder, T. (1998). "The dynamical hypothesis in cognitive science." *Behavioral and Brain Sciences*, 21: 615-28.

van Orden, G. C., J. G. Holden, and M. T. Turvey (2003). "Self-organization of cognitive performance." *Journal of Experimental Psychology: General*, 132: 331-50.

Varela, Francisco J. (1979). *Principles of Biological Autonomy*. New York: Elsevier.

Varela, F. J., H. R. Maturana, and R. Uribe (1974). "Autopoiesis: the organization of living systems, its characterization and a model." *Curr Mod Biol*, 5(4): 187-96.

Varela, F. J., J. P. Lachaux, E. Rodriguez, and J. Martiniere (2001). "The brainweb: Phase synchronization and large-scale integration." *Nature Reviews Neuroscience*, 4: 229-39.

Varela, F. J., E. Thompson, and E. Rosch (1991). *The Embodied Mind*. Cambridge, Mass.: MIT Press. フランシスコ・ヴァレラ, エレノア・ロッシュ, エヴァン・トンプソン『身体化された心――仏教思想からのエナクティブ・アプローチ』田中靖夫訳, 工作舎, 2001 年.

Warren, W. H. (1984) "Perceiving affordances: Visual guidance of stair climbing." *Journal of Experimental Psychology: Human Perception and Performance*, 10: 683-703.

Wertheimer, Max (1912). "Experimentelle Studien über das Sehen von Bewegung" (Experimental Studies of the Perception of Motion) in *Zeitschrift fur Psychologie*, 61: 161-265.

—— (1923/1938). "Laws of organization in perceptual forms," in W. Ellis (ed. and trans.), *A Source Book of Gestalt Psychology* (pp. 71-88). London: Routledge and Kegan Paul. (Original work published in 1923 as "Untersuchungen zur Lehre von der Gestalt II," in *Psychologische Forschung*, 4: 301-50.)

West, B. J. (2006). "Fractal physiology, complexity, and the fractional calculus," in Y. Kalmykov, W. Coffey, and S. Rice (eds.) *Fractals, Diffusion, and Relaxation in Disordered Complex Systems*. Wiley-Interscience, pp. 1-92.

Wheeler, M. (1994). *For Whom the Bell Tolls?: The Roles of Representation and Computation in the Study of Situated Agents*. School of Cognitive and Computing Sciences, University of Sussex.

—— (1996). "From robots to Rothko," in *The Philosophy of Artificial Life*, ed. M. Boden. New York: Oxford University Press.

—— (2005). *Reconstructing the Cognitive World*. Cambridge, Mass.: MIT Press.

Wilson, R. (2004). *Boundaries of the Mind*. Cambridge: Cambridge University Press.

Withagen, R., H. J. de Poel, D. Araújo, G. J. Pepping (2012). "Affordances can invite behavior." *New Ideas in Psychology*, 30: 250-8.

Wundt, Wilhelm Max (1874/1902/1904). *Principles of Physiological Psychology* (Edward Bradford Titchener, trans.) (from the 5th German edn., published 1902; 1st German edn. published 1874).

—— (1912/1916). *Völkerpsychologie*. Trans. as: *Elements of Folk-Psychology*, by E. L. Schaub. London: Allen. ウィルヘルム・ヴント『民族心理学――人類発達の心理

史』比屋根安定訳，誠信書房，1959 年.

Young, I. M. (1980/2005). "Throwing like a girl: A phenomenology of feminine body comportment, motility, and spatiality." *Human Studies*, 3: 137‒56. Reprinted in I. M. Young (2005), *On Female Body Experience: Throwing Like a Girl and Other Essays.* New York: Oxford University Press (page numbers refer to the 2005 reprint).

訳者解説

田中彰吾・宮原克典

　本書は、Stephan Käufer and Anthony Chemero（2015）*Phenomenology: An Introduction*, Cambridge, UK: Polity Press の全訳である。コイファーは、米国フランクリン＆マーシャルカレッジ教授であり、ハイデガー現象学を専門とする現象学者である。チェメロは、心理学・認知科学の哲学の専門家で、現在は米国コネチカット大学教授となっているが、以前はコイファーと同じフランクリン＆マーシャルカレッジで心理学を教えていた。本書は、現象学の歴史、代表的な現象学者の思想、そして、現象学が現代の認知科学と心の哲学におよぼした影響を初学者に向けて解説することを目的とした入門書であり、著者の二人がフランクリン＆マーシャルカレッジ「心の科学的および哲学的研究プログラム」（Scientific and Philosophical Studies of the Mind Program, SPM）の一部として共同で開講した科目「現象学と認知科学」の授業内容をもとに執筆されたものである。

　本書には大きな特徴が二点ある。一点目は、独特の専門用語や論述の難解さで知られる現象学を、英語圏の哲学に特徴的な明晰な論述スタイルで解説していることである。二点目は、フッサール以来の現象学の中心的なテーマは「身体性認知科学」にこそ最も鮮明に受け継がれている、という著者たちの独自の観点を貫いていることである。それゆえ本書では、現象学という思想的潮流の歴史が、19世紀末の科学的心理学（第1章）、ゲシュタルト心理学（第4章）、ギブソンの生態心理学（第7章）、ドレイファスによる認知主義批判（第8章）、身体性認知科学（第9章）など、通常の現象学入門書ではあまりとりあげられることのないトピックの丁寧な解説とともに描き出されている。本書の著者たちにとって（そしてわれわれ訳者にとっても）、現象学とは、心や認知にかんする科学的研究が大いに進展しつつある今だからこそ注目すべき、ヴァイタリテ

ィにあふれた哲学なのである。（なお、フランクリン＆マーシャルカレッジ
「SPM プログラム」の設置においては、ギブソンの生態心理学を発展的に継承した
哲学者・心理学者のエドワード・S・リードが中心的な役割を果たした。その意味
で、本書がギブソンの思想をクローズアップしているのは偶然ではない。）

　本書を訳出することにした直接の動機は、ショーン・ギャラガーとダン・ザ
ハヴィの共著『現象学的な心──心の哲学と認知科学入門』（勁草書房，2011
年）と関係している。現象学の観点を中核にすえながら、心の哲学および認知
科学との対話を通じて、心のさまざまな側面を幅広く考察するこの一冊は、
2008 年の原書初版刊行以来、またたくまに現象学と認知科学の交差領域に関
心をもつ研究者の必読文献となった。その一方で、「心の哲学と認知科学入門」
という副題とは裏腹に、その難易度は必ずしも入門レベルにふさわしいもので
はなかった。とりわけ、現象学になじみのない読者が『現象学的な心』を読ん
で、現象学の基礎知識をえるのは難しいだろう（2012 年刊行の原書第 2 版から
副題が落ちているのは、このことと無関係ではないと思われる）。そこへきて、初
学者にもなじみやすい論述スタイルで現象学の歴史と思想を解説した本書は、
心の哲学や科学への現象学的なアプローチに興味があって、現象学のことをも
っとよく知りたいという読者を、『現象学的な心』で展開されるより専門的な
問題群へとスムーズに橋渡しするテキストとして最適だと思われたのである。

　しかし、たんに哲学としての現象学の入門書として優れているだけでなく、
本書は現象学的な「心の科学」の新たな地平を具体的に描き出す試みとしても
大きな価値をもっている。現象学に触発されて形成された「心の科学」は、一
般には「現象学的心理学」と呼ばれ、A・ジオルジ『心理学における現象学的
アプローチ』（邦訳 2013 年）や D・ラングドリッジ『現象学的心理学への招待』
（邦訳 2016 年）などが日本でも紹介されている。ただし、これらの仕事は現象
学を広義の一人称的アプローチとして取り入れ、インタビューに基づいて人々
の経験を明らかにする、いわゆる「質的研究」として展開している。これに対
して、本書では、ゲシュタルト心理学やギブソンの生態心理学から近年の身体
性認知科学にいたるまで、実験的方法に基づく定量的研究に対する現象学の意
義を浮き彫りにして、最終的に「科学的現象学」の名のもとで、現象学に基づ
く新しい「心の科学」の概要を提示している。その意味で、本書は『現象学的

274

な心』が宿していた可能性を、「心の科学」の面でもより具体的に展開したものと評価することができる。

以上のような事情から、本書の邦訳書を刊行する可能性について、『現象学的な心』の編集者でもある勁草書房編集部の土井さんに相談したところ、すぐに快諾していただき、こうして出版の機会を得ることになった。

さて、本書は、カントの批判哲学（第1章）を起点にして、二つに分岐したストーリーがしばらく展開し、最終的にその二つが合流して「現象学的認知科学」（第9章）というクライマックスを迎えるような構成になっている。二つのストーリーは、それぞれ「科学的心理学の物語」（第1章・第4章・第7章）と「超越論的現象学の物語」（第2章・第3章・第5章・第6章）と呼んで、さしつかえないだろう。以下の解説では、この二つの物語にそって、本書の内容を章ごとに整理していき、最後に、本書に関連する内容について日本語で読める文献を簡単に紹介する。

1　科学的心理学の誕生からゲシュタルト心理学まで

心理学や認知科学の研究者にもそれほど広く知られていないが、かつて哲学者カントは、『自然科学の形而上学的原理』（1786）のなかで、心を対象とする自然科学を展開することは不可能だと述べている。そのおもな理由は二つである。第一に、心に関する研究上の知見は数学を用いた科学的法則として定式化できない。第二に、心という内的状態を正確に観察するのは不可能だというのである（1.2）。

近代的な心理学は、これらの点に改良を加えながら発展してくる。その草分けとなったのは、ヴェーバーやフェヒナーが展開した精神物理学である。精神物理学では、一方で、音や光のように実験的に統制できる客観的な刺激を用いて被験者に何らかの内的経験を引き起こし、他方で、それについて被験者本人から言語報告を得ることで記述すべき結果を得る。与えた刺激と報告された結果との関係を整理し、両者の関係を関数として表記することができれば、ささやかな数式だったとしても、それは心についての科学的法則と呼ぶことができるだろう。たとえば、ヴェーバーは被験者の両手に同じ重量の重りをのせ、一

訳者解説　275

方の重量をすこしずつ減らしていき、どれくらいの差になったときに二つの重さの違いに被験者が気づくかを調べた。すると、弁別できる最小の差異（丁度可知差異＝弁別閾ΔI）は、標準対象の値（I）に応じて比例的に変化することが判明した（$\Delta I/I =$ 一定）（「ヴェーバーの法則」）。つまり、標準対象が重ければ弁別閾は大きく、軽ければそれに応じて弁別閾も小さくなるのである（1.2）。

　心理学者ヴント（1832-1920）は、精神物理学の方法を大枠で引き継ぎながら、19世紀末に実験心理学の礎を築いていく。ヴントが実験心理学の課題としたのは、彼の『心理学概論』（1896）によると、⑴意識過程を分析してその要素を発見すること、⑵要素の結合の様式を見出すこと、⑶その結合の法則を特定すること、の三つである。たとえば、化学で元素の特定が、生物学で細胞への分割が、その発展の初期において問われたのと同様に、心理学もその初期において、要素還元主義的な方向性を取ろうとしていたのである。

　こうした要素主義的な発想は、のちにゲシュタルト心理学者たちによって鋭く批判されることになる。ヴントの要素主義的心理学は二つの前提のもとで可能となっている（4.1.1）。同じ刺激が同じ感覚を一対一対応でつねに引き起こすという「恒常仮説」と、知覚は要素的感覚を集めて束にすることで成立するという「束仮説」である。たとえば、液晶モニター上の文字「C」が黒いドットの一定数の寄せ集めで再現できるように、「C」という文字の知覚経験は網膜上の刺激と一対一で対応する黒い点の感覚の寄せ集めでしかないというわけである。

　これが批判されるべき仮説であることを最も鮮やかに示しているのはメロディの知覚だろう（4.1.2）。エーレンフェルスが考察した通り、あるメロディは、演奏のキーを変えたとしても、楽器を変えて音のトーンを変えたとしても、聴く者にとっては同じメロディとして知覚することができる。逆に、同じキー、同じ楽器を用いたとしても、個々の音を出す順番を変えてしまえば、それだけで違ったメロディになってしまう。したがって、メロディを構成する一音一音は楽器から届く物理的刺激と一対一で対応していないし、メロディ全体はたんにその一音一音を束にしたものとはいえないのである。

　そう考えると、心の科学が最初に取り組むべき課題は、要素まで分解して「感覚」を特定することではない。要素のまとまりとしてどのような形態（ゲ

シュタルト）が経験されるのか、私たちの「知覚」について理解することである。私たちが知覚において経験しているのは、さまざまな部分の寄せ集め以上のものとして背景から浮き立つ図であり、意味のあるまとまりである（4.2.1）。後にギブソンによって洗練された理解が加えられていくが（第7章）、私たちが知覚している有意味なまとまりは、潜在的に行為のための機会（アフォーダンス）を提供しているのである。

　ゲシュタルト心理学者たちの重要な貢献は、一階のレベルで生じている「知覚」の経験は最初から有意味なものであって、二階の「認知」が要素的な感覚をまとめて意味付与しているわけではない、ということを実証的に示した点にある。ヴェルトハイマーが示したゲシュタルトの法則、ケーラーがチンパンジーの実験で示した洞察と問題解決の過程、レヴィンによる動機づけの理論は、いずれも、知覚が意味のあるまとまりを受け取る経験であることを示している（4.2.1〜4.2.2）。

　ゲシュタルト心理学の持つ哲学的意義に早くから気づいていたメルロ＝ポンティは、ゲシュタルト理論が「悟性の全変革」を要求するとさえ述べている（4.3）。カントによれば、対象を認識する経験は、感性を通じて集められた直観が、悟性に備わる概念によって統合されることで生じる。しかし、私たちが知覚を通じて受け取る有意味なまとまりは、いってみれば「直観以上、概念未満」の何かである。一般的に考えられるセンスデータほどばらばらな要素的感覚ではないし、明確な概念的対象として整理されてもいない。たとえば、知覚対象は、自分の身体から遠ければあいまいな姿で、近ければ明瞭に分節された姿で現れてくる。つまり、のちにおもにメルロ＝ポンティやハイデガーに追求されていくように、対象や世界はそれを概念的に整理するための悟性ではなく、それと具体的に関わり合うための身体や技能との関連で経験に現れるのである（第3章と第5章、この解説の後半を参照）。

　初期の実験心理学にはもうひとつ重大な問題点がある。精神物理学は「外的刺激」によって引き起こされる「内的経験」をとらえようとする。つまり、ヴントの構想する心理学の研究対象である「意識」は、物質的な刺激を原因とする「結果」であり、外界から区別される「内面」としてとらえられている。世界から物質によって構成されるものをすべて取り除くと、私だけが意識できる

訳者解説　277

主観的な「内面」の次元が残る。ただし、内面の発生的な起源は物質の側にある。内的経験は、身体表面で受容された物質的な刺激が神経系において情報に変換されることで生じている。ヴントの考えでは、心的なものに変換される以前の身体的過程は生理学が、意識として経験される内容は心理学が担当するのである。生理学からの分離独立を課題としていた初期心理学では、おおむねこのような発想に基づいて、意識が内面として位置づけられている。

　しかし、「現象学は意識の科学である」(2.4.2) といわれる場合に「意識」が含意しているのは内面のことではない。ブレンターノが指摘するように、心的なものを特徴づけるのは「志向性 (intentionality)」である。心的現象はつねに何らかの対象に差し向けられており、何らかの対象をそこに含んで生じてくる。たとえば、知覚や想像や記憶は、つねに何らかの対象を知覚したり、想像したり、想起したりすることとして成り立つ。この点は、「意識はつねに何ものかについての意識である」という言い方でよく知られているだろう (2.2)。しかし、これを内的経験と外的世界の関係だと誤解してはならない。現象学では、超越論的還元とともに「自然的態度」の中断がもとめられる。現象学は、もろもろの物体によって構成されている客観的な現実をカッコに入れて、主観的な経験そのものをとらえようとする。それゆえ、志向性とは、あらかじめ存在する外的事物に向かっていくという内的経験の特徴ではないのだ。

　話を分かりやすくするために、深い眠りから目覚める経験を思い出してみてほしい。目覚めにおいては、どこからともなく意識がはたらき始め、それとともに知覚対象やそれを取り巻く世界が現れてくる。つまり、意識は内面であるどころか、経験主体としての自己と経験対象である世界とがそこから分岐してくる「空け開け」であって、一切の経験がそこから生じてくる根源的な場所なのである。したがって、現象学が意識の科学であるという言葉は、内面の探求という意味ではなく、あらゆる経験の記述と解明という意味で理解されねばならない。

2　超越論的哲学としての現象学の展開

　本書がカント哲学の解説から始まるのには、もうひとつの理由がある。カン

ト以来の超越論的哲学の系譜に属すものとして現象学の歴史を描き出すためである。近年の心の哲学や認知科学と対比的に語られるとき、しばしば現象学は意識経験を記述的に探求する営みであることが強調される。その一方で、現象学は基本的にはカント以来の超越論的哲学の系譜に属す思想潮流であることも忘れてはならない。

　超越論的哲学とは、経験の一般的な構造とその成り立ちを探求する取り組みである。経験は思考や行為を基礎づけることができる。たとえば、私は自宅のフルーツかごのなかを見たときの知覚経験に基づいて、「バナナは2本ある」などと考えることができる。しかし、フルーツかごのなかに「バナナ=2本」と書いてあるわけではない。それにもかかわらず、フルーツかごのなかを見ることによって、このような判断を下すことができるのは、どうしてなのだろうか。その答えは、私が「バナナは2本ある」などと考える前から、フルーツかごのなかを見たときの知覚経験がすでにこのような判断の基礎となりうるような仕方で構造化されているからである。言い換えると、知覚経験には私たちに対して世界を理解可能にしてくれるような構造が備わっている。本書がとりあげる哲学者たちは、この世界の「理解可能性」がどのようにして私たちの経験によって構成されているかを分析することによって、それぞれ独自の超越論的哲学を展開している。

　第2章は、フッサールの超越論的現象学をとりあげる。私たちの日常生活は世界の客観的な存在にかんする確信に貫かれている。私たちは普段、世界のさまざまな部分を意識して生きているが、自分が世界を意識するのをやめたら世界は存在しなくなるとは思っていない。しかし、私たちはどこかの時点でそう考えることに決めたわけではない。私たちが世界の存在を確信しているのは、「世界は存在する」と「世界は存在しない」という二つの仮説を比較検討して、前者を信じることにしたからではない。世界の存在にかんする確信は、私たちの概念的な思考の産物ではなく、気がついたときには意識の流れのなかでおのずと生じてしまっている。しかし、意識の流れのなかで世界の存在にかんする確信が生じるという現象は、一体どのような仕組みによって成立しているのだろうか。フッサールの超越論的現象学は、この問いに答えるために、意識作用の内在的構造（「本質」「形相」）を明らかにするプロジェクトである。

このプロジェクトに取り組むにあたって、フッサールは、経験に対する反省的な記述を中核にすえた独自の方法論（「現象学的方法」）を用いる。現象学的方法は基本的に二つのステップからなる。第一に、普段、私たちの注意は意識の対象のほうを向いている（「自然的態度」）ので、それを意識経験そのもののほうに向けかえる（「超越論的還元」「エポケー」）（2.4.2）。第二に、意識のどの部分が各経験の構成にとって本質的なのかを特定する（「形相的還元」）（2.4.3）。そうすれば、世界の存在にかんする確信を支える意識の内在的構造は明らかになるというのである。

　この方法を用いて、フッサールは、たとえば、知覚経験にかんする詳細な分析をおこなう。物体にかんする知覚経験では、心の内部にある感覚的データなどではなく、まさに客観的な世界のなかにある物体が知覚される。つまり、物体を知覚するとき、私たちは感覚的データから物体の存在を推理するわけではなく、知覚意識そのものに物体に向かうような志向性を成り立たせるような構造が備わっている。そのなかには経験の感覚的内容（「ヒュレー」）にかかわる作用も含まれているが、それだけでなく、対象の裏側に向けられた作用（「内的地平」）や、対象の背景をなす文脈に向けられた作用（「外的地平」）も知覚意識の一部をなしている。このような分析を通して、フッサールは、物体を知覚するという経験だけでなく、あらゆる意識経験がさまざまな部分的作用（「部分的志向」）の協働によって成り立っている様子を明らかにする。

　第3章は、ハイデガーが『存在と時間』で展開した実存的現象学をとりあげる。第7章以降が主題的に論じるのは、ハイデガーやメルロ゠ポンティの実存的現象学と心理学・認知科学の関係なので、本章は本書全体の論述のなかで重要な転換点となっている。カントやフッサールは世界を理解可能にしている経験の構造について考えるために、経験と思考の関係を集中的に分析するが、ハイデガーはこれをとんでもない偏見だと考える。というのも、世界というのは、そもそもは思考の対象としてではなく、私たちがそのなかを生きている環境として理解可能になっているからである。それゆえ、ハイデガーは、カントやフッサールと違って、世界にかんする意識ではなく、世界のうちにいる人間の分析を通じて、世界の理解可能性の成り立ちを解明する。

　具体的には、カントの批判哲学やフッサールの超越論的現象学は経験が事物

にかんする判断を基礎づけていることを強調するのに対して、ハイデガーは私たちがたえず物を使って生きていることに注目する。つまり、ハイデガーによれば、物は判断の対象として認識されるよりもずっと前に、目的や用途をそなえた「道具」として理解されているのである（3.2）。私たちは自分の生きている環境に慣れ親しんでいることによって、なかなか言葉にできない技能的な方法知のレベルで、世界を互いに関連しあった道具からなるものとして「理解」している。それゆえ、私たちは普段、物をどう使おうかといちいち考えるまでもなく、それを適切に用いてみずからの生活に役立てている。「情態性」という概念が表しているように、世界は私たちを一定のふるまいへと誘い込むようなかたちで経験されているのである（3.3.3）。つまり、ハイデガーの考えでは、そもそも世界は具体的な行為の場として理解されており、それは私たちが世界を認識するための概念的・理論的な能力をもっているおかげではなく、世界に技能的に慣れ親しんでいるからなのである。

　さらにハイデガーは、世界のなかで道具や他者と関わり合う経験はすべて、自己の存在を最も根本的な目的（「目的性」）として目指しているという（3.5.3）。私たちはたえずみずからを一定の「存在可能性」に「投企」している。つまり、私たちはそれを明確に意識していないにしても、それどころか、一度もそう決めたわけではなくても、特定の仕方で生きることに向かって組織されている。そして、それはただ行為を選択するときの判断に影響するわけではなく、そもそも物事を理解可能にする全体的枠組みをかたちづくっている（3.5.4）。

　こうした構造は普段は経験の背景に退いているため、それを経験のうちから取り出してくるのは容易ではない。しかし、それは不可能だというわけでもない。ハイデガーは、慣れ親しんだ日常的な行為のなめらかな進行が「破綻した状況」に注目することによって、日常的な経験の一部をなす隠れた構造を取り出してくるのを得意とする。これはハイデガーがあげる例ではないが、たとえば、土足で座敷にあがるという経験について考えてみてほしい。もしあなたが、たいていの日本人と同じように座敷では靴を脱ぐ習慣に慣れ親しんでいれば、たとえ家主に土足であがることを許可されていたとしても、普通に靴を脱いでいれば生じない「居心地の悪さ」を感じないではいられないだろう。このこと

訳者解説　　281

は多くのことを示している。ひとつに、あなたが特定の仕方で存在すること、ありていにいえば、座敷ではきちんと靴を脱ぐような人間であることを「目指して」生きていることがうかがわれる。さらに、あなたが座敷をたんなる空間ではなく、特定のふるまいへと誘い込むような場所として、つまり、靴を脱いてあがるべき場所として理解していることも分かる。だからこそ、土足で座敷に上がるのは「居心地の悪いこと」に感じられてしまうのである。ハイデガーの実存的現象学は、その全体像だけを眺めると、きわめて抽象的で思弁的な哲学にも映りかねないが、その根底にはつねに具体的な現象に対する洞察が控えていることを忘れてはならない。

　第5章のテーマは、メルロ＝ポンティの知覚の現象学である。メルロ＝ポンティは、フッサール現象学の中核をなす「現象学的還元」や「志向性」の概念を継承しつつ、世界の理解可能性の根拠を世界への慣れ親しみに見出すハイデガーの実存的現象学の観点を発展させる。フッサールが意識の構造を集中的に分析し、ハイデガーが私たちが具体的な社会的・文化的な環境に埋め込まれた存在であることを際立たせるのに対して、メルロ＝ポンティは私たちが具体的な身体（「生きられた身体」）をもった存在であることに注目することによって、この離れ業をなしとげる。ハイデガーが「志向性」という言葉を絶妙に避けながら、環境への技能的な慣れ親しみが世界を開示するというのに対して、メルロ＝ポンティによれば、世界がそもそも理解可能なものとして開示されるのは、身体的な技能や習慣に備わる「運動志向性」のおかげだというのである（5.3.3）。

　ハイデガーと同様、メルロ＝ポンティも「破綻した状況」にかんする考察を中心的な手がかりとして利用する。しかし、メルロ＝ポンティがハイデガーと決定的に違っているは、たんに日常的な経験を振り返るだけでなく、心理学・神経学・精神医学などの研究から「破綻した状況」を拾い出してくる点である（もちろんメルロ＝ポンティは日常的な経験にかんしても鮮やかな分析を展開している）。とくによく知られているのは、視覚失認患者シュナイダーの症例研究に基づいた一連の議論だろう。それによれば、慣れ親しんだ環境における技能的で習慣的な行為は、身体を思考の対象として表象する能力ではなく、意識や思考とは独立に環境と関わり合う能力（「身体図式」）に支えられている。さら

に、身体図式はただ身体運動を生成するだけの能力ではなく、身体的行為を展開する場として世界を構造化する超越論的な機能でもあるという（5.3.1〜2）。『知覚の現象学』は、その後の哲学だけでなく、認知科学や心理学の展開に多大な影響を与えることになったが、コイファーとチェメロは、この分野横断的な方法論をその影響力の大きさの一因として分析する（5.1）。

　第6章ではサルトルの現象学がとりあげられる。サルトルは、ハイデガーやメルロ＝ポンティと同じように、世界がつねに主体の目的にしたがって構成されていることを強調する（6.1.2）。しかし、ハイデガーやメルロ＝ポンティにとって、私たちは具体的な身体をもって具体的な環境に埋め込まれた世界内存在であるのに対して、サルトルにとって、私たちは世界のどこにも位置づけることのできない意識（「対自存在」）であり、環境や身体はつきつめれば意識にあらわれる非意識的なもの（「即自存在」）でしかない（それゆえ、サルトルは実存主義の哲学者として有名だが、本書では、その現象学はフッサールの超越論的現象学の系譜に属しているといわれる（6.1.1））。さらに、サルトルによれば、世界にしばられない意識である限りにおいて、私たちは根本的に自由である。つまり、人間にはつねに新たな可能性を投企して、みずからの置かれた状況をみずからの選択によって作り直す可能性と責務がある（6.2.1）。しかも、私たちは普段そのことにはっきり気づいているわけではないが、そのことにまったく気づいていないわけでもないという。日常的な自己意識にはサルトルが「前反省的」で「非措定的」と呼ぶような性格があり、サルトルの現象学の最大の魅力は、こうした意識の存在論を「不安」や「自己欺瞞」といった日常的な事例を用いて生き生きと描き出していく点にある（6.2.1、6.2.3）。

　本章の最後では、ボーヴォワール、ヤング、アルコフによるフェミニズム現象学および現象学的な人種論の展開が簡単に紹介される（6.4）。サルトルの章に登場しているものの、むしろ、これらの理論はメルロ＝ポンティの現象学から大きな影響を受けている。性差別や人種差別の根底にあるのは、女性や有色人種に対する差別的な考え方だと思われるかもしれない。しかし、メルロ＝ポンティの「生きられた身体」や「身体図式」の概念は、そうした差別的な考え方を理解可能にしてしまっているのは、人々が無自覚に身につけている技能や習慣であることを示唆している。本書では、現象学が心の科学との関係におい

訳者解説　　283

て大きな可能性をもつことがとくに強調されるが、現象学は社会変革の可能性
を秘めた実践的な思想でもあるのである。

3 生態心理学から現象学的認知科学まで

　第7章以降では、科学的心理学と超越論的現象学の二つの物語が、いよいよ
クライマックスに向けて合流を始める。コイファーとチェメロは、フッサール、
ハイデガー、メルロ゠ポンティ、サルトルという現象学の大御所たちに並んで、
ギブソン（第7章）とドレイファス（第8章）の思想に各一章をさくという大
胆な試みに出ている。この二人も大御所たちに劣らずに、後世の思想に影響を
残すはずだというのがコイファーとチェメロの見解なのである。

　第7章は、ギブソンの生態心理学をとりあげる。生態心理学の形成の主要な
背景となったのは、ウィリアム・ジェームズの「機能主義」と「根本的経験
論」、そして、第4章でもとりあげられたゲシュタルト心理学である（7.1）。
実存的現象学が日常的な物の道具存在性に注目するのと同じように、ギブソン
の生態学的視覚論は、知覚が環境内のアフォーダンス（行為のための機会）を
直接に見出せることを強調する（7.4）。私たちは行為するための機会を環境の
なかに知覚し、また、環境において行為することでそれを知覚するのである。
これはメルロ゠ポンティによる知覚の見方に類似している。この類似性をとら
えて、コイファーとチェメロは「ギブソン版の現象学」（p. 217）という表現さ
え用いる。ただし、その存在論的な主張においてギブソンの自然主義的な立場
がメルロ゠ポンティの実存的現象学とは一致しないと指摘することも、彼らは
忘れていない（7.5）。

　第8章からは現象学と認知科学の関係が論じられる。（古典的な）認知科学
において、心は一種のコンピュータ・プログラムであり、人工的な計算機にお
いて「人工知能」として再現可能だと考えられる（8.1）。ドレイファスは、こ
の研究プログラムの四つの暗黙の前提（「生物学的前提」「心理学的前提」「認識
論的前提」「存在論的前提」）を明らかにし、それぞれを厳しく批判する。批判
の要点は二点である。第一に、コンピュータにおける計算処理とちがって、人
間の思考や行為は規則にしたがった手続きではない。第二に、世界は論理的に

284

独立した事実の集合ではない (8.3)。たとえば、ハイデガーが指摘するように、道具は他の道具との意味的な連関があって、初めて道具として世界のうちに存在できている。それゆえ、一個の道具を経験するためには、言語化可能な規則にかんする知識としてではなく、技能的な方法知のレベルで「道具全体性」に親しんでいる必要があるのである (8.3.4)。ドレイファスの人工知能批判は「ハイデガー的人工知能」と呼ばれる新たな潮流に結びつき、現在にいたるまでの「現象学に触発された認知科学」の展開の出発点をなしている (8.4)。

　第9章では、現象学に触発された認知科学の取り組みとして、「急進的身体性認知科学」「身体性認知科学」「エナクティヴィズム」「感覚運動アプローチ」の四つの立場が紹介される。これらの立場は、現象学に触発されているだけでなく、認知に対するダイナミカルシステム理論のアプローチに好意的な点でも共通している。つまり、認知システムは外部世界の内部モデル（「内的表象」）を構築しているわけではなく、環境との相互作用を通じてたえず状態を変化させているにすぎないという考えだ。その点に注目して、コイファーとチェメロは、すべての立場を融合した「科学的現象学の将来」を予見している (9.7)。彼らによると、「こうした将来の現象学の成否は、高階の経験が自然主義的に解された自己組織的システムからどのようにして創発するのかを示せるかどうかにかかっている」(p.217)。新しい心の科学をもとめて、哲学者と科学者が協力すべき時代に私たちは立ち会っているのである。

4　日本語で読める文献案内

　本書は入門書としての工夫がこらされており、各章の末尾に用語解説と文献案内が付されている。用語解説は訳出しておいたが、掲載されている文献は日本語で読めるものがきわめて少ない。そこで、本書で論じられた内容をさらに学びたい人のために、日本語で読める文献を紹介しよう。

⑴現象学
　日本語で読める現象学の入門書・解説書はたくさん出版されているが、本書よりも哲学に内在的な方向性で、本書と同じように現象学の現代におけるヴァ

イタリティを強調する植村玄輝ほか『ワードマップ現代現象学』（新曜社、2017年）をオススメの一冊として挙げておく。現象学の源流にあたるカントの超越論的哲学の入門的な解説書としては、冨田恭彦『カント入門講義』（ちくま学芸文庫、2017年）や黒崎政男『カント『純粋理性批判』入門』（講談社選書メチエ、2000年）がある。

　フッサール現象学にかんしては多くの入門書・解説書があるが、谷徹『これが現象学だ』（講談社現代新書、2002年）と田口茂『現象学という思考』（筑摩新書、2014年）が読みやすい（ただし内容自体の難易度は低くはない）。また、ダン・ザハヴィ（工藤和男・中村拓也訳）『フッサールの現象学』（晃洋書房、2017年〔新装版〕）を読めば、フッサールの後期思想が本書で論じられるほどハイデガーやメルロ゠ポンティの実存的現象学とかけ離れていないことが分かるだろう。

　ハイデガーの日本語の解説書は多くあるが、門脇俊介『『存在と時間』の哲学1』（産業図書、2008年）を挙げておこう。第8章でとりあげられたヒューバート・ドレイファスによる『存在と時間』第一篇の注釈書『世界内存在』（産業図書、2000年）も日本語で読むことができる。この本は英語圏におけるハイデガー現象学の解釈に多大な影響を与えている。メルロ゠ポンティにかんしては、その哲学のエッセンスを平易な文体で見事に描き出した一冊として、加賀野井秀一『メルロ゠ポンティ──触発する思想』を推薦する。サルトルにかんしては、日本におけるサルトル研究の第一人者による入門書として、澤田直『新・サルトル講義──未完の思想、実存から倫理へ』（平凡社新書、2002年）がある。ハイデガー、メルロ゠ポンティ、サルトルの現象学にかんしてさらに学ぶには、秋富克哉ほか（編）『ハイデガー読本』（法政大学出版局、2014年）、松葉祥一ほか（編）『メルロ゠ポンティ読本』（法政大学出版局、2018年）、澤田直（編）『サルトル読本』（法政大学出版局、2015年）に所収の論考も参考になる。

　最後に、2017年に新宿紀伊国屋書店で開催されたブックフェア「いまこそ事象そのものへ」で配布されたブックレット（http://socio-logic.jp/events/201708_phenomenology.php）には、現象学を学ぶための参考文献が幅広くリストアップされている。

⑵生態心理学＆現象学的認知科学

　科学的心理学の誕生と展開にかんしては、高橋澪子『心の科学史——西洋心理学の背景と実験心理学の誕生』（講談社学術文庫、2016年）が参考になる。生態心理学にかんしては、いくつか入門書があるが、佐々木正人『新版 アフォーダンス』（岩波科学ライブラリー、2015年）を挙げよう。より広い歴史的文脈を学ぶには、エドワード・リードによる『魂から心へ——心理学の誕生』（青土社、2000年）を読むのがよいだろう。

　日本で生態学的アプローチを哲学的に展開する試みとしては、河野哲也『環境に拡がる心』（勁草書房、2005年）や染谷昌義『知覚経験の生態学』（勁草書房、2017年）がある。さらに深く学ぶには、河野哲也・佐々木正人・村田純一（編）『知の生態学的転回 1〜3』所収の論考が参考になる。

　ドレイファスについては、現象学的認知科学の先駆けとなった画期的著作ヒューバート・ドレイファス（黒崎政男・村若修（訳））『コンピュータには何ができないか』（産業図書、1992年）が日本語で読める。身体性認知科学にかんしては、第9章の末尾の文献案内にあげられている著作のほかに、アンディ・クラーク『現れる存在——脳と身体と世界の再統合』（NTT出版、2012年）および『生まれながらのサイボーグ』（春秋社、2015年）など、多くの必読文献が翻訳されている。

　より狭い意味での現象学の認知科学にかんしては、ショーン・ギャラガー＆ダン・ザハヴィ『現象学的な心』（勁草書房、2012年）が必読である。この分野に関連する日本の研究者の著作としては、村田純一『知覚と生活世界』（東京大学出版会、1995年）や田中彰吾『生きられた〈私〉をもとめて』（北大路書房、2017年）がある。また、門脇俊介・信原幸弘（編）『ハイデガーと認知科学』（産業図書、2002年）には、現象学と認知科学にかんする国内外を代表する研究者の論考が収められている。

　すでに述べた通り、本書は、フッサール以来の現象学の中心的なテーマが今日の身体性認知科学に最も鮮明に受け継がれている、という著者たち独自の観点をとても魅力的なしかたで打ち出している。心、意識、認知についての科学的研究が大きく進みつつある今だからこそ、現象学は改めて注目すべき価値を

持つ哲学として再浮上しつつあるのである。読者は本書を読み進めることで、科学的心理学と超越論的現象学が交差するその場所で、新しい認知科学が誕生しつつある場面に立ち会うことになるだろう。これはきわめてスリリングな読書体験であるに違いない。

　本書は、第1章・第2章・第4章・第7章・第8章を田中彰吾が、序・第3章・第5章・第6章・第9章を宮原克典が担当した。開始当初は、文体のぶれを避けるため、訳出した文章を互いに確認しつつ文体を調整するという手順で複数の章の訳文を作成した。その後、残りの章を各自で訳出し、勁草書房の土井美智子氏の助言をいただきつつ訳文を調整する作業を加えた。いわゆる筆頭訳者は置いていないため、担当した章についてはそれぞれの訳者が訳文の責任者である。

　最後になったが、原著者のコイファーとチェメロの二人にはインタビューに応じてもらっただけでなく、原文の不明な点にかんする問い合わせに対してメールで丁寧に回答をいただいた。また、土井美智子氏には企画から訳文の内容に至るまで種々の示唆を頂いた。この場を借りて深くお礼申し上げたい。

索　引

あ　行

アグレ　Agre, Phillip　222-225
アフォーダンス　187-188
　　──とインビテーション　192-195, 229, 231-233, 240-241
アマジーン　Amazeen, Erik　190-192
アルコフ　Alcoff, Linda Martín　167-169
安全な移動の場　175-178
生きられた身体（Leib）　→身体
意識　6, 9-12, 17-18, 31-32, 39, 116, 172-174
　　→自己意識
　　──の統一性　9-10
　　サルトルにおける──　147-151
　　時間──　40-48, 75-76
　　措定的──　156-160
意味生成　251
ヴァレラ　Varela, Francisco　239, 248-253, 256
ウィーラー　Wheeler, Michael　222, 241-245
ウィトハーゲン　Withagen, Rob　194, 229
ウィルソン　Wilson, Robert　244
ヴェルトハイマー　Wertheimer, Max　25, 91-92, 95-98, 100, 102, 113, 125
　　形態の法則　96-98
ウォーレン　Warren, William　187
ヴント　Wundt, Wilhelm　2, 15-19, 25-26, 91-93, 172-173, 206-207
運動志向性　109, 117, 132-135
エイドス　35　→形相的還元
エーレンフェルス　Ehrenfels, Christian von　25, 29, 91, 94-95
エナクティヴィズム　248-253
1/f スケーリング　247-248, 257
エポケー　34　→カッコ入れ

か　行

大きさ‐重さ錯覚　190-192
オートポイエーシス（自己創出）　248-253
オリガン　O'Regan, Kevin　253-255

カーシュ　Kirsh, David　243-244
開示性　66-68, 69, 74-75, 77
学習　178-180
拡張された生命　252-253
拡張された認知　243, 252-253, 254
カグラー　Kugler, Peter　232, 235, 238
カッコ入れ　33-35
カレロ　Carrello, Claudia　191
感覚運動アプローチ　253-255
感覚運動随伴性　254-255
感覚代行　255
環境　119-129, 161, 207, 223-226, 234-235, 243-244, 248-255
　　ギブソンにおける──　177, 180-192
　　ゲシュタルト心理学における──と知覚　95-100
　　ハイデガーにおける──　55, 80, 85-86
　　レヴィンにおける──と動機づけ　100-101
カント　Kant, Immanuel　1-19, 23-27, 30, 42-44, 78, 121-124, 138, 146, 171, 174-175
観念論論駁　12, 14
キヴァースタイン　Kiverstein, Julian　231
技能　63-66, 68, 129-131, 223　→没入、具体的運動
　　──的対処　66, 81, 127-128, 148, 223, 245
機能主義　173
ギブソン，E.　Gibson, Eleanore　178
ギブソン，J. J.　Gibson, James J.　2, 101-104, 171-195, 231-235, 244, 254

289

気分　→情態性
客観的思考　113
ギャラガー　Gallagher, Shaun　238, 255
急進的身体性認知科学　231-233, 238-241,
　244, 247, 251-252
空間
　カントにおける直観の形式としての――
　6-8
　客観的空間と実存的――　121
　生態心理学における――　184
　メルロ゠ポンティにおける身体図式と――
　117, 121, 125-126, 136-138
　レヴィンとサルトルにおけるホドロジー――
　161-163
グールヴィッチ　Gurwitsch, Aron　24, 103,
　114
具体的運動　128-131, 134
クラーク，A.　Clark, Andy　203
クラーク，K.　Clark, Kenneth　168
クラーク，M.　Clark, Mamie　168
クリフ　Cliff, Dave　241-243
経験主義　110, 128, 173-175　→主知主義
計算主義　216-218, 244
形相的還元　35-36
ケーラー　Köhler, Wolfgang　25, 91-92, 98-
　100, 102
ゲシュタルト　25, 29, 91, 94-95, 98, 101, 103
ケルソー　Kelso, Scott　232, 235-239, 255
幻肢　117-122
現象学的還元　31, 35, 113-115
現象野　115
現存在　54, 63, 72-73, 78, 148
行為
　――と知覚　109-110, 161-162, 181-183,
　233-234
行為主体　231-235
光学的流動　182, 188-189
恒常仮説　92-93, 111-112
構造的カップリング　248-250
行動主義　177-179, 199, 201-202
行動の場　100-101
コギト　11-12, 78, 157
コフカ　Koffka, Kurt　25, 91-92, 102, 175-

177
根本的経験論　172-175, 177-180

さ 行

サイモン　Simon, Herbert　202, 209-210
作動的閉鎖　249-250
ザハヴィ　Zahavi, Dan　238
サルトル　Sartre, Jean-Paul　39, 104, 145-
　170
三段の総合　10, 13, 42-43
死　83-85
ジェームズ　James, William　4, 19, 79, 172-
　175
時間
　カントにおける――　4-7
　ハイデガーにおける――性　54, 75-76
　フッサールにおける――意識　13, 40-41,
　47-48, 74, 75-76
時間性　→時間
刺激の貧困　181-182, 203
自己　47-48, 71-72, 75-76, 78-82, 149, 153,
　187, 250
　エナクティヴィズムにおける最小の――
　250
　実存的な――概念　75-76
　ハイデガーにおける世人――　73
　フッサールにおける超越論的自我　145
自己意識　14, 74-76, 83, 109, 149-150　→コ
　ギト
　カントにおける統覚としての――　11-12
　サルトルにおける前反省的――　155-158
志向性　26-27, 31-33, 47, 85, 108-109, 132,
　146-148, 167　→運動志向性
自己欺瞞　158-160
自己組織化　195, 232, 238, 239-242, 256-258
事実性　159, 162
実在論　8, 113, 177-178
実在主義　145-148, 164
実存性　75
実存的現象学　53-86, 146-148, 164, 178
事物存在／出来的　59-61, 66, 71, 75, 78, 80,
　178　→道具存在／利用可能
射映　37-38

シャルパンティエの錯覚　→大きさ - 重さ錯
　　覚
主知主義　110, 128　→経験主義
シュナイダー　126-133
情態性　68-71, 74, 77, 81, 84
情報　183-188
ショックリー　Shockley, Kevin　191
神経現象学　253
人工生命　253
人工知能　199-201, 208-226, 229-231
人種　167-169
心身問題　205, 250
身体　115-116, 161-164, 164-169　→身体図
　　式、心身問題、運動志向性、知覚
　　生きられた——　115-117, 119, 120, 120-
　　121, 163, 164-169, 250-251
　　拡張した——　129, 164, 244
　　客観的——　115, 117, 119
　　習慣的——　120, 124, 163, 168
　　認知科学における——　222, 251-252
身体図式　120-128, 133, 137
身体性認知科学　238-239, 243-244, 247　→
　　急進的身体性認知科学
身体像　121-122
心理学的前提　216-218
心理主義　28-30
図地構造　124-126
ステイプルトン　Stapleton, Mog　251-252
ステレオタイプ脅威　168
生活世界　39
生態心理学　111, 171-195, 231-235　→ダイ
　　ナミカルシステム理論
生物学的前提　213-216
世界内存在　62-63, 70-71, 72-73　→現存在
セジウィック　Sedgewick, Harold　187
世人　72　→没入
　　——自己　73
絶対的主観性　47-48
センスデータ　107, 115
　　カントにおける——　4-6, 9-10, 42-43
　　フッサールにおけるヒュレー　36-37
　　メルロ = ポンティの——批判　115
総合　9-12

即自存在　148-152
存在論的前提　220-222

た　行

ターヴェイ　Turvey, Michael　190-192, 232,
　　235
対自存在　148-152
ダイナミカルシステム理論　233-241
ダイナミック・タッチ　190-192, 253-254
τ（タウ）　189-190
束仮説　92, 96
男性の視線　166
知覚　→知覚の恒常性
　　——と認知　95-97
　　——のゲシュタルト心理学に対するメルロ =
　　　ポンティの批判　104, 113-115
　　——のゲシュタルト理論　98-100
　　——の時間的構造　42-47
　　——への生態学的アプローチ　180-183
　　行為と——　109, 182-183, 187, 233, 253-
　　　254
　　身体と——　121, 123-126, 161-164
　　ハイデガーにおける——　86
　　フッサールにおける射映　37-39
知覚の恒常性　138-142
地平　37, 108
　　内的——と外的——　37, 220
チャップマン　Chapman, David　222-225
抽象的運動　128-130, 133
チューリングテスト　199-201, 210, 219
超越　133, 135, 139, 146-147, 159, 166-167
超越論的演繹　8-12
超越論的還元　33-35, 39, 48, 157
超越論的自我　145, 157
超越論的哲学　8, 23-24, 42
直観　4-10, 31, 42, 171　→アフォーダンス
チョムスキー　Chomsky, Noam　202-203,
　　207
ディープ・ブルー　210-211, 214, 217
ディパオロ　DiPaolo, Ezequiel　249, 252
デカルト　Descartes, René　11-12, 54, 61-
　　62, 78, 118, 180-181
適応性　249

索　引　291

適応力　124
デネット　Dennett, Daniel　204, 229-231
統覚　11　→透明性
統覚の総合的統一　11-12
道具　54-58, 64-67, 221-223
道具存在／利用可能　59-61, 65-66, 79-81
　→事物存在／出来的
透明性　32, 66, 142, 155
ドトフ　Dotov, Dobri　247-248, 252, 256-
　257
ドレイファス　Dreyfus, Hubert　85, 111,
　199-226, 245-247
トンプソン　Thompson, Evan　250-252

な　行

内因性ダイナミクス　240, 242-243, 246-247,
　257-258
ニエ　Nie, Lin　247-248, 252, 256
二進法性　213-216, 220
日常性　72
ニューウェル　Newell, Allen　202, 209-210
ニューラルネットワーク　241-243
ニューロン　215-216
認識論的前提　219-220
認知主義　13, 85, 199-208
ノエ　Noë, Alva　193, 253-255

は　行

ハーヴィー　Harvey, Inman　241-243
ハーケン　Haken, Hermann　235, 236, 238
ハーケン-ケルソー-ブンツモデル　235-
　240
ハーリー　Hurley, Suan　253
配視　66-68
媒体独立性　203-204
ハイデガー　Heidegger, Martin　53-86, 178,
　222
　——におけるカント的主題　13, 78
　——のフッサール批判　39, 63, 66-67, 74-
　75, 83, 85
　——のメルロ゠ポンティに対する影響
　108-109, 116-117, 121, 132-133
ハイデガー的人工知能　222-226

ハイデガー的認知科学　241-248
バキリタ　Bach y Rita, Paul　255
把持　13, 45-48, 76
ハズバンズ　Husbands, Phil　241-243
範疇（カテゴリー）
　カントにおける——　5-8, 10-11, 122-123
　ハイデガーにおける——と実存疇　75
反表象主義
　急進的身体性認知科学における——　233,
　244-247, 257
　生態心理学における——　182-183
　ハイデガー的人工知能研究における——
　220-222, 225-226
　メルロ゠ポンティにおける——111-112, 132,
　134-135
ビア　Beer, Randy　234-235
非道具存在　66　→道具存在／利用可能
表象　2, 6-7, 9-10, 11-13, 27, 44-45, 111, 118,
　121, 132-138, 205-207, 211-216, 220-221,
　223-226, 244-247　→反表象主義
　行為指向的——　245
　直示的——　224-225
　伝統的な認知科学における——　205-207
広い計算主義　244
不安（サルトル）　152-155
不安（ハイデガー）　83
フェヒナー　Fechner, Gustav　16
フェミニズム現象学　164-169
フォーダー　Fodor, Jerry　207
フッサール　Husserl, Edmund　1-2, 19, 23-
　48, 53-54, 61, 78, 127, 139, 220, 253-254
　——とゲシュタルト心理学　91, 111
　——とハイデガー　39, 63, 66, 74-76, 83, 85
　——におけるカント的主題　12-13, 42-43
　——のサルトルに対する影響　145-148,
　151-152, 155-157, 164-165
　——のメルロ゠ポンティに対する影響
　108, 114-117, 132
物体的身体（Körper）　→身体
ブラットナー　Blattner, William　82
フリーマン　Freeman, Walter　239, 246,
　256
ブルックス　Brooks, Rodney　225-226,

243-244, 249, 251-252

フレーゲ　Frege, Gottlob　28

フレーム問題　229-231

プレストン　Preston, Beth　222, 241-243

ブレンターノ　Brentano, Franz　13, 25-27, 32, 42-45, 91, 132

フロイト　Freud, Sigmund　32, 155-156

分極化　126

ヘイズ　Hayes, Patrick　229

ヘーゲル　Hegel, Georg Wilhelm Friedrich 14, 148-150

ヘルマン格子　93

ペンギ（AI）　223-225

方法知　→技能

方法論的独我論　207

ボーヴォワール　Beauvoir, Simone de　145, 164-165

ホーグランド　Haugeland, John　213, 221, 231

没入　70-72, 156-158　→技能

本来性　85

ま　行

マーク　Mark, Leonard　187

マグリオ　Maglio, Paul　243-244

マッカーシー　McCarthy, John　202, 229

マッハ　Mach, Ernst　93-94

マッハの帯　93-94, 112

マトゥラーナ　Maturana, Humberto　248-250, 253

マルヴィ　Mulvey, Laura　166

ミラー　Miller, George　202

無意識　155

メルロ＝ポンティ　Merleau-Ponty, Maurice 1-2, 12-14, 19, 24-25, 63-66, 86, 107-142, 218, 222, 231, 233, 235, 257
　——とサルトル　145-148, 161-164
　——とフェミニズム現象学　166-169
　——に対するゲシュタルト心理学の影響 91, 102-104
　——のフッサール批判　28, 39
　エナクティヴィズムに対する——の影響 250-253

ギブソンに対する——の影響　171, 178, 192-195

や　行

ヤング　Young, Iris Marion　164-169

誘引　70, 78-80, 120, 135-136　→アフォーダンス

誘発性　101, 161-162, 175-178

予期　41, 134

予持　13, 45-47

ら　行

リー　Lee, David　189-190

リートフェルト　Rietveld, Erik　245-247

ルーミング　188-189

レヴィン　Lewin, Kurt　100-102, 161, 175-177

ロッシュ　Rosch, Eleanor　250-251

ロボティクス　225-226, 241-243, 249-250

わ　行

ワトソン（AI）　210, 217

原著者略歴

ステファン・コイファー（Stephan Käufer）
　1969 年生まれ。スタンフォード大学博士課程修了。フランクリン＆マーシャルカレッジ哲学教授（John Williamson Nevin Memorial Professor of Philosophy）。専門領域はハイデガー、とくにその論理学にかんする見解、実存的な自己概念、およびカント解釈。共著に *Cambridge Companion to Being and Time*（Cambridge University Press, 2013）, *Routledge Companion to Nineteenth Century Philosophy*（Routledge, 2010）など。

アントニー・チェメロ（Anthony Chemero）
　1969 年生まれ。インディアナ大学博士課程修了。シンシナティ大学哲学・心理学教授（Professor of Philosophy and Psychology）。専門領域は、非線形ダイナミカルモデリング、生態心理学、複雑系、現象学、人工生命をめぐる諸問題。主著に *Radical Embodied Cognitive Science*（MIT Press, 2009）など。

訳者略歴

田中彰吾（たなか　しょうご）　第 1 章、第 2 章、第 4 章、第 7 章、第 8 章
　1971 年生まれ。東京工業大学大学院社会理工学研究科博士課程修了。東海大学現代教養センター教授。2013〜14 年・2016〜17 年、ハイデルベルク大学精神社会医学センター研究員。主著に『自己と他者──身体性のパースペクティヴから』（東京大学出版会、2022 年）など。

宮原克典（みやはら　かつのり）　序、第 3 章、第 5 章、第 6 章、第 9 章
　1982 年生まれ。東京大学大学院総合文化研究科博士課程修了。ウロンゴン大学（豪州）リベラルアーツ学院博士研究員（〜2020 年 3 月）、北海道大学人間知・脳・AI 研究教育センター特任講師（2020 年 4 月〜）。主論文に「認知科学とメルロ゠ポンティ──GOFAI からエナクティヴ・アプローチまで」（『メルロ゠ポンティ読本』法政大学出版局、2018 年、所収）など。

現象学入門
新しい心の科学と哲学のために

2018年7月20日　第1版第1刷発行
2022年3月20日　第1版第3刷発行

著者　　ステファン・コイファー
　　　　アントニー・チェメロ
訳者　　田　中　彰　吾
　　　　宮　原　克　典
発行者　井　村　寿　人

発行所　株式会社　勁草書房
112-0005 東京都文京区水道2-1-1　振替 00150-2-175253
（編集）電話 03-3815-5277／FAX 03-3814-6968
（営業）電話 03-3814-6861／FAX 03-3814-6854
大日本法令印刷・中永製本

©TANAKA Shogo, MIYAHARA Katsunori 2018

ISBN978-4-326-10268-6　Printed in Japan

 〈出版者著作権管理機構 委託出版物〉
本書の無断複製は著作権法上での例外を除き禁じられています。
複製される場合は、そのつど事前に、出版者著作権管理機構
（電話 03-5244-5088、FAX 03-5244-5089、e-mail: info@jcopy.or.jp）
の許諾を得てください。

＊落丁本・乱丁本はお取替いたします。
　ご感想・お問い合わせは小社ホームページから
　お願いいたします。

https://www.keisoshobo.co.jp

S・ギャラガー、D・ザハヴィ／石原・宮原・池田・朴訳
現象学的な心 4730 円
　　心の哲学と認知科学入門

W・フィッシュ／山田圭一監訳
知覚の哲学入門 3300 円

西村清和
感情の哲学 3850 円
　　分析哲学と現象学

染谷昌義
知覚経験の生態学 5720 円
　　哲学へのエコロジカル・アプローチ

河野哲也
エコロジカルな心の哲学 3190 円
　　ギブソンの実在論から

佐藤義之
「態勢」の哲学 ★3630 円
　　知覚における身体と生

P・オーディ／川瀬雅也訳
ミシェル・アンリ 3960 円
　　生の現象学入門

＊表示価格は 2022 年 3 月現在。消費税 10% が含まれております。
＊★印はオンデマンド出版です。